三经解读

老子解读

兰喜并 著

山西出版传媒集团 三晋出版社

图书在版编目（CIP）数据

老子解读 / 兰喜并著. -- 太原：三晋出版社，
2021.3
（三经解读）
ISBN 978-7-5457-2255-0

Ⅰ. ①老… Ⅱ. ①兰… Ⅲ. ①道家②《道德经》-研
究 Ⅳ. ①B223.15

中国版本图书馆CIP数据核字（2021）第037944号

老子解读

著　　者：兰喜并
责任编辑：阎卫斌
责任印制：李佳音
装帧设计：睿设计

出 版 者：山西出版传媒集团
三晋出版社（山西古籍出版社有限责任公司）
地　　址：太原市建设南路 21 号
电　　话：0351—4956036（总编室）
0351—4922203（印制部）
网　　址：http://www.sjcbs.cn

经 销 者：新华书店
承 印 者：山西万佳印业有限公司

开　　本：890mm × 1240mm　1/32
印　　张：10.5
字　　数：243 千字
版　　次：2021 年 3 月　第 1 版
印　　次：2021 年 3 月　第 1 次印刷
书　　号：ISBN 978-7-5457-2255-0
定　　价：38.00 元

如有印装质量问题，请与本社发行部联系　电话：0351-4922268

总　序

中国历史上关于思想文化的书非常多，即使聪明才俊，要读完也不是一件容易的事，更不用说常人了。曾国藩曾就此感叹地说:“虽有生知之姿,累世不能竟其业,况其下者乎? ”因此，要了解中国传统思想文化，需要在众多的书中选出最值得读的一些经典来读。好在中国传统思想文化经典的流传有一个特点，就是大都是通过后人对前人著作的注、疏、解、释等等来进行传承。这样，我们在选择阅读中国传统思想文化经典时就有了比较明确的目标，就是首先选择阅读源头性和轴心性的经典。

一个民族的思想文化的源头很难追溯得到，所以，所谓源头性的经典只是指后人所看到的最“早”的一些经典；所谓轴心性经典是指辐辏其前、辐射其后思想文化的经典。比如，像《易》《书》《诗》等等就是中国传统思想文化的源头性和轴心性的经典。源头性和轴心性的经典是塑造一个民族文化的那类经典。

儒家最初讲的这种经典有六种，即《诗》《书》《礼》《乐》《易》《春秋》，由于人们没有看到独立的《乐》，所以后来就只讲“五经”了。再后来，逐渐由“五经”扩成“九经”（《礼》包括《仪礼》《周礼》《礼记》三种，《春秋》

扩展成《春秋左传》《春秋公羊传》《春秋穀梁传》三种）。到了唐代，把《论语》《孝经》《尔雅》加进了“经”，这样就成了“十二经”。到了宋代，又把《孟子》加进了“经”，成了人们常说的“十三经”。到宋代，人们觉得读“五经”内容太多，就从《礼记》里选出了《大学》《中庸》两篇，和《论语》《孟子》合到一起，叫作“四书”。宋代以后人们对“四书”的关注度逐渐超过了“五经”。

道家也有它认为的“经”。北齐颜之推在《颜氏家训》里提到道家的三种最主要的经典，即《庄子》《老子》《周易》，称之为“三玄”。

后来佛教传入中国。佛教也有很多经典，大多是从印度传过来的。后来佛教中国化了，有了中国佛教自己的“经”，即《坛经》。但是，佛教经典不是中国传统思想文化的源头性和轴心性经典。

这样的话，我们可以说有关中国传统思想文化中最主要的源头性和轴心性经典就是“五经”“四书”和“三玄”，加起来一共是十二种书。在这十二种书里边，“四书”中的《大学》《中庸》本来是《礼记》里边的两篇文章，如果把它们归到《礼记》中，那么就少了两种；《周易》既属于儒家“五经”，也属于道家的“三玄”，这就又少了一种。所以，我们阅读中国传统思想文化的经典，最主要的就是“五经”加《论语》《孟子》《老子》《庄子》这九种。

假如觉得这九种经典的量还大，那么我们还可以从中选出最基本的三种来，即《论语》《老子》和《周易》。如果打破儒、道限隔的话，那么也可以说这是中国传统思想文化的“三经”。《三经解读》即解读这三种经典。

所谓“解读”即解释地阅读，其中讲的是解释者所理解的文本的思想内容，不是与解释者的理解无关的文本的思想内容。所以，读者千万不可将解释者的“解读”当作文本的“原意”。这是需要说明的。

《老子解读》议

（原序）

张祥龙

《老子》是奇特的。全书无一个专名，只沉浸于对源头的摸索。古希腊哲学家也找源头（arche），但找到了形而上者那里，认变化后面的不变者为本原。古印度人却看出，有名相（names and forms）者不会是本原，所以不要说那些可观念化者，就连神祇也还不够，只有在瑜伽中直观到的“梵”与“大我”才是终极真实。老子则体会到，一切可对象化者都不是源头。不管是“什么”，不管它如何辉煌、深刻、独存，只要它可得、可持、可道，就不是得（德）本身和道本身，而只是在这一切对象之上的又一个对象，这一切非源头之后的又一个非源头。这思想让人绝望，让一切东西化为枯骨，让一切说道成为谎言（非恒道）。但是，说一切说道都是谎言的说道是谎言吗？这里，奇异点出现了，也就是说，这被说者不可能还是对象，它成了一种背反着的悸动，一个“两者同出而异名”的“玄”晕之点。于是，“反者道之动”了，芝诺讲的“（不可能动的）飞矢”在思想中不能不动了，阿基里斯也有板有眼地赶上了乌龟。道成了开道，摸索本身融入了源头。

因此，《老子》是无法被固定的，不管是被道教还是关于道的专家。兰喜并讲：“一千个人有一千个《老子》。”

司马迁早就说:“老子深远矣。”在中国传统思想衰败之时,《老子》却“反”出了国门。近二十年前,当我在美国听说《老子》的英文译本有七十种之多时,深受震动;而现在已该有百种了。这意味着什么?什么样的书会让一种外国语翻译一百次?而且,在二十世纪的疑古勇士们要把《老子》拉扯到“秦汉之际”时,此书却在一千七百年的“通行本”之后,忽然从地下再次现身,而且是两次、五个版本(帛书甲乙本、楚简甲乙丙本),开了不知多少考据与说道的玩笑。我不知还有哪本古经有这等“有无相生”“不笑不足以为道”的气象与奇遇。

兰喜并君的《老子解读》是第一千零一个《老子》,确有它的新意与独特之处。它将老子之道看作人与“四达之衢”的原本关系,殊不同于以往那些“一达之道”的解法——不管是解为“总规律”还是“实体”。道恰恰是无法遵循的。它是在根本处的“其可左右”,令要遵循者又哭又笑、令“反—动”者称善称妙的那个“玩艺儿”。经此一转,理解道的局面立变,从可对象化的东西变为不可对象化、不可确定化的“可—能”方式了。所以,此书特别重视“互补”“不执”“复”“模糊的刻画”和“在对反之中得其环中”。

作者颇有学术功力,参酌帛本、简本和通行本,“长短相较”,供献出一个解读《老子》的新文本。一些章节——如第四十一章(通行本第四十章和第四十二章部分)、第六十二章——的新形式很有启发力。全书注释清晰,不乏有意思的字源、字音与字义的考证。解读部分则可谓上下古今而不散漫、旁通中外而不溢流。尤其是一些比喻、寓言,如渔夫打盹、不倒翁、分子/分母等,虽不一定都出自作者,但读来却感恰到好处，似有庄子解老的遗风。只是，有少数地方以黑格尔的辩证法来阐释老子，虽是学界一直流行的路子，却令我不安。依我的陋见，辩证法虽然内含曲折（正—反—合），但本性上还是在“遵循一达之道”而非“面对四达之衢”，因为它的发展方向——从贫乏到丰富，从低级到高级——已经确定了。

兰喜并君的书是一个可喜的窗口，从那里人们可以感到，在疑古时代正徐徐退去之际，从天上与地下，或从未来与过去，传来了某种气息。

甲申元月海坨散人写于万泉河畔望山斋

自序

一

《老子》是一部奇书。

它的“奇”，首先是由于其言简意赅，辞朴意深。也许古今中外再没有另一部书能像《老子》那样以区区五千言讲述如此博大精深的思想。用《老子》中的话讲，这叫作“微妙玄达，深不可识”。其次，独特的语言表述方式以及概念的模糊性和语词的多义性，更增加了《老子》一书的神奇色彩。

关于老子其人，史书记载不详。《庄子》书中涉及老子者颇多，但是《庄子》“寓言十九”，缺乏充分的可靠性。《吕氏春秋》《礼记》等书也有零星记载。《吕氏春秋·当染篇》说“孔子学于老聃”。《吕氏春秋·不二篇》说“老聃贵柔，孔子贵仁”。《礼记·曾子问》中记载孔子自称“吾闻诸老聃”。据此似乎可以大致确定老子生活的年代基本与孔子同时或略早。后来，司马迁根据先秦的一些记载写成《老子传》（即《史记·老庄申韩列传》中的老子部分），讲了老子的籍贯、姓名和职业：“老子者，楚苦县厉乡曲仁里人也，姓李氏，名耳，字聃，周守藏室之史也。”并讲孔子曾问礼于老子。《老子传》中又说：“老子居周久之，见周之衰，乃遂去。”至关，受关令尹喜所请，“著书上下篇，言‘道德’之意五千余言而去，莫知其所终”。但司马迁在《老子传》中还讲到了另外两个人，一个是与孔子同时的楚国人老莱子，曾著书十五篇。另一个是秦献公时的太史儋。根据史料分析，可基本排除老莱子与《老子》一书的关系，但老聃和太史儋究竟谁是《老子》的作者，则有不同看法。20世纪，诸多学者曾围绕老子其人和《老子》其书展开争论，众人都以孔子为参照阐述自己的观点。其观点大体可以分为三类：一、认为老子约略与孔子同时而年长于孔子，《老子》书主要为老聃所著，而后人有所增益；二、认为老子与孔子同时，但是《老子》书为其后学所著；三、认为老子其人和《老子》其书都晚于孔子。

1993年在湖北荆门郭店出土了楚墓竹简《老子》，共2046个字，约为今本《老子》的五分之二。竹简整理者认为，这是因为墓葬数次被盗，竹简有所缺失，所以现存竹简本只是一个残本。（《郭店楚墓竹简》，文物出版社，1998年。）王博认为，郭店竹简本《老子》是摘抄本，而不是当时《老子》的全本。（王博：《关于郭店楚墓竹简〈老子〉的结构与性质》，《道家文化研究》第17辑。）郭沂认为，竹简本《老子》已是一个完整的传本，后来的各种传本，包括长沙马王堆出土的帛书本和历来的各种世传本，是在简本的基础上经过改造、重编、增订而成的。简本和今本是具有不同思想体系的两个传本，或者可以说是两部不同的书。简本《老子》的作者是老聃，今本《老子》是太史儋在简本的基础上增订而成。（郭沂：《从郭店楚简〈老子〉看老子其人其书》，《哲学研究》1998年第7期。）关于老子其人和《老子》其书的争论，今后还会继续下去。我在解读《老子》时，模糊地认为《老子》

的作者是一个被称作老子的人，而解读则只就《老子》这本书来讲，不涉及老子这个人。

二

陈康先生说“问题是哲学著作中的命脉”，如果不能把握其中的中心问题，就不能了解一篇哲学著作。中国典籍虽然不似西方典籍那样有条理，但是，哲人们还是有其“一以贯之”的中心问题的。如孔子思想的中心问题是如何解决“情”与“理”（欲与矩）的关系。孔子讲“忠恕”“中庸”“克己复礼”“从心所欲不逾矩”等等都与这中心问题相关，把握这一点是理解孔子思想的关键。那么，《老子》思想的中心问题是什么呢？司马谈在《论六家要旨》中说：“道家无为，又曰无不为。”（《史记·太史公自序》）王弼在《老子指略》中说：“《老子》之书其几乎！可一言而蔽之，噫！崇本息末而已矣。”王弼这里所说的“本”即“无为”（见王弼《老子三十八章注》）。司马谈和王弼都强调了“无为”在《老子》思想中的重要性。但是《老子》为什么要讲“无为”呢？这就涉及《老子》思想的中心问题——解决“全”与“偏”的关系，《老子》讲“道”“德”“知雄守雌”“无为而无不为”等等都与这个中心问题相关。

“道”和“德”是《老子》思想中最重要的内容。“道”是《老子》思想的根基，“德”是《老子》思想的主干，“无为”思想是围绕“道”和“德”展开的。

《老子》用“道”这个符号表示无所不备的“混成”，“德”指具体事物得以然者。“道”是“全”，是无限，而任何具体存在物都是有限的，相对“道”来说都是一“偏”。这一点人和其他存在物是一样的。但是，一方面人的实存是有限的，另一方面人又“向往”着无限，这是人和其他存在物不同的地方。正是人的这种实存的有限和“向往”的无限之间的矛盾，引出了《老子》的“无为”思想。在《老子》看来，人作为有限的存在，永远不可能实现生存状态的“无限”，而只能通过“无为”而“无不为”，在生存过程中实现无“限”。“为”则“偏”，只有“无为”才能保持“全”对应的态势，不被任何“限”所“定”而“无不为”。通过“无为”而“无不为”，人之“德”虽然还是有限，但是却不再被“限”所“定”，而成为无“限”之“玄德”。“玄德”乃“道”“德”之间，在有限的意义上“同于德”，在无“限”的意义上“同于道”。

“无为”和“无不为”是一体的。“无为”并不是一无所事，迫而不动，感而不应，而是迫而后动，感而后应，“与时迁移，应物变化”（《史记·太史公自序》）。这也就是“无不为”。“无不为”不是说什么都要为，如果那样的话就成了“全为”了，“无不为”是说没什么不可为。没什么不可为和什么都要为的意思大不相同。什么都要为是执意，没什么不可为是敞开，所以《老子》说“无为而无不为”，而不说“无为而全为”。“无不为”也不是肆无忌惮，为所欲为，而是谨慎敬畏，为所宜为，在“豫兮”“犹兮”的状态中敞开。

“知……守……”是《老子》思想的一个模式，如“知雄守雌”“知白守辱”“知子守母”等等。《老子》并非只讲雌守不讲雄发，只是强调不能脱离雌守而雄发，“知”要以“守”为背景。《易传》讲“自强不息”“厚德载物”，“自强不息”以“厚德载物”为度，如果刻意于“自强不息”而暴殄天物，那就失去了“自强不息”的意义。“知……守……”模式就是要在“对反互补”中保持必要的张力。

所以，《老子》主张“和”。在《老子》的思想中，“和”与“自然”是等值的。“自然”体现了“和”，如婴儿“终日号而不嗄”是“和之至”。反过来，“和”才“自然”，如“知其雄，守其雌……复归于婴儿”，“知其白，守其辱……复归于朴”。“知雄守雌”“知白守辱”体现了一种“和”，婴儿和朴则体现了“自然”。

结合以上几点来读《老子》，可以大致把握《老子》思想的实质。

三

在历史上，较通行的《老子》版本是东汉时成书的《老子河上公章句》本、三国时王弼的《老子注》本，以及唐初傅奕的《道德经古本篇》本。傅奕本根据项羽妾本（北齐武平五年彭城人开项羽妾冢所得）、安丘望本（魏太和中道士寇谦之所传）、河上丈人本（齐处士仇岳所传）校定，保持了一些早期版本的面貌。1973年，湖南长沙马王堆出土两种帛书本《老子》，其中甲本文字不避汉高祖刘邦讳，说明是刘邦称帝之前抄写的，乙本避刘邦讳，但是不避汉惠帝刘盈、汉文帝刘恒讳，可知是在刘邦称帝以后，刘盈、刘恒称帝之前抄写的。帛书本与世传本在文字字句、章节排列等方面出入颇多。如世传本《道》篇在前，《德》篇在后，而帛书本是《德》篇在前，《道》篇在后。再如，帛书本中“恒”与“常”

二字都多次出现，世传本因避汉文帝刘恒讳，皆易“恒”为“常”，抹杀了“恒”“常”二字在《老子》中的区别。帛书本对于考订《老子》文本具有重大的史料价值。1993年湖北荆门郭店出土的战国楚墓竹简《老子》是现在所见最早的版本。虽然仅有2000多字，但是其史料价值弥足珍贵，有些字句的不同，对于理解《老子》的思想是非常关键的。如世传本第十九章中讲“绝圣弃智，民利百倍；绝仁弃义，民复孝慈；绝巧弃利，盗贼无有”。帛书本与此相同，而郭店竹简本作“绝智弃辩，民利百倍；绝巧弃利，盗贼无有；绝伪弃虑，民复孝慈”，无“绝仁弃义”之说。这对于了解儒、道两家早期的关系是非常重要的。再如，世传本第四十章中讲“天下之物生于有，有生于无”，帛书本与此相同，而郭店竹简本作“天下之物生于有，生于无”，一字之差，对于理解《老子》的思想影响很大。还有，世传本第二十五章中讲“有物混成，先天地生”，帛书本与此相同，而郭店竹简本作“有䖪混成，先天地生”，这一差别，有助于人们理解此处之“物”字。随着人们研究的深入，郭店竹简本将会展示出更多的珍贵价值。

由于《老子》言至简而意至深，给人们的理解带来一定的困难，但同时也为人们发挥己意留下了充分的余地。历代注《老子》者或“我注六经”，或“六经注我”，各尽其意，各取所需，从不同的角度对《老子》做出各种不同的理解和解释。明代宋濂在其所著《诸子辨》中讲：“‘视之不见名曰夷，听之不闻名曰希，搏之不得名曰微’，道家祖之。‘谷神不死，是谓玄牝。玄牝之门，是谓天地之根’，神仙家祖之。

‘吾不敢为主而为客，不敢进寸而退尺。是谓行无行，攘无臂，扔无敌，执无兵。祸莫大于轻敌，轻敌几丧吾宝。故抗兵相加，哀者胜矣’，兵家祖之。‘道冲而用之或不盈，渊乎似万物之宗。挫其锐，解其纷，和其光，同其尘。湛兮似或存。吾不知谁之子，象帝之先’，庄、列祖之。‘将欲翕之，必固张之；将欲弱之，必固强之；将欲废之，必固兴之；将欲夺之，必固与之’，申、韩祖之。‘以正治国，以奇用兵，以无事取天下’，张良祖之。‘我无为而民自化，我好静而民自正，我无事而民自富，我无欲而民自朴’，曹参祖之。”宋濂的理解和总结未必恰当，但是他看到对《老子》的理解和解释的多歧性，还是有道理的。这也许正是《老子》一书的生命力所在。

在中国学术史上，有关《老子》的注释之作非常多，不可胜数。据元代杜道坚《道德玄经原旨》之张与材《序》所言，有“注者三千余家”，这虽然为夸大之词，但是也道出注《老子》者之繁多的事实。《八史经籍志》共著录有230部。1927年王重民著《老子考》，存目有450余种。严灵峰《无求备斋老子集成》初编、续编、补编共影印了356种。近年来还时有各种新注出世。其中，流传最广、影响最大的是《老子河上公章句》和王弼的《老子道德经注》。河上公本以清静无为、修身养神的观点解释《老子》，在平民百姓之间流传甚广，尤为道教徒所重视；王弼本注重于辨析名理，阐发“有”“无”，主要流传于文人学者和士大夫阶层。这两种注本对后世影响很大，形成注解《老子》的两大类别。之所以如此，是因为河、王之注不只局限于“我注六经”，更着重于“六经注我”，借“注”来表达自己的思想。自河上公、王弼以来，各种注解层出，但是大多或拘泥于文句，或附意于河、王，有新意者不多。本解读力图在新发现文献的基础上，另辟蹊径，阐发己意，在力求言之有据的同时，做一些有根据的“误读”，虽然无意比肩河、王，但是窃以为还可算是自成一家之言。

四

本解读的原文以马王堆帛书本为底本（结合帛书甲本和帛书乙本，不细别二者的文字差异），参校以郭店竹简本和世传本，主要围绕解读文意，对不影响文意理解的文字，不做过细的考订。世传本中助词“兮”帛书本作“呵”，随语言习惯从世传本作“兮”。原文顺序基本以世传本为据，其分“章”之举虽然不尽合理，但是既已形成影响，亦不妨因循之，以便与他本对照。

目　录

第一章

道可道也，非恒道也；[1] 名可名也，非恒名也。[2]

无名，万物之始也；有名，万物之母也。[3]

故恒无欲也，以观其眇；恒有欲也，以观其所徼。[4]

两者同出，异名同谓。[5] 玄之又玄，[6] 众眇之门。[7]

校释

[1]此二句世传本作“道可道，非常道”。道：第一、三两个“道”字为名词，第二个“道”字为动词，行的意思。吴澄《道德真经注》：“道犹路也。可道，可践行也。”成克巩《御定道德经注》：“可道，行之也。”恒：在此读为gèng，为一全称词，周遍、全遍之意。《庄子·知北游》：“周、遍、咸三者，异名同实，其指一也。”详说见“解读”。

[2]此二句世传本作“名可名，非常名”。名：第一、三两个

“名”字为名词，第二个“名”字为动词，命名、称说的意思。程俱《老子论》：“可道之道以之制行，可名之名以之立言。”成克巩《御定道德经注》：“可名，言之也。”

[3]此四句世传本作“无名天地之始；有名万物之母”。这一段话以往有两种读法：一是“无名，天地之始；有名，万物之母”。二是“无，名天地之始；有，名万物之母”。本书采用第一种读法。蒋锡昌《老子校诂》：“司马光、王安石、苏辙（苏辙还是以有名、无名为逗，在有欲、无欲处以有、无为逗）辈读此皆以‘有’字‘无’字为逗，不知‘有名’、‘无名’为老子特有名词，不容分析。”《春秋穀梁传·隐公三年》“其不名何也”，范宁注：“夫名者，所以相别尔。”《荀子·正名》：“名定而实辨。”在这里，“有名”“无名”是有分别和无分别的意思。始：《说文解字》：“女之初也。”母：《说文解字》：“象怀子形，一曰象乳子也。”详说见“解读”。

[4]此四句世传本作“故常无欲以观其妙；常有欲以观其徼”。这一段话以往有两种读法：一是“故常无欲，以观其妙；常有欲，以观其徼”。二是“故常无，欲以观其妙；常有，欲以观其徼”。帛书本“欲”字后有“也”字，故应以第一种句读为是。欲：欲求。“恒无欲”指没有任何欲求。“恒有欲”指具有所有欲求。眇（miǎo）：《庄子·德充符》：“眇乎小哉。”《广韵·释诂二》：“眇，小也。”是“眇”有细小之意。《广雅·释言》“眇，莫也”，王念孙疏证：“言远视眇莫不知边际也。”是“眇”又有广大辽远之意。“眇”在此兼有二意。徼：求取之意。《国语·吴语》“弗使血食，吾欲与之徼天之衷”，韦昭注：“徼，要也。”《史记·匈奴列传》“患其徼一时之权”，司马贞索隐：“徼者，求也。”《玉篇·彳部》：“徼，要也，求也。”

（参见蒋锡昌：《老子校诂》，商务印书馆，1937年。）帛书本作“噭”，为假借字。观：在这里是显示的意思。《国语·周语上》“先王耀德不观兵”，韦昭注：“观，示也。”《汉书·严安传》“调五声使有节族，杂五色使有文章，重五味方丈于前，以观欲天下”，颜师古注：“孟康曰：‘观，犹显也。’显示之，使其慕欲也。”

[5]此二句世传本作“此两者同出而异名，同谓之玄”。两者：指无名与有名、恒无欲与恒有欲等。出：发生、显现。谓：意思、意义。

[6]玄：《说文解字》：“玄，幽远也。……黑而有赤色者为玄。”“幽远”则视之模糊不清，“黑而有赤”则难以分辨。范应元《老子道德经古本集注》：“玄者，深远而不可分别之义。”又，根据“玄”之字形，其有缠绕不清之意。李霖《道德真经取善集》：“玄者，阴与阳同乎一也。”

[7]眇（miào）：同“妙”，奥妙、微妙。门：发生的起点。此章郭店竹简本无。

解读

在第一章中，《老子》主要讲“道”。“道”是《老子》思想最重要的内容之一，是《老子》思想的根基。读《老子》，首先要理解其“道”。

关于《老子》书中的“道”，历来解释不一。有以“道”为“无”，有以“道”为“有”，有以“道”为“气”，有以“道”为“化”，有以“道”为“万物之所由”，有以“道”为“众理之总括”。在现代，人们更是从唯物主义与唯心主义的角度来评价

《老子》的“道”，有的认为是抽象的观念，有的认为是万物的本质，有的认为是普遍规律，有的认为是物质实体。众说纷纭，莫衷一是。那么，《老子》的“道”究竟是什么?《老子》为什么要用“道”字表示其思想的根基?让我们先从“道”字来开始分析。

“道”在金文中写法多样，基本的形式是从“行”从“首”，古文中有写“道”为“衟”和“衜”者。罗振玉在解释“行”字时说“象四达之衢，人之所行也”。就是说“行”表示四达的路，就像人们常见的十字路。“首”在此表示人。在《郭店楚墓竹简》中“道”或写作“衍”。所以，“道”字像是人在十字路口之状。（参见刘翔：《中国传统价值观诠释学》，上海三联书店，1996年。）当一个人处于“四达之衢”时，他可以对应所有方向，所以《庄子・天下》中说“道则无遗者矣”。《庄子・齐物论》中所讲“得其环中，以应无穷”也是这个意思。“环中”只是一个“点”，却可以对应“无穷”，在“对应”的意义上，“点”是“无遗”之“全”。

由于“道”字含有这样一种“全”对应关系的信息，所以《老子》用以表示“全”。“道”这一符号由此而具有“形而上”的意义，成了中国哲学中最重要的一个字。虽然在《老子》之前人们就在使用“道”这个字谈论一些抽象问题，但是，只是到了《老子》使用“道”字，这个字才哲学化了。《老子》对“道”的“形而上”使用对后世产生了深远的影响。《庄子・天道》讲“夫道，于大不终，于小不遗，故万物备”；《鹖冠子・环流篇》讲“无不备之谓道”；晋代裴頠《崇有论》讲“总混群本，宗极之道”等等，都直接承继了《老子》的观点。《荀子・解蔽》讲“夫道者……一隅不足以举之”，《韩非子・解老》讲“道尽稽万物之理”，其中也可见《老子》之“道”的影子。

在数学中，零向量的方向是不确定的，包含着全部的可能性，但是，一旦伸向某一方向，便不再是零向量，这时便只能对应一个确定的方向，不能同时对应所有的方向。没有谁能同时走向东西南北，想要同时走向东西南北，只能是原地踏步，这叫“行衢道者不至”（《荀子·劝学》）。如果要行动，就得选择一个方向而舍弃其他的方向，这叫“一方得而万方失”（郭象《庄子注》）。“一方得”即走向所选择的一个方向，“万方失”即失去了所选择的这个方向之外的所有方向，失去了“全”，所以《庄子·天下》说“选则不遍”。由于“选”，行动者在行动中得“偏”而失“全”。

《淮南子·说林训》说：“杨子见逵路而哭之，为其可以南可以北。”《尔雅·释宫》：“九达谓之逵。”逵路指通向九个方向的路。杨子处于逵路的交叉处难以决定该走向何方，所以哭泣。在杨子的哭声中，隐含着一个非常深刻的问题，“可以南可以北”意味着方向（价值）的多元性，而且多元“方向”彼此冲突，不可得兼，选择一个“方向”，就会背离其他“方向”，得“偏”而失“全”。而人既不能不选，又不能全选，因而也就不能不“偏”，却又不愿失“全”，因此而产生焦虑。杨子之哭就是这种焦虑的表现，是“形而上”之哭。《老子》说“道可道也，非恒道也”，也是对这种既不能不“偏”又不愿失“全”的焦虑而发出的感叹。“恒道”所体现的是人与“万方”（或者说是“环中”与“无穷”）的对应关系，是全遍的，但是，这只能是一种“静”的对应，不可道（动词之道）。“可道”指择路而行，是“行”“动”，其所体现的是人与“一方”的关系。“恒道”意味着全，“可道”总是一偏，这便是“恒道”与“可道”的区别。

“道可道也，非恒道也”一句在汉代以后的传本《老子》中都写作“道可道，非常道”，这是因为避汉文帝刘恒（héng）之讳而易“恒”为“常”，并一直延续下来。“恒”“常”二字的含义是一种交叉关系，而不是全同关系。就其相同之处讲，二者都有长久、永久、固定不变等含义，都有常规、常法、规律、法则等含义，都有经常、常常等含义，都有纲常、伦常等含义。在这些意义上，这两个字可以互换。这时的“恒”读为“héng”。但是，这两个字的含义还有不同之处，如当“恒”读为“gèng”时，有“全遍”的意思。《诗·大雅·生民》“恒之秬秠，是获是亩；恒之穈芑，是任是负”。毛传：“恒，遍。”郑玄笺：“则遍种之。”孔颖达疏：“以言种之广多，故以恒为遍。”朱熹传：“恒，音亘，谓遍种之也。”《书·洛诰》讲“奉答天命，和恒四方民”，“视予卜休，恒吉”，其“恒”也是“遍”的意思。而“常”则不具有这样的含义。汉代以后的传本以“常”易“恒”，抹杀了这两个字的区别，导致文意的改变。多少年来，人们一直是在“常”的意义上来理解“恒”（即使在帛书《老子》出土以后，仍然把“恒”解释为“常”），做出了各种各样的解释，引出各种各样的思想，虽然也不乏深刻之处，但是与《老子》思想的宗旨总似有隔。前面说过，《老子》对“道”的感叹产生于选择的焦虑，这同“恒”（gèng）是密切相关的。“恒”（gèng）具有多维（元）性，“常”则只是一维（元）性的，以“常”易“恒”，也就把多维（元）性变成一维（元）性，而偏离了《老子》的意思。事实上，在帛书《老子》中，“恒”“常”二字都多次出现（郭店竹简《老子》和西汉竹书《老子》中也是“恒”“常”并见），其中“常”都是用作名词，有规律、法则等含义；“恒”多作为形容词或副词。可见在早期的《老子》版本中，“恒”“常”的使用是有区别的。从总体上来看，可以说，在许多情况下，读“恒”为

“gèng”，比把“恒”理解为“常”更符合《老子》的思想宗旨。

“道”表示无所不备的“全”，通常的“名”不能表达其丰富性，所以，《老子》说“名可名也，非恒名也”。“恒名”指全遍之“名”，“可名”指对对象的界说。对于具体对象，可以通过一定的“名”来称说，如“圆”“方”“温”“凉”“宫”“商”等等之“名”，都表达了一定对象的某种属性。但是，“温”之“名”只能称说温而不能称说凉，“宫”之“名”只能称说宫而不能称说商，“圆”之“名”只能称说圆而不能称说方。具体对象或温或凉，或宫或商，或圆或方，故可以“名”称说。而“道”无所不备，不可遍举，说“温”而失“凉”，说“宫”而失“商”，说“圆”而失“方”，甚至说“全”则失“偏”，说“大全”则失“小全”……因此，想用通常的“名”来称说“道”是不可能的。因为一旦称说，便失去其周遍性，一旦界定，便不是“无不备”。用王弼的话讲，就是“名号则失其大旨，称谓则未尽其极”（《老子指略》）。对于“道”真不知该怎样来称说它。所以，在《老子》一书中，尽管反复地说“道”，但是却没有“名”“道”，只是用“似万物之宗”“似或存”（第四章）、“绵绵兮其若存”（第六章）、“譬道之在天下也，犹川谷之与江海也”（第三十二章）等语句对“道”做一些“似乎”的比喻；或者用“恍兮惚兮”“窈兮冥兮”（第二十一章）、“寂兮寥兮”（第二十五章）、“渊兮”“湛兮”（第四章）等语句对“道”做一番“诗意”的描述，“纵极描摹刻画之功，仅收影响模糊之效”（钱钟书语）。读《老子》就是要通过这些诗意的语言，在模糊中来体悟“道”，而不能拘泥于求“道”之精确界说，不能执着于要把“道”说清楚。《庄子·齐物论》讲“道昭而不道”，王弼《老子指略》说“《老子》之文，欲辩而诘者，则失其旨矣；欲名而责者，则违其义也”。这是读《老子》一书的关键。在以后的论述中，我们时而会讲“道是……”，那只是一种方便言说的表述，不是对“道”的界说。《庄子·则阳》说：“道之为名，所假而行。”

由于“恒名”不可“名”，所以，“道”也就“无名”。“无名”不是由于“道”太空洞而无可“名”，而是由于“道”太丰富而不能“名”，因此，《老子》又提出“有名”与“无名”相辅，以区别于空洞的“无名”。

“无名”与“有名”从不同的方面体现“道”。从“全”的角度来看，“道”由于不可“名”而“无名”，但是，从“分”的角度来看，万象庶类都各有其“名”。《尹文子·大道上》说：“大道不称，众必有名。”《管子·心术下》说：“凡物载名而来。”这样，有多少“（事）物”也就有多少“名”，以至于无穷。“无名”强调的是“混成”（第二十五章中讲“有頫混成”），“有名”强调的是分辨（第三十二章中讲“始制有名”）。“名”使“道”之“混成”明亮起来，使“象”得以“现”。“混成”则万物皆未现象，犹如“女之初”，只是一个“一”，所以说“始”。分辨则万物因“名”而“现”，犹如“母”之怀“子”，“收拢”着全部的“多”，所以说“母”。张祥龙说：“按照海德格尔的看法，‘逻格斯’的原本意义是‘收拢’或‘收集’。……‘收拢’是指将不同的东西置于一处，但又不取消它们之间的区别。”（《海德格尔思想与中国天道》，三联书店，1996年，第55页。）“始”和“母”不是就“道”而言，而是就“无名”和“有名”而言。“道”非“始”，“无名”是“始”；“道”非“母”，“有名”是“母”。“无名”和“有名”是“异名同谓”，并不是说“道”先有一个“无名”阶段，然后才是“有名”阶段。“始”

和“母”也不是说在万物之外别有“道”。“道”即万物之“混成”，万物即“道”之现象，“混”之为“道”，“辨”之为万物，所以说“道不离物，物不离道；道外无物，物外无道”（张君相《道德真经集解》）。

“无名”与“有名”是互补关系。没有“无名”，“有名”便成为一些没有背景的“小名”；没有“有名”，“无名”则只是一个没有内容的“空名”。“无名”和“有名”相互补充，才既体现了“道”之浑然性，又体现了“道”之丰富性。在先秦，彭蒙、田骈、慎到等人认为“大道能包之而不能辩（辨）之”，就是只强调了大道的“包”，而没有看到大道的“辨”，所以，《庄子·天下》说他们不知“道”。同样，只讲“辨”而不讲“包”，也是不知“道”。

在“无名”“有名”之后，《老子》又进一步从“无欲”和“有欲”的角度来讲“道”。“欲”是由于欠缺而有所求取，求取则有所选择。前面引过《庄子·天下》中的“选则不遍”，“道则无遗”，又引过《庄子·齐物论》中的“得其环中，以应无穷”。“恒无欲”则无所“选”而得“环中”，“无遗”而“全”。“环中”一“点”蕴涵着全部的可能，是“零”之“全”，是“无”之“全”，所以说“恒无欲也，以观其眇”。但是，“点”只是“静态”地“应无穷”，没有生动，所以《老子》又提出“恒有欲也，以观其所徼”。裴頠在《崇有论》中讲：“夫品而为族，则所禀者偏；偏无自足，故凭乎外资。”“欲”因于“偏”，是因自身欠缺（不自足）而对“外”的求取（或“凭”）。任何有限之物都是一“偏”，都“不自足”，都有所“凭”、有所“徼”，但是，所有不自足的“偏”却“混成”自足的“全”，“恒有欲”最终成为自身缠绕错综、了无止息的自取或自凭。自凭、自取实际上无所凭，也无所取，这样，由“恒有欲”又通向“恒无欲”，但这不是“名于小”之“恒无欲”，而是“名于大”之“恒无欲”。《老子》说“万物归焉而弗为主，则恒无欲也，可名于小；万物归焉而弗为主，可名于大”（第三十四章）；《管子·心术上》说“道”“其大无外，其小无内”，一个“眇”字把“大”“小”两方面都表示出来了。“道”是“大（全）”与“小（全）”合一之“全”，包举了全部的可能和现实，总括了所有的变化和过程，上下四方、古往今来，概莫能“外”。

“恒有欲”和“恒无欲”也是互补关系。没有“恒有欲”，“道”是死寂的；没有“恒无欲”，万物是无根的。只有“徼”没有“眇”，不能显示“道”的完备性；只有“眇”没有“徼”，不能显示“道”的生动性。只有二者相互补充，才能显示出“道”既是完备的、自足的，又是和谐的、生动的。

无论是“无名”还是“有名”，是“恒无欲”还是“恒有欲”，都根源于“道”之“无不备”。它们从不同的角度展现“道”，所以说“两者同出，异名同谓”。“异名同谓”是说从不同的角度表示相同的事实。“两者”“异名”强调了不同的角度和侧面，“同出”“同谓”强调了相同的根据和对象。

“无名”和“有名”“恒无欲”和“恒有欲”两者同时存在、相互渗透，这就是“玄”。“玄”表示“无名”和“有名”“恒无欲”和“恒有欲”缠绕不清的关系。“混”而有“辨”，“辨”而有“混”，所以，讲“无名”必须同时讲“有名”，讲“有名”也必须同时讲“无名”；“眇”而有“徼”，“徼”而有“眇”，所以，讲“恒无欲”必须同时讲“恒有欲”，讲“恒有欲”也必须同时讲“恒无欲”。这就叫“玄之又玄”。这是一切一切发生的根据，所以说“玄之又玄，众眇之门”。

“玄”是“道”的存在方式，后来道教中的“太极图”可以说就是“道”的存在方式的示意图。

读这一章，要着重体味“道”“恒”“玄”，这是理解《老子》整个思想的关键。

第二章

天下皆知美之为美，恶已；[1]皆知善，斯不善已。[2]

有无之相生也，[3]难易之相成也，[4]长短之相形也，[5]高下之相盈也，[6]音声之相和也，[7]先后之相随也。[8]恒也。[9]

是以，圣人居无为之事，[10]行不言之教。[11]万物作而弗始也，[12]为而弗恃也，[13]成而弗居也。[14]夫唯弗居，是以弗去。[15]

校释

[1]知：辨别、判别。恶：不美。“恶已”世传本作“斯恶已”。

[2]斯：其。此二句世传本作“皆知善之为善，斯不善已”。郭店竹简本作“皆知善，此其不善已”。赵建伟认为应当是“皆知善也，其不善已”（《郭店竹简〈老子〉校释》）。

[3]生：显现、化生。《庄子·田子方》“有待也而死，有待也

而生”，郭象注：“待隐谓之死，待显谓之生。”《大戴礼记·本命》：“化于阴阳象形而发谓之生。”

[4]成：确定。

[5]形：比较。世传本或作“较”。

[6]盈：马王堆汉墓帛书整理组注：“盈，假为呈或逞，呈现。”郭店竹简本作“浧”，音“盈”。此句世传本作“高下相倾”。倾，倚。

[7]音声：二字含义基本无别，都指声音。但是古字“音”从“言”，似乎侧重于声音的发出；“聲”从“耳”，似乎侧重于声音的接受。和：相应、应和。

[8]随：顺应。此句世传本作“前后相随”。

[9]恒也：二字郭店竹简本和世传本皆无，只见于帛书本，也许是后人的注释窜入正文。但由于“恒”对理解《老子》的思想有重要意义，所以依据帛书本保留。

[10]居：处于。世传本作“处”。

[11]言：号令。《国语·周语上》“有不祀者修言”，韦昭注：“言，号令也。”教：教化。

[12]作：兴起。始：谋划。此句世传本多作“万物作焉而不辞”。

[13]为（wéi）：成长。恃：郭店竹简本、帛书甲本作“志”，帛书乙本作“侍”，世传本作“恃”，据世传本。河上公《老子道德经章句》：“不恃望其报也。”世传本此句前有“生而不有”。

[14]居：守持。此句帛书本作“成功而弗居也”，世传本多作“功成而弗居”，据郭店竹简本。

[15]去：损失。

丨解读丨

“道”是“全”，没有任何一“偏”具有绝对优越的价值。《庄子·秋水》讲：“以道观之，物无贵贱；以物观之，自贵而相贱。”从“道”来看，没有善恶、美丑之分。善恶、美丑是人从自己之一“偏”对现象所做的一种价值解释。王弼说：“美者，人心之所进乐也；恶者，人心之所恶疾也。”（《老子注》）王守仁说：“天地生意，花草一般，何曾有善恶之分？子欲观花，则以花为善，以草为恶。如欲用草时，复以草为善矣。”（《传习录·上》）尼采说：“完全没有道德的现象，而只有对现象的一个道德的解释。”（《善恶之彼岸》，华夏出版社，2000年，第74页。）

人是“偏”的存在，只能从其一“偏”的角度看问题，即“以物观之”。因此，对现象的价值解释不可避免地会受其“偏”的影响，不能不“自贵”，即使主张“不自贵”也是一种“自贵”，否则也就谈不上自己的“观”了。人所谈论的“意义”“价值”等等问题，都是从“以物观之”讲的。如果没有“以物观之”，那么也就没有人生的意义、价值等问题，人也就是“非生人之行，而至死人之理”了（《庄子·天下》）。这是“不知道”。所以，不能简单地否定“以物观之”的意义。但是，如果人都将自己从一“偏”所做的价值解释绝对化为唯一的标准，那么必然会相互否定，即“相贱”。在《老子》看来，天下人都强调自己的解释为绝对标准，以此来判定善恶、美丑——这是善的，那是恶的；这是美的，那是丑的——这本身就不美、不善，所以说“天下皆知美之为美，恶已；皆知善，斯不善已”。

当然，《老子》之“恶已”“不善已”已经表现出其好恶而落入言筌。所以，对此不可执滞于语言的追问，而要得意忘言、心领神会。任何光亮都有其阴影，任何见解都有其偏失，只有无光亮才能无阴影，无见解才能无偏失。问题的关键不在于无“偏”，而在于不执“偏”。不执“偏”则超越了概念化的善恶、美丑。超越概念化的善恶、美丑不是无善恶、无美丑，而是不执善恶、不执美丑。《庄子》讲“以道观之”的主要意义正在于此。由于有“以道观之”的“背景”，所以，人虽然不能不“自贵”，但是却可以不“相贱”，即“自贵而不相贱”。

前面两句话的意思是说判定美、判定善本身就不美、不善，接着讲有无相生、难易相成、长短相形、高下相盈、音声相和、先后相随等等，则意在进一步强调（善恶、美丑）矛盾双方是共生的、互生的。虽然人们对善恶、美丑的判定标准并不一致，但是不论以什么标准，总是善恶同根，美丑同门，不可偏举。有善即有恶，有美即有丑，没有了丑和恶，也就没有美和善了。美和丑、善和恶总是相比较而存在的，用一句成语来概括，这叫作“相反相成”。对立面的相互依存构成了矛盾的统一，在矛盾统一体中，对立双方你中有我，我中有你，任何一方的消失都会导致统一体的解体。这也就是“恒”。也可以说，“恒”是矛盾统一体，是“全”面。在第一章中，“恒”表现的是无所不备，在这一章中，“恒”表现的是对反互补。

善恶、美丑是人从自己之一“偏”对现象所做的价值解释，是设定的，可是，人往往会将其看成是现象自具的属性，企图执于一“偏”而求得所谓尽善尽美、至善至美。这就是以“偏”概“全”。在《老子》看来，无论任何时候，人都只是一“偏”，不可能是“全”，而且没有任何一“偏”具有绝对优越的价值可以“概全”，因此，不应也不必执于某一“偏”去求尽善尽美、至善至美，而只是应和当下之境遇。《淮南子·氾论训》说："是非有处。得其处则无非，失其处则无是。"善恶、美丑也如此。这样，问题便由"应当"（yīng dāng）转为"应当"（yìng dàng）。"应当"（yīng dāng）是性质的，是对"前面"的"求"；"应当"（yìng dàng）是"关系"的，是对"旁边"的"应"。不设定"应当"（yīng dāng）是"行不言之教"，"应当"（yìng dàng）则是"居无为之事"。"居无为之事"并不是引之不来，推之不去，迫而不动，感而不应，而是要"与时迁移，应物变化"，"因时为业"，"因物与合"（《史记·太史公自序》）。弗始、弗恃、弗居就体现了因时、应物。在因时、应物的前提下，作、为、成都是无为。这种作、为、成虽然是一"偏"之作、为、成，但是却不执其"偏"，虽然"偏"却又超越"偏"。

具有"应当"（yìng dàng）境界的人，《老子》叫作圣人。《说文解字》："圣，通也。"《尚书·洪范》"睿作圣"，孔安国传："于事无不通谓之圣。"《国语·越语下》："圣人随时以行。"《史记·屈贾列传》："夫圣人者，不凝滞于物而能与世推移。"道家所讲的圣人"无成势，无常形"，"与时迁移，应物变化"，所以能无所不宜，无所不可，能无不为，无不通。

第　三　章

不尚贤，使民不争；[1] 不贵难得之货，使民不为盗；[2] 不见可欲，使民不乱。[3]

是以圣人之治也：虚其心，[4] 实其腹，弱其志，[5] 强其骨。[6] 恒使民无知无欲也。[7] 使夫知不敢、弗为而已，则无不治矣。[8]

校释

[1]尚：推崇。贤：《说文解字》："贤，多才也。"《玉篇·贝部》："贤，有善行也……能也。"在此，"不尚贤"当指不崇尚贤能，不标榜美名。河上公《老子道德经章句》："不尚者，不贵之以禄，不尊之以官也。"成克巩《御定道德经注》："尚贤，则民耻于不若而至于争。"

[2]贵：重视。盗：以不正当的手段谋取。《春秋穀梁传·定公八年》："非其所取而取之谓之盗。"《庄子·庚桑楚》"举贤则民相轧，任知则民相盗"，王先谦《集解》引宣颖云："盗，诈也。"成克巩："贵难得之货，则民病于无有而至于盗。"

[3]见（xiàn）：彰显。可欲：引起贪欲的事物。乱：迷乱。成克巩："可欲，如尚贤、贵货之类。凡争、盗皆起于见可欲。"此句世传本多作"使民心不乱"，或作"使心不乱"。

[4]虚：在此意为去除。心：谋虑。《尔雅·释言》："谋，心也"。

[5]弱：削弱。志：欲念。《鬼谷子·本经阴符》："志者，欲之使也。"《礼记·少仪》："义与？志与？"郑玄注："志，私意也。"

[6]骨：在此意指躯体。

[7]知：同"智"，智巧、谋划。此句世传本作"常使民无知无欲"。

[8]敢：干犯、侵犯等。《广雅疏证》："敢，犯也。"弗为：无为。此三句帛书甲本残，世传本作"使夫智者不敢为也，为无为，则无不治"。此章郭店竹简本无。

解读

在第二章解读中讲到"以道观之"和"以物观之"。"以道观之"，没有任何一"偏"具有绝对优越的价值，"贤""难得"都是人为的设定，是"以物观之"。"以物观之"是"偏"面的，如果将某一"偏"面的价值绝对化，那么往往会否定其他"偏"面的价值，"自贵而相贱"。由于人是"偏"的存在，不可能"以道观之"，不可能不"自贵"，但是，人可以避免"相贱"。"不尚贤""不贵难得之货"就是要将"贤""难得"放在具体的境遇中，而不是通过"尚""贵"将其普遍化。《文子·自然》说："天下之物，无贵无贱。因其所贵而贵之，物无不贵；因其所贱而贱之，物无不贱。故不尚贤者，言不放鱼于木，不沈鸟于渊。”

《墨子·兼爱》讲：“昔者楚灵王好士细要，故灵王之臣，皆以一饭为节，胁息然后带，扶墙然后起。”《淮南子·主术训》也讲：“（楚）灵王好细腰，而民有杀食自饥也；越王好勇，而民皆处危争死。”在《老子》看来，对某种价值的推崇和标榜，会导致社会中的“争”“盗”“乱”。“尚贤”把人们都引诱到一条路上，形成浩浩荡荡的潮流，为了设定的“贤”而竞争不已。潮流使人失去多样性。“贵货”往往会使人们只注重物的占有价值，而忽视了物的使用价值，强化了人们的占有欲。占有使人难以摆脱物役。所以，《老子》主张不尚贤，不贵难得之货，不彰显任何可以引起人们贪欲的事物，使人们不为外在的名利而争斗，不以非正当的手段去谋取利益。

所谓“不争”只是否定那些人为的名利之争，并不否认为了维持正常生存的努力。为了生存，在动物当中也存在着“争”，但是动物性之“争”的根据是自然的、本真的，是内在的需求之争，而人为的名利之“争”的根据是外在的。人可以为了争得体育奖牌而服用兴奋剂，或为了争夺职、位、权、利而作弊，这些在内在的需求之“争”中是不存在的。现代奥林匹克强调重在参与，这是奥林匹克的内在实质，至于名次和奖牌只是一种外在标志或符号，但是对名次和奖牌的标榜，使许多人本末倒置，把争夺名次和奖牌当成主要的内容，而奥林匹克的内在实质在一定程度上反而成为次要的了，因此而引发出种种不正当的竞争。人类社会生活的其他领域也充斥着类似的现象。可以肯定地说，没有人会为了自己锻炼身体而服用兴奋剂，也不会为了真正学习本领充实自己而作弊。有谁见过动物为了“学”得生存本领而弄虚作假呢？人类社会生活中的各种作弊行为不能不说都是由于名利的引诱。所以《老子》主张不尚贤、不贵难得之货、不见可欲，消除人为的名利之争，使民不乱。

《老子》并不反对人满足内在的需求，而是不主张人强化占有欲念，所以说要“虚其心，实其腹，弱其志，强其骨”。虚心弱志指淡化人的占有欲念，实腹强骨指满足人的内在需求。《庄子·逍遥游》讲“鹪鹩巢于深林，不过一枝；偃鼠饮河，不过满腹”，这就是一种无占有的生存。当然，无论《老子》还是《庄子》都不是要人成为鹪鹩和偃鼠，而是希望人们能走向无占有的生存。“虚其心”“弱其志”也就是“使民无知无欲”。无知无欲并不是不要任何知识，没有任何需求，而是强调不违自然。《老子》还说要使民知“不敢”“弗为”。“不敢”就是不干犯他人，不违反自然。在《老子》看来，“不敢”“弗为”是治理社会的根本原则，只要人们都能做到这两点，社会也就安定了。

曾参说孔子的主张贯穿着一个基本观念，即“忠恕”（见《论语·里仁》）。“忠恕”强调“己所不欲，勿施于人”，这对于维护人类社会的和谐具有重要的意义。但是在逻辑上讲，“己所不欲，勿施于人”不能断定“己所欲”将如何。“勿施于人”应该是无条件的，在前面加上“己所不欲”则成了条件句。就此而言，《老子》所讲的“不敢”更具普遍性。孔子又主张“中庸”，《老子》则主张“无为”。儒、道两家之别，在此可见一斑。（参见第三十八章解读）

《老子》的圣人之治是乌托邦式的，现实的社会问题远比《老子》所想的复杂，远非“不敢”“弗为”所能解决，更谈不上“无不治”。但是，《老子》的思想还是可以给我们一些启示，即“不敢”“弗为”都是从“负”的方面来限定人的行动，而不是从“正”的方面去教诲人们这样那样，这其中包含着一定的合理性。

这一章需着重理解“不敢”“弗为”。

第四章

道冲而用之又弗盈也。[1]
渊兮似万物之宗。[2]
挫其锐，[3]解其纷，[4]和其光，[5]同其尘。[6]
湛兮似或存。[7]
吾不知其谁之子也，象帝之先。[8]

校释

[1]冲：《玉篇·水部》：“冲，冲虚也。”段玉裁《说文解字注》：“凡用冲虚字者，皆盅之假借。”《说文解字》：“盅，器虚也。”“冲”又有涌摇、交荡之意，第四十一章中讲“冲气以为和”。在此，“冲”兼有此二义，即此处之“虚”非一无所有之空虚，而是充满涌摇、交荡之无“物”（参见第十四章注[9]），故后面讲“渊”，讲“湛”，讲“玄同”（第五十六章）。又：世传本多作“或”。盈：满，达到极点。“弗盈”指无限。

[2]渊：回旋之水，也有深邃之意。宗：根本、归往。

[3]挫（zuò）：《集韵·过韵》：“挫，搦也。”《说文解字》

“搦，按也”，段玉裁注：“按者，抑也。”锐：进无止。《庄子·天下》“锐则挫矣”，郭象注：“进躁无崖为锐。”然则，“挫其锐”即抑止那进躁无崖。

[4]解：消除。纷：似丝带。《尚书·顾命》“玄纷纯，漆仍几”，孔颖达疏：“纷则组之小别。……纷绶一物，小大异名。”古人常以丝带标志不同的身份与等级。《礼记·玉藻》：“天子佩白玉而玄组绶，公侯佩山玄玉而朱组绶……”故“纷”又指事物之间的区别。“解其纷”指消除那些分别。

[5]和：融合。光：光彩。“和其光”指融合那些光彩。

[6]同：混同。尘：本指行路时扬起的土，引申为踪迹的意思。“同其尘”指混同那些踪迹。第五十六章中讲：“和其光，同其尘，挫其锐，解其纷。是谓玄同。”陈鼓应《老子注译及评介》援引谭献、马叙伦、陈柱等说，认为“挫其锐，解其纷，和其光，同其尘”乃第五十六章错简重出。从文义上看，在这儿讲这四句是有用意的。张舜徽《老子疏证》：“古人阐明一理，数语不嫌重见。故文句相同者常前后迭出。”

[7]湛（chén）：隐没、消失之意。《说文解字》：“湛，没也。”

[8]帝：古人称宇宙的主宰者为帝。《易·益·六二》“王用享于帝”，王弼注：“帝者，生物之主，兴益之宗。”此章郭店竹简本无。

解读

“道”需要体悟，只可意会，不可言传。但是，要使人体悟“道”，又需要通过言说“道”，没有对“道”的言说，也就不会体悟“道”之不可言说。所以，《老子》便用一些含混的比喻来形容“道”。但也仅仅是形容、比喻而已，并不是对“道”的真正界说，是要使人在这些比喻和形容中体悟“道”，而不是要界说“道”是什么。严复说在这一章中应当玩味其中的“似”字（《老子道德经注评点》）。“似”就非“是”，所说的都非“是”。

在这一章中，《老子》先以“冲”来形容“道”。第四十五章中讲“大盈若冲，其用不穷”，“道”包举全部的可能和现实，总括所有的变化和过程，是“大盈若冲”之“冲”，而不是一无所有之“空”，因此，《老子》接着讲“用之又弗盈”，作为对“冲”的进一步说明。“用之又弗盈”即“其用不穷”。

在第四十一章中，《老子》说“万物负阴而抱阳，冲气以为和”。阴、阳在这儿指既相对立又相依存的两方面。全部的可能和现实，所有的变化和过程，都有既相对立又相依存的性质，所以说“万物负阴而抱阳”。无数的矛盾对立的共同性质，《老子》称之为“气”。在无数矛盾的纠结交通中形成统一体即“冲气以为和”，《易传·系辞上》称之为“一阴一阳之谓道”。

“渊”是这“冲”的形象比喻。“渊”字本义是回旋之水，这使我们联想起旋涡，使我们想起“玄”，想起道教中的“太极图”。“玄”就是旋而不已，这旋而不已是因“冲”而发生。在《老子》看来，“道”就像是一个无边无际的“旋涡”，这个无边无际的“旋涡”旋之又旋（“玄之又玄”），所有的事物好像都被这个“旋涡”卷进去，又好像都从这个“旋涡”中生成，所以说“似万物之宗”。万物都被这个“旋涡”卷进去，其差异都隐没在这个“旋涡”中，所以《老子》说“挫其锐，解其纷，和其光，同其尘”。由于全部差异都隐没在“旋涡”中，所以又说“湛”。差异消失则“旋涡”当不复旋，但是那“旋涡”却仍然旋之又旋，这又意味着差异没有消失，所以说“似或存”。

“渊兮似万物之宗”，所以说“不知其谁之子”。在《老子》之前，中国古代的思想家还没有人明确地否定“帝”的至高无上性，而《老子》则把“帝”也置之于“道”的“旋涡”中。在《老子》看来，“道”是自己主宰自己的，没有外在的主宰者，用《老子》的话讲，叫作“道法自然”（第二十五章）。自然，指自然而然，是自己而然。在西方哲学史中，荷兰哲学家斯宾诺莎主张“实体”是自身的原因。《老子》虽然没有明确讲“道”是自身的原因，但是其“道法自然”的思想与斯宾诺莎的说法有相似之处。

第五章

天地不仁，以万物为刍狗；[1] 圣人不仁，以百姓为刍狗。[2]

天地之间其犹橐籥欤？[3] 虚而不屈，[4] 动而愈出。[5]

多闻数穷，不若守于中。[6]

校释

[1]刍狗：用草扎成的狗，古代用于祭祀，是应时之作，用后即扔。《庄子·天运》："夫刍狗之未陈也，盛以箧衍，巾以文绣，尸祝斋戒以将之。及其已陈也，行者践其首脊，苏者取而爨之而已。"

[2]以上四句郭店竹简本无。

[3]橐（tuó）：本意为盛物的袋子。籥（yuè）：为一种管形乐器。后来人们用皮子制成袋状，一端留有小孔，插入一管状物，称之为"橐籥"，用为冶炼时的鼓风装置。

[4]屈（jué）：竭尽、穷尽。

[5]愈：不断地。

[6]多闻：博识洽闻。《论语·季氏》“友直、友谅、友多闻”，邢昺疏：“多闻谓博学。”《淮南子·本经训》：“晚世学者，博学多闻，而不免于惑。”“闻”，世传本多作“言”。数：术。穷：困。“数穷”指术之困穷。张舜徽《老子疏证》：“人君以智自贤，其术恒穷。”此二句郭店竹简本无。

| 解读 |

这一章郭店竹简本只有中间一部分。

在第二章中，《老子》讲要“居无为之事”。“无为”最关键之处在于“应”，即一切行为都是对境遇的一种应和，既非迫而不动，感而不应，也不执着于一种既成状态，而是要“与时迁移，应物变化”。

《老子》以“刍狗”为例来说明“应”。“刍狗”完全是一种应时之作。人做“刍狗”并不是出于喜爱，而只是为了祭祀。祭祀之后扔弃也不是因为厌恶，只是不滞于祭祀。祭祀已过而保存“刍狗”即是一种“执”，毫无顾惜地扔弃则是一种“应”。做亦应，扔亦应，这就是“无为”。《老子》认为，天地间万物就像祭祀中的“刍狗”一样，也都是应时之作，某物之生并不是出于天地之喜爱，某物之亡也不是出于天地之厌恶。天地不以春生为喜，亦不以秋杀为忧。春生夏长秋收冬藏都是对境遇的应和，并不是天地有意为之。这就叫作“自然而然”。同样，社会中的三教九流、士农工商也都是应时生，应时亡，并不是圣人凭主观意愿所为。所以《老子》说：“天地不仁，以万物为刍狗；圣人不仁，以百姓为刍狗。”在这里要区别不“仁”与“不仁”。人们常常所讲的“为富不仁”是说“不仁”，“不仁”与“仁”是对立的，是一种

“为”，而不“仁”则既不刻意于“仁”，也不刻意于“不仁”，超越了“仁”与“不仁”的对立，只是一个“应”。

在中国传统医学中把肢体失去知觉叫作“麻痹不仁”。圣人不“仁”而不是“不仁”，所以并不是说圣人对什么事情都麻木不觉了。就这一点讲，圣人的不“仁”与天地的不“仁”稍有不同，天地的不“仁”是纯自然的，圣人的不“仁”则包含着一种境界。在魏晋时期，有关于圣人有情还是无情的讨论。何晏、钟会等人主张“圣人无情”，认为圣人无喜怒哀乐。王弼则主张圣人亦有情，认为“圣人茂于人者，神明也；同于人者，五情也。神明茂，故能体冲和以通无；五情同，故不能无哀乐以应物。然则圣人之情，应物而无累于物者也”（《三国志·魏书·钟会传》注）。比如，孔子遇到颜渊这样的好学生也高兴，当颜渊死了时也悲哀，这就是“应”。圣人比常人高明之处在于他能与“道”相通而不滞于情，所以能“应物而无累于物”。“无累于物”就是不执着于一种既成状态。《世说新语·伤逝》说，王戎的儿子死了，他很悲痛，对人说：“圣人忘情，最下不及情，情之所钟，正在我辈。”“不及情”即感而不应，如同砖石土块，常言说铁石心肠就是“不及情”。“钟情”即执滞于情，陷于喜怒哀乐之中不能自拔。圣人是“忘情”。“忘”从亡从心，“忘情”即无心于情，只是应和。后来，程颢说：“圣人之喜，以物之当喜；圣人之怒，以物之当怒。是以圣人之喜怒，不系于心而系于物也。”（《答横渠先生定性书》）“不系于心”是无执，“系于物”是顺应，无执顺应即自然无为。

“虚”才能“应”。《老子》以“橐龠”为例来说明“虚”。橐龠所以能不断鼓动排风，正由于其能保持“虚”，如果皮橐里装满了东西，那也就不能鼓风了。这就是“虚而不屈，动而愈出”。

第十六章中讲“至虚，恒也”。至虚即无执无偏，无执无偏才能周遍，才能无所不应，所以说“恒也”。《管子·心术上》说：“故物至则应，过则舍矣。舍矣者，言复所于虚也。”宋代林景熙在《虚心堂记》中说：“惟虚心，故能应物。虽无物不应，而若未尝应，不留物也。”“复所于虚”“不留物”都是指不“执”。《淮南子·原道》说“心虚而应当（yìng dàng）”。“虚”才能“应”，才有“当”。橐龠虽然“虚而不屈”，但是不动不出，量动而出，“出”是对“动”的“应”。这也是“虚”的一个表现。

再讲“中”。这里的“中”也就是《庄子·齐物论》中所讲“得其环中”之“中”。人之“行”总是一“偏”，不可能是“全（方位）”。“多闻”往往使人无所适从，这就叫“数穷”。这也就是《老子》所说的“多则惑”（第二十二章）。杨子见逵路之“哭”即“数穷”之表现。所以《老子》说“不若守于中”。《中庸》讲“喜怒哀乐之未发谓之中”，“守于中”即守此“未发”之势，始终保持“应无穷”的可能性，如是才能“与时迁移，应物变化”。《庄子·则阳》说：“冉相氏得其环中以随成。”“随成”即“与世偕行”，“与变随化”。第四十八章中讲“为学者日益，为道者日损”，“多闻”是“为学者”，“守于中”是“为道者”。为道者日损，“损之又损，以至于无为。无为而无不为。”“损”是对“多闻”的“屏蔽”和“悬置”，“损”至“无为”也就是“守于中”，“应无穷”则是“无不为”。另外，“不若”是一种比较，如果“多闻”并不导致“数穷”的话，那么“多闻”和“守于中”是不矛盾的。

理解这一章的重点在“应”“虚”“中”三个字。虚则活，过实则死。活则应化无穷，过实则常滞于一种状态。这一章可概括为“应而不执”。

第 六 章

谷神不死，[1]是谓玄牝。[2]玄牝之门，是谓天地之根。[3]绵绵若存，[4]用之不勤。[5]

丨校释丨

[1]谷：虚空。神：神妙莫测。死：《大戴礼记·本命》："化尽数穷谓之死。""不死"指变化无穷。朱熹："谷只是虚而能受，神谓无所不应。"（《朱子语类》卷第一百二十五）严复："以其虚，故曰'谷'；以其因应无穷，故曰'神'；以其不屈愈出，故曰'不死'。"（《老子道德经注评点》）熊十力："以其冲虚曰'谷'；以其用之不盈曰'神'；以其湛兮或存曰'不死'。"（《十力语要》，中华书局，1996年，第151页。）

[2]牝：动物中的雌性。"玄牝"指生成万物的母体。朱熹："玄牝盖言万物之感而应之不穷，又言受而不先。"（《朱子语类》卷第一百二十五）

[3]根：根源。

[4]绵绵：连续不断、缠绕不清。

[5]用：运行。《方言·六》："用，行也。"《诗·邶风·雄

雉》“不忮不求，何用不臧”，高亨注：“用，犹行也。”《易·乾》“初九，潜龙，勿用”，高亨《周易大传今注》：“勿用犹今语所谓勿动。”勤：劳倦。此章郭店竹简本无。

| 解读 |

《庄子·知北游》中说“至道若是，大言亦然”。如是，套用《老子》“道可道也，非恒道也；名可名也，非恒名也”的句式，也可以说“言可言也，非恒言也”。“恒言”乃言“道”之言，此言不可说。但是，不可说不等于不说。“不可说”要在“说”中体现，没有“说”也就没有“不可说”。所以，《老子》总是反反复复地言说这不可言说的“道”。德国哲学家雅斯贝尔斯说，真正的哲学思想总是依赖于间接言传的，《老子》是第一部伟大的间接言传之作。（参见《德国思想家论中国》，江苏人民出版社，1989年，第248页。）正是在反复的间接言传中，对那不可言说的“道”有了更多的体味。

“谷神”“玄牝”都是对“道”的间接言传。“谷神”意味神妙莫测的“虚空”，这个“虚空”变化无穷。这使我们又想起那个无边无际的“旋涡”，想起了“渊兮似万物之宗”，想起了“玄之又玄”。《老子》把这神妙莫测、变化无穷的“虚空”称之为“玄牝”，实际上是以“玄”为“牝”。“谷”和“神”皆因“玄”而然，无“玄”则无“谷”无“神”，所以“玄牝”要在“玄”。变化无穷的“旋涡”旋而又旋，状似一个巨大的雌性生殖器，万物都由此而“生”出。因此，“玄牝之门”也就是“众眇之门”，只不过“玄之又玄”侧重于描述万物生成的过程，“天地之根”侧重于描述万物生成的根源。“绵绵”指缠绕不清的形状，这是更形象地讲“玄”之混而不分，旋而不已。

我们可以借用“太极图”来想象“绵绵若存”的情形。在“太极图”中，阴阳涌动纠缠在一起，阴中有阳，阳中有阴，而阴中之阳和阳中之阴都还是阴阳的涌动纠缠，还是阴中有阳，阳中有阴，可以这样一直推到无穷。这就是“玄之又玄”。

“谷神”“玄牝”后来成为道教尤其是内丹修炼中的重要概念。《金丹大要·鼎器妙用章》讲：“外鼎者，亦名谷神，亦名玄关，亦名玄牝之门。”《悟真篇》讲：“要得谷神长不死，须凭玄牝立根基。”这些都已不是《老子》的意思。

第七章

天长地久。天地之所以能长且久者，以其不自生也，[1]故能长生。

是以圣人退其身而身先，[2]外其身而身存。[3]不以其无私欤？故能成其私。[4]

校释

[1]不自生：不独自生存。

[2]退：后退。身：指自身、自己。先：居前。“退其身”世传本作“后其身”。《庄子·天下》说关尹“未尝先人，而常随人”；说老聃“人皆取先，己独取后”。

[3]外：置之度外。存：保全。

[4]私：自己的、属己的。王弼《老子注》：“无私者，无为于身也。”此章郭店竹简本无。

解读

在古人看来，在有形的存在中，天地是最长久的。天长地久的原因，在于它们不独自生存，而是与万物共生。天地总是与万物为一体，以万物的生命为生命，除却万物，天地没有“自己”，个别事物有生有灭，而天地在万物的生生不息中长存。《老子》从“天长地久”中得到启示，认为人也应该像天地那样不自生，要“无私”。陆九渊说：“宇宙不曾限隔人，人自限隔宇宙。”（《象山语录·上》）“无私”也就是不强调彰显“自己”，要打破与万物之间的“隔”，浑然与物同体。张载《西铭》说：“乾称父，坤称母。予兹藐焉，乃混然中处。故天地之塞，吾其体；天地之帅，吾其性。民，吾同胞；物，吾与也。”如是，则何“私”之有？而如是，却又会“视天下无一物非我”（《正蒙·大心篇》）。这正是“以其无私”而“成其私”。

程颐说：“人才有意于为公，便是私心。”（《程氏遗书》卷十八）薛蕙说：“圣人之无私，初非有欲成其私之心也，然而私以之成，此自然之道耳。如欲成其私，即有私也。未有有私而能成其私者也。”（《老子集解》）为了成其“私”而“无私”不是真正的“无私”而是“有私”，为了保全自己而把自己置之度外也不是真正的“外其身”而是“存其身”。存“身”成“私”是“不自生”的结果而不是前提，一旦作为前提就是“隔”。

第八章

上善若水。[1] 水善利万物而不争，[2] 居众人之所恶，[3] 故几于道矣。[4]

居善地，[5] 心善渊，[6] 予善信，[7] 正善治，[8] 事善能，[9] 动善时。[10]

夫唯不争，故无尤。[11]

校释

[1]上善：最高的美德。

[2]利：益，有益。不争：帛书甲本作“有静”，帛书乙本和西汉竹书本作“有争”。此从世传本。

[3]居：世传本作“处”。

[4]几：接近。

[5]居：居处（chǔ）。善：以……为善。地：在此指恰当的地位。《孟子·离娄下》“禹、稷、颜子，易地则皆然”，赵歧注：“不在其位，故劳佚异。”“居善地”意即居处以适合自己的地位为善。

[6]心：心性、心境。渊：深沉。

[7]予：给予、施予。信：随意、没有任何目的。此句从帛书甲本，帛书乙本和西汉竹书本作“予善天，言善信”，世传本作“与善仁，言善信”。

[8]正：纯正清平，也兼指“政”。治：平顺、和顺。

[9]事：为、作。能：广博。《释名·释言语》：“能，该也，无物不兼该也。”范应元《老子道德经古本集注》：“事善能者，无所不通。”王元泽：“惟变所适，故无不能。”（《道德真经集义大旨》引）又，《易传·系辞上》“乾以易知，坤以简能”，《经典释文》引姚信注：“能当为从。”

[10]时：适时、合于时宜。

[11]尤：过失。此章郭店竹简本无。

解读

《老子》常常以水为喻来讲述其思想。在第四章中以渊、湛等水的特性比喻“道”幽隐莫测，第三十二章中讲“譬道之在天下也，犹小谷之与江海也”，第七十八章中讲“天下莫柔弱于水，而攻坚强者莫之能胜也”等等。在这一章中，主要是借水来发挥其自然无为的思想。

在《老子》看来，水的特性最能表现自然无为的道理。水是生命之源，它滋养着万物，但是却没有任何私念，于物无所取。它遇方则方，遇圆则圆，随物赋形，与物无争。众人好高而恶下，水独处之；众人好洁而恶污，水独居之。水不以人之好恶而改变其自然本性，一切都只是顺应而已。《老子》认为，因为水具有这些品德，所以能“几于道”。具有最高美德的人，也像水一样“几于道”。

《老子》对其理想中具有最高美德的人，即上善之人，做了具体描述：

一、居善地。水总是按自己的本性存在，处于自己的本然之处。水性趋下，只往低处流，并不因众人恶下而改变本然之性。上善之人也能按自己的本性存在，常处于自己的本然之处，不以众人之好恶为转移，所作所为只是顺性而已，不趋众人所好，不避众人所恶，存真守己，特立独行，不失其所。《中庸》说："君子素其位而行，不愿乎其外。""素其位"即顺乎其本然之性，"不愿乎其外"即不企慕本然之性之外的事。成语有"邯郸学步""东施效颦"，都是说那种不顾自己的本然之性，一味企慕他人的人，最终必然会丧失自己。这与上善之人"居善地"形成鲜明的对比。

二、心善渊。常人的心境最易受环境的影响，总是看别人怎么做、听别人怎么说，以此来决定自己的行为，因此，其心境总是躁动不安。上善之人不以众人之好恶为行为的根据，只按自己内在的本性而行动，所以，其心境总是虚静深沉，不为外在环境所左右。陶渊明在《饮酒》诗中讲："结庐在人境，而无车马喧。问君何能尔，心远地自偏。""心远地自偏"就是指心不受外境的干扰，这样，即使处于嘈杂的环境，也仍然能保持一种宁静的心态。这就是"心善渊"。

三、予善信。水善利万物，遍与诸生，但是并无任何目的，只是其自然本性的表现。上善之人也是如此，施予只是随意，既无图报之念，也无邀誉之心。在先秦，孟子主张"性善"，认为人的本性先天地具有善的萌芽。孟子在论证自己的观点时说，当人看见井边的小孩将要掉入井中时，都有一种惊惧同情的心情，产生这种心情，并不是要和这小孩的父母攀结交情，也不是为了在邻里朋友中间取得好名声或者害怕人们指责他心地不善，这种心情是内在本性的自然显露。虽然《老子》所讲的自然无为与孟子的“性善论”不是一回事，但是《老子》所强调施予的无目的性与孟子的说法有一致之处。

四、正善治。水纯净不杂，清澈透明，止则平正不偏，动则荡涤群物。清澈透明则人皆可以知其内，平正不偏则人皆可以见其外。纯净不杂则无私无欲，荡涤群物则尘秽皆除。上善之人，其性如水，无为清净，不杂私欲，公正无偏，所以其治理政事，则政通人和，平顺安宁。这就是所谓“正善治”。

五、事善能。水之品质，遇物赋形，不执于一，因地而为曲直，因器而为方圆，趋变无常，无所不通，以天下之至柔，驰骋天下之至坚。上善之人也能随时举事，应变得当，所以说“事善能”。

六、动善时。这强调的是顺自然而行。顺自然则适时，不顺自然则违时。水冬凝为冰，春释为水，既是顺自然，又是适时节。如果是夏成冰，冬为水，则为不合于时。上善之人任其自然，所以既不强行所不行，也不强止所不止，“时止则止，时行则行，动静不失其时”（《易传·彖传》）。王守仁说：“不当行而行，与当行而不行，其为取辱一也。”（《答毛宪副》）之所以取辱，就是因为行止不合于时，不能顺应自然。

在《老子》对上善之人的描述中贯穿着一条主线，就是自然无为。自然无为则不争，不争则无过失，所以《老子》总结说“夫唯不争，故无尤”。不当行而行是强行，当行而不行是强止，强行强止都是“执”，都是“争”，都违反了自然，因此而有过失。

第九章

持而盈之，不若其已。[1]

揣而群之，不可长保也。[2]金玉盈室，[3]莫能守也。贵富而骄，自遗咎也。[4]

功遂身退，天之道也。[5]

校释

[1]持：《诗·大雅·凫鹥序》“能持盈守成”，孔颖达疏：“执而不释谓之持。”引申有不失、储积之义。王弼《老子注》：“持谓不失德也。”马叙伦《老子校诂》：“持借为庤。《说文》：‘庤，储置屋下也。’”郭店竹简本作“桊”，竹简整理者：“桊，从‘木’‘之’声，疑读作‘殖’。《广雅·释诂一》：‘殖，积也。’”帛书本作“揎”。《集韵·止韵》：“揎，持也。”此从世传本。盈：满，达到极点。郭店竹简本作“浧”。《字汇补·水部》：“浧，音盈。”焦竑《老子翼》：“持而盈之，谓盈而持之也。”已：止。

[2]揣（tuán）：积聚。郭店竹简本作“湍”。群：众、多。帛书甲本缺，帛书乙本作“允”，世传本作“锐”，据郭店竹简本。

[3]此句世传本多作“金玉满堂”。“盈”郭店竹简本作“浧”。

[4]贵富：世传本作“富贵”。骄：放纵、无节制。自遗（wèi）：自取。咎：灾祸。

[5]功：事。《诗·豳风·七月》“上入执宫功”，郑玄笺：“可以上入都邑之宅，治宫中之事矣。”遂：完成。天：自然。道：在此指道理。

解读

《后汉书·折像传》中讲“盈满之咎，道家所忌”，此章正体现了这一点。

在第三十八章中，《老子》区别了“上德”与“下德”：上德不德，是以有德；下德不失德，是以无德。“下德”想要通过积聚达到盈满的极点，所以“不失德”。这也就是“持而盈之”。从理论上讲，任何有限事物的发展都存在着一个极点，这个极点是事物向相反方向转化的开始，日中则昃，月盈则亏，事物不可能静止在极点上。所以，执求盈满之极，也就是在执求相反的结局。“揣而群之，不可长保也。金玉盈室，莫能守也。贵富而骄，自遗咎也”，都是在说明这一点。与其由追求盈满而走向反面，不如一开始就放弃对盈满的执求，所以《老子》主张“不欲盈”（第十五章）。“不欲盈”不是说总不“盈”，而是不刻意于“盈”，“不若其已”的含义就是放弃执求盈满，“功遂身退”，顺天之道。

类似的观点在《周易》中也有体现。例如，《周易·乾卦》从“初九”之“潜龙勿用”，到“九五”之“飞龙在天”，渐至“佳”境，如果再继续上进，到“上九”则成为“亢龙”。在此

“亢”是“极”的意思，这“极”乃逐渐地“积”而所至。“亢龙”处于极点，动则失其位，所以说“亢龙有悔”。“悔”在此兼有过失、灾祸和懊悔、悔过之意。如果是“知进而不知退，知存而不知亡，知得而不知丧”（《易传·文言》），那么则会导致灾祸；如果能知退、知亡、知丧，“功遂身退”，那么则能避免灾祸。所以，当处于极点之位时，要防止过失 、避免灾祸，就不能一味地“积极”，而是要“消极”，消解由处于极点所导致的危险。

第十章

载营魄抱一，能毋离乎？[1]抟气致柔，[2]能婴儿乎？[3]修除玄鉴，[4]能毋疵乎？[5]爱民治国，能毋以知乎？[6]天门启阖，[7]能为雌乎？[8]明白四达，[9]能毋以知乎？[10]

生之畜之。[11]生而弗有，[12]长而弗宰也。[13]是谓玄德。[14]

｜校释｜

[1]载：初始。《广韵·代韵》："载，始也。"《诗·大雅·皇矣》"载锡之光，受禄无丧，奄有四方"，郑玄笺："载，始也。"焦竑《老子翼》引息斋注："载，初也。"营魄：魂魄。魂指人的精神，魄指人的形体。朱谦之《老子校释》："魄，形体也。……故《礼运》有'体魄'，《郊特牲》有'形魄'。又魂为阳为气，魄为阴为形。高诱注《淮南·说山训》曰：'魄，人阴神也；魂，人阳神也。'王逸注《楚辞·大招》曰：'魂者阳之精也，魄者阴之形也。'"抱一：合一。张松如《老子说解》

引金景芳曰：“这章里所说的‘营、魄’就是阴阳，‘一’就是‘和’。”第四十一章：“万物负阴而抱阳，冲气以为和。”这句话的意思是，初始的形神（或阴阳）合一能不分离吗？

[2]抟：结聚。柔：柔顺。

[3]能婴儿乎：能像婴儿那样柔顺吗？

[4]修除：磨净。鉴：镜子。“玄鉴”在此指心，把心比作一面镜子。此句世传本作“涤除玄览”。览，观。河上公《老子道德经章句》：“心居玄冥之处，览知万事，故谓之玄览也。”

[5]疵：瑕疵、污垢。

[6]以：用。知：同“智”，智巧。此句世传本多作“能无知乎”。

[7]天门：自然之门，即玄牝之门、众眇之门。启阖：开启闭合，在此指“道”的变化。《易传·系辞上》：“阖户谓之坤，辟户谓之乾，一阖一辟谓之变，往来不穷谓之通。”

[8]雌：在此指守静以应。王弼《老子注》：“雌，应而不唱，因而不为。”以上二句帛书甲本残，世传本作“天门开阖，能无雌乎？”

[9]明白：通晓。四达：周遍。

[10]能勿以知乎：此句帛书甲本残，世传本作“能无为乎？”

[11]生：化生。畜：养育。

[12]有：占有。

[13]长：长养。宰：宰制。世传本此句前有“为而不恃”。

[14]玄德：指应而不执、变而不测之德。王弼：“凡言玄德，皆有德而不知其主，出乎幽冥。”《庄子·天地》：“其合缗缗，若愚若昏，是谓玄德，同乎大顺。”陈鼓应《老子注译及评介》：“生之畜之，生而不有，为而不恃，长而不宰，是谓玄德：这五句

重见于五十一章。在本章，这五句和上面各句意义不相关联，为五十一章错简重出，可删去。”朱谦之《老子校释》：“此盖赞叹之辞，故不避重叠。”此章郭店竹简本无。

┃解读┃

同“道”一样，“德”也是《老子》思想最重要的内容。可以说“道”是《老子》思想的根基，“德”是《老子》思想的主干。《老子》被后人称为《道德经》，可见“道”与“德”在《老子》思想中的地位。

“德”字从“彳”从“心”。“彳”是古“直”字，表示直视前方而行。加从“心”则似表示对方向或目标的认定或设定。所以，“德”的字面含义是向着既定的目标行进。向着既定目标而行则目标限定行，所以，“德”可以引申为遵循一定准则的行为，即德行。郑玄《周礼·地官·师氏》注：“德行，内外之称，在心为德，施之为行。”认定目标而行，行有所得，所以，“德”又与“得”相通。《释名·释言语》：“德，得也，得事宜也。”《庄子·天地》：“物得以生谓之德。”《管子·心术上》：“德者，得也。得也者，其谓所得以然也。”《论语·为政》皇侃疏引郭象注：“德者，得其性者也。”这样，可以说“德”就是事物得以存在的诸多因素的会聚，是事物的规定性。

比较“道”与“德”：“道”（字）象“立”于“四达之衢”而不确定任何方向，是一种“全”对应；“德”（字）则象“行”于“一达之道”，对应着某一确定的目标。由是，“道”（恒道）象征周遍，表示大全；“德”则总是“偏”。“道”具有不确定性，“德”则具有确定性。“道”是物之“居”，“德”是物之

“容”（《文子·道原》：“德将为汝容，道将为汝居”），是“物得以生”的规定性。《文子·精诚》讲“道散而为德”（《老子》第二十八章中讲“朴散则为器”，可做比较），在一定意义上反映了“道”与“德”的关系。

广义地讲，任何具体事物都各有其“德”，木有木之“德”，火有火之“德”，土有土之“德”，金有金之“德”，水有水之“德”。裴頠《崇有论》讲“夫品而为族，则所禀者偏；偏无自足，故凭乎外资”。具体事物之“德”都是“偏”的，都不能“自足”，需要依赖“外资”而存在，这一点人和其他事物一样。

但是，在人和其他事物之间存在着一个根本的区别，即其他事物都为其“德”之“限”所“定”，处于“既成”状态，是“完成”的，而人则是“未完成”的。人不满足于“既成”状态，不满足于被“限”所“定”，总想消除限定，改变其所是，成为其所不是，因而总是处于不断的“生成”过程之中。这是只有人才有的一种形而上的冲动。这种冲动体现了人的实存之“德”的有限与向往无限之间的矛盾。所谓改造、发展、创新、超越之类的行动，都是这种冲动的展现。这些行动企图通过不断扩充其“德”而实现其对无限的向往。但是，无论如何，人总是有限的，不可能达到“无限”。人只能在随缘应时的过程中，使其“德”不断应和各种境遇，实现无“限”。《老子》把这样的“德”称为“玄德”。——《老子》还讲“孔德”（第二十一章）、“恒德”（第二十八章）、“上德”（第三十八章）等等，《老子》主要讨论这些“德”。“玄德”是《老子》讲的人生修养要达到的境界。

具有“玄德”境界的人，其行为虽然还是具体的行为，但是已不受固定目标的局限。他虽然不能同时走向所有的方向，但是却可以走向任何方向，方向和目标对他失去了意义。他所走的是“林中路”。“林中路”不是为了达到某“地”而“修”出来的，而是随“境遇”“走”出来的。“林中”之“行”虽然还是一“偏”，但是却不“定”于一“偏”。

《列子·说符》中有“歧路亡羊”的寓言。讲杨子的邻居丢了一只羊，于是便带领全家人去寻找，还请了杨子的童仆来帮忙。杨子问邻居说，你只丢了一只羊，为什么要去这么多人寻找呢？邻居说，路上岔路太多了。过了一会儿，去找羊的人都回来了。杨子问道，羊找到了吗？邻居回答说，没有找到。杨子又问，为什么会找不到呢？邻居懊丧地说，岔路之上又有岔路，不知该往哪个方向走，只好回来了。找羊的人在众多岔路面前之所以不知所从，关键就在于他有一个找羊的目的，假如没有找羊的目的，而是信步而游，那么岔路对他便不会有什么影响了，他也不必为岔路多而懊丧。德国诗人歌德在一首诗中讲道：“我走在树林里，只是走走，并不寻求什么东西，这就是我的目的。”（弗洛姆著：《占有或生存》，国际文化出版公司，1989年，第16页。）歌德此时不会有不知何去何从的感受，因为他是信步而游。陶渊明《饮酒》诗中有“行行失故路，任道或能通”。“行行失故路”就是因为不能信步而行，常“执”于一个方向，所以会“迷失方向”。“任道或能通”是说信步而行便不会有迷失方向的问题，而是“处处逢归路，头头达故乡”（《五灯会元》卷六）。《老子》把这称为“玄达”（第十五章），称为“无不为”（第四十八章）。

在第一章中我们讲过“杨子见逵路而哭之”体现了一种选择的焦虑，《老子》“道可道也，非恒道也”的感叹也有类似的意蕴，然而，《老子》比杨子的深刻之处在于，《老子》不是仅停留在感叹上，而是提出了“玄德”，希望通过“玄德”来缓解选择的焦虑。虽然不可“全达”，但是也不执“一达”，而是要“玄达”。

在“玄达”中体味生命的意义。《诗·小雅·小弁》讲“譬彼舟流，不知所届，心之忧矣，不遑假寐”。这“忧”类似于杨子的焦虑。而苏轼在《前赤壁赋》中则讲“纵一苇之所如，凌万顷之茫然。浩浩乎如凭虚御风而不知其所止，飘飘乎如遗世独立羽化而登仙”。“凭虚御风而不知其所止”便是“玄达”。苏东坡还说过“我行本无事，孤舟任斜横。中流自偃仰，适与风相迎”（《与王郎昆仲及儿子迈，绕城观荷花，登岘山亭，晚入飞英寺，分韵得“月”“明”“星”“稀”四首之二》）。“我行本无事”就是歌德讲的“我走在树林里，只是走走，并不寻求什么东西”。孤舟在水中随着波浪起伏，随着风吹而行，或斜或横，吹到哪儿是哪儿，所以说“适与风相迎”。

古代人认为人的生命包括两个方面，即魂与魄。《楚辞·大招》“魂魄归徕”，王逸注：“魂者阳之精也，魄者阴之形也。”魂与魄也可以说是“神”与“形”。司马谈说：“凡人所生者神也，所托者形也。……神者生之本也，形者生之具也。”（《史记·太史公自序》）人之所以为人者主要在其“神”，“形”是“神”的负载者。没有“形”，“神”无所附托；没有“神”，“形”毫无意义。只有“形”“神”合一，才具有真正的人的意义。

进一步，可以把“形”“神”之言引入人生的各个方面。人生脱不开世俗之事，但是，也不能只限于世俗之事，而要在日常生活中，在有限的生活之“形”中活出“神”的意义来。司马谈说道家是“立俗施事，无所不宜”（《史记·太史公自序》），“立俗施事”是生活之“形”，“无所不宜”是生活之“神”。《庄子·天下》讲庄周“独与天地精神往来，而不敖倪于万物”。（《说文解字》：“敖，出游也。”《庄子·秋水》“知是非之不可为分，细大之不可为倪”，成玄英疏：“各执是非，故是非不可为定分；互为大小，故细大何得有倪限。”又“恶至而倪贵贱，恶至而倪小大”，成疏：“言贵贱之分，小大之倪……至何处而有此耶？”故“倪”为区分之意。《庄子》之“敖倪”是游离的意思，而不是如以往人们所解释的“傲睨”。）“不敖倪于万物”即不离世俗，“与天地精神往来”是超越世俗。超越世俗并不在世俗之外，而就在世俗之中，这也就是“立俗施事，无所不宜”。没有“神”，挑水劈柴只是挑水劈柴，有了“神”，则挑水劈柴无非妙道。生活能达到“无所不宜”“无非妙道”的境界，也就达到了无“限”，就是“神仙”了。这里所谓的“神仙”并不是要长生不死、羽化登仙，而是具有“玄德”（“孔德”“恒德”）。具有“玄德”则无所不可、无所不宜。这里的“无所不可”也不是说能移山填海、呼风唤雨、点石成金，而是说能应对各种境遇，“无成势，无常形”“与时迁移，应物变化”（《史记·太史公自序》），具有无限的可能性。神话传说中的神仙经常能“摇身一变”，其中暗含的深层意义即“应物变化”。

《老子》认为幼儿的生活是形神合一的，所以说“载营魄抱一”。幼儿的活动只在自然需要和情趣中，不带任何功利目的。一旦其行为有了功利的色彩，便开始脱离幼儿行列了。幼儿在游戏中一会儿扮演这种角色，一会儿又扮演那种角色，都是情趣的显现，与成人演戏不同，与社会现实生活中的各种“演戏”更不同。幼儿的玩具也全在情趣之中，是无所不可、无所不宜。李白《长干行》诗云“郎骑竹马来，绕床弄青梅”。以竹为马，意趣盎然，其意义胜于精致昂贵的“玩具”。“玩具”是概念的，而玩具则是情趣的。英国诗人阿·亚·米尔恩在《春天的早晨》中描写了儿童无所不可的情趣：“去到啥地方？我可说不上。……啥地方，都一样。

我可没主张。……假如你是只小鸟，栖在高枝上，你就靠着吹来的风儿去飞翔，风儿带你走，你对风儿讲：‘那就是今儿我想去的好地方’。去到啥地方？我可说不上。人们去哪儿不都一个样？”（屠岸编译：《英美著名儿童诗一百篇》，中国对外翻译出版公司，1994年，第110—113页。）真是信步而游，任道而行，是真正的“玄达”。这种“玄达”使人保持了各种可能的态势，保持了向各种可能的敞开性。

一旦功利的目的代替了自然的情趣，生活的“形”“神”也就开始分离了。人们会为了某种功利目的“理性地”去做自己并不愿意做的事情，这样，生活便徒有其“形”而无其“神”了。所以，《老子》希望人们能复归于幼儿那样的本真状态，保持幼儿似的心境，像幼儿那样从内在需要和自然情趣出发去生活。“抟气致柔”就是要广泛地包容、顺应各个方面，而不专执于某一目的。要顺，顺自然，顺情趣，“靠着吹来的风儿去飞翔”。这就是“复归于婴儿”（第二十八章）。

儿童之所以能够无所不可、无所不宜，是因为他们的心灵纯洁天真，不受功利的影响，觉得一切都是那么的有趣。儿童的心灵像是一面刚磨制出来的铜镜，一片空明，而成人的心灵则多受名利的熏染，犹如铜镜生出斑斑锈迹，使镜中所照一切都带上了名利的色彩，使五彩缤纷的世界黯然失色。要复归于婴儿，保持心灵的纯真，就要时时清除名利的影响，就像要保持铜镜明亮就得经常修磨一样。所以，《老子》说要“修除玄鉴”。这样才能保持纯洁无瑕、烂漫天真的童心童趣，达到无所不可、无所不宜，实现“玄达”。

具有“玄德”的人，待人接物都能顺其自然。“天门启阖，能为雌乎”是指不主动求变，只静待应变，就像镜子不主动去照物一样，物来则应，物去则虚。“明白四达，能毋以知乎”是指有洞照一切的能力，但是却不占有知识。《庄子·应帝王》：“至人之用心若镜，不将不逆，应而不藏。”林景熙说：“众物妍丑，毕陈于镜。镜未尝拒，亦未尝留。”（《虚心堂记》）妍丑毕陈于镜即“明白四达”，不拒不留即“毋以知”。王守仁说：“圣人之心如明镜。只是一个明，则随感而应，无物不照。未有已往之形尚在，未照之形先具者。……圣人遇此时方有此事。”（《传习录·上》）“爱民治国，能毋以知乎”是指不以智巧支配人们的行为。这些归结起来，都是讲自然无为，应物无执，所以说“是谓玄德”。

这一章需着重理解“玄德”。

第十一章

三十辐同一毂，[1]当其无有，[2]车之用也。[3]埏埴而为器，[4]当其无有，器之用也。凿户牖以为室，[5]当其无有，室之用也。[6]

故有之以为利，无之以为用。[7]

校释

[1]辐：车轮的辐条。毂（gǔ）：车轮中心的圆木，周围与车辐的一端相接，中有圆孔，可以插轴。

[2]当（dàng）：合适、相称。无：《尔雅·释诂下》"无，间也"，郝懿行疏："无者，有之间也。"有：《广雅·释诂三》："有，质也。"

[3]用：功用。

[4]埏（shān）埴（zhí）：和泥制作陶器。

[5]户：门。牖（yǒu）：窗。此句帛书甲本残，乙本作"凿户牖"。此从世传本。

[6]以上数句世传本皆无"也"字，人们多读为"当其无，有……之用"。毕沅《老子考异》："本皆以'当其无'断句。按

《考工记》：‘利转者以无有为用也。’是应以‘有’字断句。”

[7]利：河上公《老子道德经章句》：“利，物也。利于形用。”“利于形用”意为“物以形用”，“形”因“无”而有，故曰“无之以为用”。李霖《道德真经取善集》引钟会：“举上三事，明有无相资，俱不可废。”李道纯《道德会元》：“以有利无，以无用有。”此章郭店竹简本无。

解读

古希腊哲学家亚里士多德认为，任何一个具体事物都包括质料和形式两个方面，质料指组成个体事物的基本材料，如铜是雕像的材料，木是做船的材料等等。事物之间的区别主要取决于形式，因此形式又是事物的本质。亚里士多德认为，质料只是潜能的存在，只有具有形式，才能使其潜能得以实现，成为现实。如木只有为车之用的潜能，只有按一定的形式，比如像《老子》所讲的“三十辐共一毂”，才能使其潜能得以实现，真正有“车之用”。

《老子》的“有”“无”之论与亚里士多德潜能与现实、质料与形式的思想有相似的地方。在《老子》看来，任何事物的存在都包含两个方面，即“有”与“无”。“有之以为利，无之以为用”。“有”是“潜能”，是“质料”，通过“无”使“潜能”实现，以为“利”“用”。“有”使“无”实现了价值，“无”使“有”有了意义。一块木头，就它自身而言，它包含“有”与“无”两个方面，可是相对于某种器物而言，它只是一种“质料”，是“有”。当人们把这块木头搞成一截圆木，中间凿出圆孔，外周凿出可插车辐的榫眼，它就有了车毂的形式，有了车毂的意义。这个意义主要来自“无”。正是“无”使车毂与其他的木头有了区别。同样，一块泥相对于器物而言也只是“有”，当我们把它按一定的形式做成器皿，它便有了器皿的意义。一座崖也是如此，当我们按一定的形式在崖上凿出门窗，那么，崖便有了室的形式，有了室的功用。这些形式和功用都来自“无”。

《老子》的观点与亚里士多德的观点只是有相似的地方，绝不是说他们的观点完全相同。实际上，他们之间的差异比类似的地方更多。比如，亚里士多德通过追溯，得出纯质料和纯形式，还强调形式对质料的优先性，以纯形式为第一推动者。《老子》则认为，只有“道”才具有“优先”性（按在第一章解读中的分析，连“优先”也不能说）。“道”既不是纯“有”，也不是纯“无”，而是“有”与“无”的会通与耦合。“道”不是“实心”的，既惚兮恍兮、混沌朦胧，又有象有物、有情有信。正因为具有“有”和“无”这两个方面，“道”才“绵绵若存”，才“用之不勤”（第六章）。第三十二章中讲“道恒，无名，朴”。第二十八章中讲“朴散则为器”。“无名之朴”（第三十七章）是“混成”，是“无”使“朴”散为“器”，使万有凸现出来。在制印中有“阳文”“阴文”之别。“阳文”为印章上凸起的文字，“阴文”为印章上凹下的文字。文字的凸起是由于“无”掉了“背景”，使文字凸现出来；文字的凹下实际上是“背景”的凸起，是“无为有处有还无”，文字之显现同样由于“无”。没有“无”，印面只是一片“混沌”。《吕氏春秋·期贤》：“明火不独在乎火，在于暗。”《易传·系辞上》：“一阴一阳之谓道。”

《老子》还特别强调了“有”与“无”的相应相称，即“当其无有”。木的质料与毂的形式相称，使木有了车的功用；泥土的质料与器皿的形式相称，使泥土有了器皿的功用；土崖的质料与户牖的形式相称，使土崖有了室的功用。这就是“当其无有”。任何

“有”都有与其“当”之“无”，任何“无”也都有与其“当”之“有”。只有“有”“无”相称，才能得其“用”。当然，“当”并不是唯一的，而是多样的。

这一章应着重理解“有”“无”“当”。

第十二章

五色使人目盲，[1] 五音使人耳聋，[2] 五味使人口爽，[3] 驰骋田猎使人心发狂，[4] 难得之货使人行妨。[5]

是以圣人之治也，为腹而不为目。[6] 故去彼而取此。[7]

校释

[1]五色：青、赤、白、黑、黄。目盲：比喻眼花缭乱。

[2]五音：宫、商、角（jué）、徵（zhǐ）、羽。耳聋：比喻难辨声音。

[3]五味：辛、酸、苦、咸、甘。爽：败坏。“口爽”比喻不知滋味。

[4]驰骋：骑马奔驰。田猎：打猎。狂：放荡、恣意、凶猛、急躁。

[5]行妨：行为败坏。妨，伤害。以上数句帛书本与世传本顺序有异，今从世传本。

[6]此二句世传本作“是以圣人为腹不为目”。王弼《老子注》：“为腹者，以物养己；为目者，以物役己，故圣人不为目也。”范应元《老子道德经古本集注》：“为腹者，守道也；为目者，逐物也。……圣人为内而不为外矣。”李约《道德真经新注》：“目无厌，圣人不为；腹知足，圣人为之。”

[7]去：离开。彼：为目。取（qū）：趋向。此：为腹。此章郭店竹简本无。

解读

在第三章中《老子》曾讲圣人之治是“虚其心，实其腹，弱其志，强其骨”，在这一章中《老子》又讲圣人之治要“为腹而不为目”，在《老子》中只讲了这两次“圣人之治”。对于“腹”和“目”，我们不能简单直观地将其看作生理器官，而要对其做深层的理解。“腹”和“目”在这里表示人类生活两种不同的需要。“目”表示外在的欲求，“腹”表示内在的需要。

人类生存的基本需要是简单的，而人们却设置了许多复杂的需要，并且误以为只有满足了这些人为设置的复杂需要，才能得到幸福和欢乐。因此，终日为之竞奔不已。其结果是造成人们占有欲的不断扩张，越来越丧失了自己的本然真性，而人为设置的复杂需要并未像人们所希望的那样得到满足。实际上，过度复杂的人为需要对于人的幸福与欢乐并不是必要的，如果没有的话，人们也许会更愉快些。人为地设置复杂的需求，然后再尽力去满足它，既难以得到幸福和欢乐，更丧失了人的本然之性。“为腹而不为目”就是主张人们本然地去生活，要在本然的生存中得到幸福和欢乐，而不是把幸福和欢乐寄托于外在名利的占有。弗洛姆说，幸福绝不是金钱所能买到的，幸福是世界上最廉价的东西，最有钱的人不见得就是最幸福的人。孔子说他得意的学生颜渊“一箪食，一瓢饮，在陋巷，人不堪其忧，回也不改其乐”（《论语·雍也》）。孔子又说他自己“饭疏食饮水，曲肱而枕之，乐亦在其中矣”（《论语·述而》）。周敦颐把这叫作“孔颜乐处”。那些纵情声色之娱，追求占有名利的人，恐怕难以有孔子和颜渊之乐。在这一章中，《老子》就为我们描绘了一幅纵情声色、追求占有的图画。在这幅图画里，我们看不到幸福、欢乐和安详，而看到的只是贪得无厌、恣意妄为、无所适从和焦虑不安，是不满和烦恼。可见，幸福和欢乐并不取决于外在名利的占有，而在于人的精神情趣和境界。感官的刺激、财富的占有、虚荣的满足，也许会给人带来一些短暂的欢娱，但是，由于欲望的不断扩张，由暂时的满足引起的欢娱难以持续，所以很快便进入新的不满和烦恼之中。而提高人的精神境界，则可以使人在任何环境中都能和谐从容、悠然自适。当然，颜渊也需要有一箪饭可食，有一瓢水可饮，有简陋的屋子可居；孔子也还能吃到粗粮，这是人生存的必要条件。满足生存的需要就是“为腹”，在“为腹”的过程中就可以有欢乐。“孔颜之乐”就是生存中的欢乐，追求占有的人不会享受到这样的欢乐。

生存中的欢乐需要一定的物质基础，更需要很高的精神素质，这些都不是《老子》想象的“圣人之治”所能实现的。但是，生活在现代文明中的人仍然可以从《老子》的思想中获得一些有益的启示，这也许会有助于人们真正地获得生存的欢乐。

第十三章

宠辱若缨，[1]贵大患若身。[2]

何谓宠辱若缨？[3]宠为下也，[4]得之若缨，失之若缨，是谓宠辱若缨。

何谓贵大患若身？吾所以有大患者，为吾有身也，及吾无身，有何患？

故贵以身为天下，若可以厇天下矣；[5]爱以身为天下，若可以迲天下矣。[6]

校释

[1]此句从郭店竹简本。宠：荣耀。辱：耻辱。缨：《说文解字》："缨，冠系也。"引申为套在牛马颈上的革带，供驾车用。《仪礼·既夕礼》"荐马缨，三就入门，北面交辔，圉人夹牵之"，郑玄注："缨，今马鞅也。"这句话的意思是荣耀和耻辱一样，都是套在人脖颈上的带子，是束缚人的绳索。帛书本及世传本作"宠辱若惊"，意谓宠和辱一样使人惊恐。郭店竹简本上接第二十章"亦不可以不畏人"，整理者以"人"归下读，为"亦不可

以不畏。人宠辱若缨”，据帛书本应归上读。参见第二十章注[4]。

[2]贵：重视。患：祸患。身：自身的利益。这句话的意思是重视自身的利益就如同重视大患，意即不要过分看重自身的利益。焦竑《老子翼》：“‘贵大患若身’当云‘贵身若大患’。”

[3]此句郭店竹简本作“何为宠辱”，帛书本作“何为宠辱若惊”，世传本多作“何为宠辱若惊”，有的作“何为宠辱”。今补“若缨”二字。

[4]下：相对“上”讲。上下犹优劣好坏。“宠为下”乃针对人们认为“宠为上”而言。苏辙《老子解》：“所谓宠辱，非两物也，辱生于宠，而世不悟，以宠为上而以辱为下者，皆是也。若知辱生于宠，则宠固为下矣。”焦竑《老子翼》：“人情率上宠而下辱，不知辱不自生，生于宠也，则宠为下矣。”

[5]为：如“似”之义（见裴学海《古书虚字集释》卷二）。若：则。乇：同“宅”，意指寄托之所，在这里指寄身。帛书本及世传本作“寄”或“托”，也指依托之意。结合“及吾无身，有何患”，这句话的意思是，像看待天下万物那样看待自身，则可以寄身于天下。高亨《老子正诂》：“以身为天下者，视其身如天下人也。”

[6]迲（jǔ）：同“去”，“藏”的意思。在这里指藏身。帛书本及世传本作“托”或“寄”。这句话的意思是，像对待天下万物那样对待自身，则可以藏身于天下。以上四句世传本差异颇多，可参阅蒋锡昌《老子校诂》和高明《帛书老子校注》。

解读

人类之初，并无荣耀与耻辱之说，后来，在社会生活中，人们为了对某些行为肯定而褒奖，对另一些行为否定而贬斥，因此而有了荣辱之论。在常人眼中，荣耀与耻辱截然不同，荣耀常使人得意洋洋，耻辱则伴随着失意潦倒。因此，世人多向慕荣耀而嫌恶耻辱。但是在《老子》看来，荣耀与耻辱的区别只是一种表面现象，而其实质则是相同的。因为无论荣耀还是耻辱，其作用都是对人的行为产生一种束缚，使人丧失其独立性而符合某种外在的要求或规范。所以，即使通过荣耀来实现某种意志，也是对人内在独立人格的轻忽，更何况耻辱了。然而世人却往往认识不到这一点，常为获得荣耀而得意，为失去荣耀而惆怅，看不到荣耀的背面实际上是一副枷锁。所以《老子》强调说，荣耀和耻辱一样束缚人，只要陷入荣辱的圈子，得也罢，失也罢，都不能摆脱这副枷锁。要摆脱这副枷锁，必须从荣辱的圈子里跳出来，超越荣辱，做自己的主人。《庄子·逍遥游》中说宋荣子“举世而誉之而不加劝，举世而非之而不加沮”。宋荣子可以说超越了荣辱。《淮南子·诠言训》说：“自信者，不可以诽誉迁也。”

客观事物的变化本无所谓祸福，人之祸福实际上是人从自身的角度来评价事物的变化，把“利”于自己的称之为福，把不“利”于自己的称之为祸。可见，祸患的形成是由于过分强调自身，即“有身”。如果能把狭小的自身融于大化流行之中，把发生的一切都视为自然的，那也就不会有祸患之虞了。陶渊明《形影神》诗中讲：“纵浪大化中，不喜亦不惧，应尽便须尽，无复独多虑。”陶渊明可以说超越了祸福。

把狭小的自身融于大化流行之中，也就是“无身”。陆九渊说：“宇宙不曾限隔人，人自限隔宇宙。”（《象山语录·上》）“无身”就是要消除自身与众人众物以及宇宙的“隔”，消除名缰利锁对精神的束缚。张载讲“大其心”，认为能“大其心”则能“视天下无一物非我”（《正蒙·大心篇》）。王守仁讲“大人”，认为“大人”是以天地万物为一体者。如果“间形骸而分尔我”，则是“小人”（《大学问》）。“大心”“大人”也就是“大身”，大身无身。《文子·道原》中讲“知大己而小天下，几于道矣”。“贵以身为天下”“爱以身为天下”也就是“视天下无一物非我”，就是“以天下万物为一体”，是“大己而小天下”。《列子·仲尼》中讲“视吾如人”，不仅要像对待自身那样对待他人，而且要像对待他人那样对待自身；更进一步，不仅要像对待自身那样对待天下万物，而且要像对待天下万物那样对待自身。这样，才能寄身于天下，藏身于天下。《庄子·大宗师》中讲“藏舟于壑，藏山于泽”，可以说是很保险了，但还是会失去。如果把天下藏之于天下，那就不会失去了。“以天地万物为一体”，则藏身于天下也就是藏天下于天下，所以，《庄子·大宗师》说圣人要“游于物之所不得遁而皆存”。如果这样的话，还会有什么祸患呢？

这一章中，《老子》主要强调“无身”。“无身”即超越自身，超越了自身也就超越了宠辱，超越了祸福。超越宠辱不同于人类之初的无宠辱，超越祸福也不同于客观事物之无祸福。“超越”所强调的是不因荣辱祸福改变人的本然真性，束缚人的自由。这“超越”体现了人与万物的和谐，也体现出人的境界。

第十四章

视之而弗见，名之曰微；[1] 听之而弗闻，名之曰希；[2] 播之而弗得，名之曰夷。[3] 三者不可致计。[4] 故混而为一。[5] 一者，[6] 其上不攸，其下不忽，[7] 寻寻兮不可名也，[8] 复归于无物。[9] 是谓无状之状，无物之象，是谓惚恍。[10] 随而不见其后，迎而不见其首。[11]

执今之道，[12] 以御今之有，[13] 以知古始。[14] 是谓道纪。[15]

校释

[1]微：不明、昏暗。此指无形无象。

[2]希：寂静无声。

[3]播（mín）：抚摸。夷：不可捉摸。以上数句世传本作“视之不见名曰夷，听之不闻名曰希，搏之不得名曰微”。

[4]三者：微、希、夷。致计：计量。世传本作“致诘”，推究的意思。微、希、夷三者不可计量或推究。

[5]故：王引之《经传释词》卷五："故，本然之词也。"高亨《老子正诂》："'故'疑当读为'固'，言此三者本合而成一也。"高训"故"为"固"是合理的，但是在此并非说"三者"本合而成一，而是说那个"之"本来浑沦一体，所以视之不可见，听之不可闻，捪之不可得。第25章中讲"有𤔡混成，先天地生"，"故混而为一"即"先天地生"之"混成"。

[6]世传本无此句。

[7]攸：与下文"忽"相对，似当为"倏"。攸、倏、忽皆有疾速、迅速、迅疾之意。《孟子·万章上》"始舍之，圉圉焉，少则洋洋焉，攸然而逝"，赵岐注："攸然，迅走水趣深处也。"《庄子·应帝王》："南海之帝为倏，北海之帝为忽，中央之帝为混沌。"《庄子》之说虽然为寓言，但是在其之前也许已有以倏、忽表示南、北之神的说法。《黄帝内经素问·五运行大论》"所谓上下者"，注："上，南也；下，北也。"马王堆三号汉墓出土《驻军图》以上为南。"其上不攸，其下不忽"应该是在当时的语境中根据方位的一种说法，意即没有分别，是"混而为一"之"混沌"。"攸"，帛书乙本作"谬"。此二句世传本作"其上不皦，其下不昧"，也是讲没有分别。《老子想尔注》作"其上不曒，其下不忽"。

[8]寻寻：无边无际。《说文通训定声·升部》引梁简文帝注："无涯际之貌。"此句世传本作"绳（mǐn）绳不可名"。绳绳，绵绵不绝的样子。

[9]物：形象、品类。"无物"在此指无分别。

[10]惚恍：混沌模糊、隐约不清。

[11]此二句世传本作"迎之不见其首，随之不见其后"。

[12]执：依据。今：当下的。"道"无古今，"今之道"指人当

下所处之境。此句世传本作“执古之道”。

[13]御：治理。

[14]知：了解。古始：初始、原始。“古始”也是相对当下之境讲的，并非是说“道”有“古始”。

[15]纪：头绪。《方言》卷十：“纪，绪也。”王筠《说文句读》：“纪者，端绪之谓也。”此章郭店竹简本无。

解读

人所经验到的总是具体的对象。对于具体的对象，人们可以通过一定的途径感知它，而对于总混群本、绵绵若存的“道”，人们却无法感知。人们所见的只是具体的红、绿、蓝、黄，所听的只是具体的角、徵、宫、商，所摸的只是具体的软、硬、温、凉，而“道”却是看不见、听不到、摸不着的。“道”不是经验的，凡经验所得皆非“道”，所以视之不可见，可见即非“道”；听之不可闻，可闻即非“道”；捪之不可得，可得即非“道”。“道”也不是逻辑推理得来的，从微、希、夷推不出“道”来。“道”是“悟”出来的，既不可经验，也不可思议，不能以知“德”的方式知“道”。

佛经中有“盲人摸象”的故事，讲有一个国王下令把全国的盲人都集中起来，然后让他们去认识一下象的模样。盲人们便走到大象身旁去摸索，“有捉足者、尾者、尾本者、腹者、胁者、背者、耳者、头者、牙者、鼻者”，每一个盲人都摸着了大象的一个部位。等盲人们摸完后，国王问他们大象是什么形状，得足者言象“如柱”，得尾者言象“如扫帚”，得尾本者言象“如杖”，得腹者言象“如埵”，得胁者言象“如壁”，得背者言象“如高岸”，得耳者言象“如大箕”，得头者言象“如臼”，得牙者言象“如角”，得鼻者言象“如索”。每个盲人都摸着了大象，可是他们所摸到的都不是一头完整的象；每个盲人都说出了自己的感知，可是他们所形容的也都不是大象的形状。退一步讲，即使让每个盲人把象的浑身上下都摸遍，然后总合起来说象既像柱子，又像墙壁，又像扫帚，又像簸箕……但这总合的结果也绝不会是一头象的形状。苏东坡《题西林壁》诗曰：“横看成岭侧成峰，远近高低各不同。不识庐山真面目，只缘身在此山中。”人们可以从一切可能的观察点给庐山拍照，这些照片可以无限制地互相补充，然而尽管如此，也永远不会拼接出与那个现实的庐山相同的庐山图像。人们对“道”的认识也如同“盲人摸象”，如同“身在此山中”。盲人尚且可能把象的浑身摸遍，然后合成一个不是象的“象”，照片尚且可能无限制地互相补充，然后拼成一个不是庐山的“庐山”，而对于“道”，则永远不能通过具体的感知形成任何图像。所“认识”到的只是“无状之状，无物之象”。

相对于“道”来讲，每一个人都是“盲人”，都是“身在此山中”的“一曲之士”（《庄子·天下》），没有一个人具有“看见”“全”的特权。每一个“盲人”都尽可以认为自己所“摸”的就是“大象”，每一个“身在此山中”的人也尽可以认为“庐山”是“岭”或是“峰”，但是，并不能由此而认为其他人就是“错误”的。套用《庄子》中的术语，这可以说是“自贵而不相贱”。如果能在“肯定”自己的“知”的同时也尊重他人的“知”，也许就会认识到我们每一个人的“知”都是“偏”面的，都是“以物观之”，进而由“偏”而“悟”到“全”，在“以道观之”的背景下“以物观之”。程颢说：“已见天如此大，不为井所拘，却入井中也不害。”（《宋元学案》卷十三）同样，如果知道在自己之观之外还有他人之观，不被自己之观所拘，那么，坚持自贵也不害。脱离“以道观之”背景的“以物观之”往往会以偏概全，“自贵而相贱”。

“故混而为一”强调了“道”的唯一性、完备性，强调了万物的浑然一体，也仅仅是在这个意义上，才称“道”为“一”。《管子·心术上》讲“道”是“其大无外，其小无内”。《庄子·天下》讲“至大无外，谓之大一；至小无内，谓之小一”。《老子》所讲的“一”，是“大一”和“小一”之合“一”。其含义是周遍，是大全，是无内无外。所以“随而不见其后，迎而不见其首”。这个“一”无边无际，无终始，无古今，人们不可能找到其“初始”（《庄子·齐物论》：“有始也者，有未始有始也者，有未始有夫未始有始也者。”），然后根据其“初始”状态来分析万物生成与变化的轨迹，人们只能根据其“当下”状态，生活于“当下”之中，这就是“执今之道，以御今之有”。“古始”是不可穷尽的，了解“道”的“头绪”不在“古始”，而在“当下”。人们通过“当下”之情形了解其“古始”，通过“当下”之“在场”揭示“古始”之“不在场”，从而理出一些“头绪”，通过这些“头绪”而对“道”有所体悟。世传本此句作“执古之道，以御今之有”，虽然只是一字之差，但是对于理解《老子》的思想却有至关重要的意义。

第十五章

古之善为士者，[1]微妙玄达，[2]深不可志。[3]夫唯不可志，[4]故强为之容：[5]

豫兮其若冬涉川；[6]犹兮其若畏四邻；[7]严兮其若客；[8]涣兮其若释；[9]屯兮其若朴；[10]混兮其若浊；[11]旷兮其若谷。[12]

浊而静之徐清，安以动之徐生。[13]保此道者不欲盈。[14]夫唯不欲盈，是以能敝而不成。[15]

校释

[1]善为士者：善于守道的人。贾谊《新书·道术》：“守道者谓之士。”此句帛书甲本残，帛书乙本及傅奕本作“古之善为道者”。郭店竹简本此句上接“其事好长”，整理者以“长”归下读，为.“其事好。长古之善为士者”，据帛书本和世传本应归上读。参见第三十章注[2]。

[2]玄达：无所不通。此句郭店竹简本作“必微妙玄达”，世传本作“微妙玄通”。

[3]深：深奥。志：通“识”，叙述。此句世传本作“深不可识”。

[4]此句郭店竹简本无。

[5]强：勉强。容：形容、描述。此句郭店竹简本作“是以为之颂”。

[6]豫：在此指行动谨慎。苏辙《老子解》：“戒而后动曰豫。”冬涉川：形容小心翼翼。帛书本作“冬涉水”。此据世传本。

[7]犹：在此指警觉。苏辙《老子解》：“疑而不行曰犹。”畏四邻：提防四周。高延第《老子证义》：“道家尚畏慎也。”

[8]严：敬、畏。世传本作“俨”。客：世传本或作“容”。第六十九章中讲“吾不敢为主而为客”。

[9]涣：消散。释：消融。帛书本作“凌释”，世传本作“冰之将释”，据郭店竹简本。

[10]屯：同“忳”。无知无欲的样子。世传本作“敦”，帛书本作“沌”，此据郭店竹简本。朴：未经加工成器的木材，在此指没有造作的浑朴状态。

[11]浊：混浊不清。这一句的意思是指与万物浑然一体，不可区别。

[12]旷：宽阔。在此指气量宽宏。谷：水流汇聚的地方。此句郭店竹简本无。以上二句世传本多作“旷兮其若谷，混兮其若浊”。

[13]此二句郭店竹简本作“孰能浊以静者将徐清，孰能安以动者将徐生”。世传本多作“孰能浊以静之徐清，孰能安以久动之徐生”。

[14]道：在此指事理。“保此道者”指依于此事理。欲：贪求。此句郭店竹简本作“保此道者不欲尚盈”。

[15]敝：终。王引之：“敝犹终也。……《缁衣》曰：‘故言必虑其所终，而行必稽其所敝。’是敝与终同义。”（《经义述闻·春秋左传中》）此二句郭店竹简本无，帛书乙本无“夫唯不欲盈”，西汉竹书本作“夫唯不盈，是以能敝不成”，世传本多作“夫唯不盈，故能蔽不新成”，傅奕本作“夫唯不盈，是以能敝而不成”。

解读

《老子》哲学的重点不在于“说道”，而在于“体道”。“道”本来不可说，《老子》却反复地说，这并不是想要说清“道”是什么，而是要在反复说的过程中让人们去体悟“道”，让人们“从事于道”，以至于“同于道”。能“从事于道”以至于“同于道”，就是“善为士者”。“善为士者”无执无为，随缘应和，人们总是不能确切地描述他，只能做一种模糊的刻画。《老子》在这一章中连续用了七个“若”字，王弼说，“凡此诸若，皆言其容象不可得而形名也”。《老子注》“不可得而形名”，只好“强为之容”。

《老子》所描绘的“善为士者”的形象是这样的：他的行动小心谨慎，好像冬天涉足河川；他的神情警觉机灵，时刻提防着四周的情况；他庄重，好像是宾客；他随和，好像是冰溶于水；他纯朴自然，没有一点人工斧凿之迹；他汇聚万物，与万物浑然一体。在混浊中渐渐地澄明，在静寂中缓缓地发生。

在第九章中，《老子》曾说“持而盈之，不若其已”，即不要执求盈满。在这一章中，《老子》又讲“保此道者不欲盈”，指出“善为士者”就不执求盈满。在这个意义上，或许可以说“善为士者”的行为是终而无成（第四十章中讲“大器曼成”，曼即无）。“道”是周遍的，是“全方位”的。对于“善为士者”来说，他虽然不能同时走向所有方向，但是却可以走向任何方向，没有任何一个方向是他所不能走的，也没有任何一个确定方向是他的最终目的，他的一切行为都是对境遇的应和，无所谓达到目的，无所谓“成”，只是“在路途中”。而另一方面，因为“应当（yìng dàng）”，又可以说他时时都达到了目的，时时都是“成”。用晏子的话讲，就是“为者常成，行者常至”（《说苑·建本》）。人们往往认为只有达到某个旅游点才有旅游之乐，而尼采却告诉人们：路上就有美丽的风光。这就是常至常成。常至常成则“所到皆岸”。在《老子》一书中多次讲到“成功”（见第二、十七、七十七等章），可以说都是在这个意义上讲的。而在这一章中《老子》讲“不成”，则是强调了“不执”的一面。“不成”而“常成”，此“成”为“大成”，“大成若缺”；“不盈”而“常盈”，此“盈”为“大盈”，“大盈若冲”（第四十五章）。这就是《老子》的思路。

在第九章中，《老子》侧重从“物极则反”的角度讲“不盈”，在这一章中，《老子》则着重从“自然无为”的角度讲“不盈”。虽然侧重不同，但是宗旨是一致的，就是不执着于“盈满”。

第十六章

至虚，恒也；[1]守中，笃也。[2]

万物旁作，[3]居以须复也。[4]

天道员员，[5]各复其根。[6]归根曰静。静曰复命。[7]复命，常也。[8]知常，明也。[9]不知常，妄。[10]妄作，[11]凶。知常容，[12]容乃公，[13]公乃王，[14]王乃天，[15]天乃道，[16]道乃久。没身不殆。[17]

校释

[1]至：达到。虚：《韩非子·解老》："所以贵无为无思为虚者，谓其意无所制也。"魏源《老子本义》："虚者无欲也。"无欲无为、无执无偏皆为虚。恒（gèng）：遍也。《庄子·庚桑楚》："虚则无为而无不为。"此二句帛书本作"至虚，极也"，世传本作"致虚极"，据郭店竹简本。

[2]守中：参见第五章"不若守于中"。笃：《尔雅·释诂上》："笃，固也。"此二句帛书本作"守静，笃也"，西汉竹书

本作“积正笃”，世传本作“守静笃”，据郭店竹简本。

[3]旁：并、齐。作：兴起、生长。此句世传本作“万物并作”。

[4]居：安、静。须：待。此句帛书本及世传本作“吾以观其复”，据郭店竹简本。

[5]天道：自然之道。第二十五章中讲“道法自然”。员（yùn）员：周转。世传本第二十五章中讲“周行而不殆”，“员员”即周行不殆之意。

[6]各：皆。也可以理解为各自。根：本根、本源。以上二句帛书甲本作“天物云云，各复归于其根”，世传本作“夫物芸芸，各复归其根”，据郭店竹简本。

[7]复命：本义为完成使命后的回复，在此指万物返本归初。第四十一章中讲“返也者，道之动也”。此句帛书本作“静是谓复命”，世传本或作“是谓复命”。据朱谦之《老子校释》本。

[8]常：规律、常态。此二句世传本作“复命曰常”。

[9]明：明达，即第十章所言“明白四达”。贾谊《新书·道术》：“知道者谓之明。”此二句世传本作“知常曰明”。

[10]妄：犹“罔”，无知。世传本无此“妄”字。

[11]妄作：无知而恣意胡为。

[12]容：包容。王弼《老子注》：“无所不包通也。”

[13]公：无执无偏。王弼《老子注》：“无所不包通则乃至于荡然公平也。”

[14]王：《广雅·释诂一》：“王，大也。”王弼《老子注》：“荡然公平则乃至于无所不周普也。”此句劳健《老子古本考》认为应是“公乃全”。《老子想尔注》作“公能生”。

[15]天：自然。此句《老子想尔注》作“生能天”。

[16]道：在此指合于“道”。合于“道”实际上是一种“德”。

[17]没身：终身。不殆：不遭遇危险。西汉竹书本作“没而不殆”。从“归根曰静”到“没身不殆”郭店竹简本无。

解读

至虚、守中是《老子》思想的重要内容。至虚就是不执任何成见，不执才能周遍，所以说“至虚，恒也”。守中就是守于“未发”之势，“未发”才能“稳固”，所以说“守中，笃也”（参见第五章中“不若守于中”）。无执无为、守中待发，无论世事如何纷纭，都能静待万物变化往复，所以说“万物旁作，居以须复也”。

第四十一章中讲“道生一，一生二，二生三，三生万物”。这就是“万物旁作”。任何具体之“物”都是有限的，都有生有灭，有始有终。所以，万物由“道”生出，又消失于“道”，即“各复其根”，“复归于无物”（第十四章）。万物“出生”“入死”（第五十章）的过程也就是“天道员员”。具体之“物”生成的有限过程，似乎是肩负着展现“道”的“使命”，而它的消亡又似乎意味着其“使命”的完成，所以，《老子》把这叫作“复命”。具体之“物”的消亡，并不是变成绝对的“无”，而是变成“新”的“物”，重新肩负起展现“道”的使命。《易传·系辞上》讲“生生之谓易”，“易”即“变”，变动不已的过程也就是生生不已的过程。万物之变换往复，“出生”“入死”，展现着“道”之无所不备、绵绵寻寻、玄之又玄。《老子》把这叫作“常”。

“知常”就是要认识到这一点。认识到这一点便懂得了生死存亡只是以不同的“形式”去展现“道”，便不会再执着于自身有限的存在，而能够明智地对待生死存亡。明智地对待生死存亡也就是顺应自然，像陶渊明所说的“纵浪大化中，不喜亦不惧。应尽便须尽，无复独多虑”（《形影神》）。顺应自然不是浑浑噩噩、无所事事，而是要顺乎自然地完成展现“道”的“使命”。生而为“人”便以人的“形式”展现“道”，死而变为他“物”，则以他“物”的“形式”展现“道”，这就叫“安时而处顺”（《庄子·大宗师》）。张载在《西铭》中说，“存，吾顺事；没，吾宁也”。生时充分地实现其生，死时安然顺乎大化流行，既不以生之“眼光”看死，以死为不幸，也不以死之“眼光”看生，以生为“赘疣”，这样明智地对待生死存亡就叫作“明”。如果不能认识这一点，便是“不知常”，便是“妄”。生不顺其事，死不能坦然，叫作“妄作”。“妄作，凶”。《庄子·大宗师》中有一个比喻，说如果一个铁匠正在铸造金属器物，那炉中的金属忽然跳起来说，“必须把我铸成镆铘宝剑”，铁匠一定会认为这是一块不吉祥的金属。人的产生只是自然造化随机地“铸”成人，如果一成为人就想永远是人，那就是“妄作”，“妄作”则不祥。相传庄子妻子死了时，庄子没有哭，而是“鼓盆而歌”。人问庄子为什么这样，庄子说，她刚死时，我也感到悲伤，后来一想，她本来无生无形，气变而有形，形变而有生，现在又变化而死，这就像是春夏秋冬四季的变化一样。现在她已经静静地安息在天地之间，而我却哭哭啼啼，这是不通达生命的道理。庄子可谓“知常”，可谓“明”，虽然其“鼓盆而歌”显得有点矫情。如果世界上的人果真都求得长生不死的话，那必是一场灾难，必是“凶”。

“知常”则能与万物兼容，能把自身融于大化流行之中，顺应自然，这样也就能像“道”一样盛大，像“道”一样自然，像“道”一样长久，“没身不殆”。

在这一章中应注意理解“复”。“复”在《老子》中多次提到，是《老子》思想中非常重要的内容（参见第二十八、五十二等章）。“复”也是中国传统文化中的重要观点，《周易》中有“复卦”，《易传·彖传》说：“复，其见天地之心乎。”可见“复”的重要性。

第 十 七 章

太上，下知有之；[1]其次，亲誉之；[2]其次，畏之；其次，侮之。[3]

信不足，安有不信。[4]犹兮其贵言也。[5]成事遂功，而百姓曰“我自然也”。[6]

校释

[1]太上：最上、最高。《墨子·亲士》“太上无败，其次败而有以成”，孙诒让间诂：“‘太上’对‘其次’为文，谓等之最居上者。”河上公注曰“太上谓太古无名之君也”，王弼注曰“太上谓大人也”，皆误。下知有之：吴澄、焦竑等本作“不知有之”。之，执政者。

[2]亲誉之：爱戴颂扬。

[3]侮：轻慢、戏弄。

[4]信：前一个“信”字为守信用，实践诺言。后一个“信”字为相信、信任。安：于是。此二句世传本多作“信不足焉，有不信焉”，傅奕本作“信不足，焉有不信”。

[5]犹：谨慎。世传本或作“悠”。贵言：说话很慎重。在此指

慎重发布政令。

[6]自然：指自己如此，独立自在。“我自然”指我本来就是这样的。此三句据郭店竹简本。帛书本作“成功遂事，而百姓谓‘我自然’”。世传本多作“功成事遂，百姓皆谓‘我自然’”。

解读

《老子》主张自然无为，反对外在的人为的束缚。根据自然无为的标准，《老子》把执政者分为四种。《老子》认为，最好的执政者对社会不做任何人为的干涉，百姓都能顺其自然而生活。在《帝王世纪》中记载着一首据传为尧时的歌谣《击壤歌》：“日出而作，日入而息，凿井而饮，耕田而食。帝何力于我哉？”百姓感觉不到执政者的任何作用，执政者对百姓没有任何影响，处于百姓之“上”而民不知沉重，处于百姓之“前”而民不觉妨碍，这就是“太上，下知有之”。美国人诺齐克主张“最小政府”，“下知有之”是“最小政府”的尽头处，故曰“太上”。

如果执政者有意地为百姓谋取一些实际利益，对百姓进行一些礼乐教化，那么，百姓也许会对其感到亲切，会称赞这样的执政者，但是同时也会感到有所制约，受一些束缚。在《老子》看来，这样的执政者比起“太上，下知有之”，已是逊色许多。

孔子说：“道之以政，齐之以刑，民免而无耻；道之以德，齐之以礼，有耻且格。”（《论语·为政》）孟子也说：“以力服人者，非心服也，力不赡也；以德服人者，中心悦而心诚服也。”（《孟子·公孙丑上》）孔子和孟子所说的以德治理社会，就是《老子》所讲的“亲誉之”。孔子所讲的以政令刑罚治理社会，孟子所讲的以力服人，则是《老子》所讲的“畏之”。对于这样的执政者，百姓并不满意，只是慑于其威力而不敢反抗。如果这种不满发展到一定程度，执政者在百姓心目中将完全失去威信，进而发展到对执政者的轻慢和戏弄，这就是“侮之”。

第四十八章中讲“取天下，恒无事。及其有事也，不足以取天下”。“取”在此是治理的意思。执政者在百姓心目中失去威信的重要原因之一，就是教化过多，政令太烦。制定了很多的法令，进行了很多的说教，不仅起不到应有的作用，反而因未能践诺而更失去信誉，使人们戴着假的面具来对待政令教化。所以，政令教化要尽量少，要“行不言之教”。与其用很多的政令来约束人们的行为，不如让人们尽量自然地生活，这样既不违背自然无为的宗旨，又可以达到治理社会的目的。这就是“成事遂功，而百姓曰‘我自然也’”。

在现实社会生活中，《老子》的主张也许是行不通的，但是它能给我们一定的启示：无论法律政令，还是道德规范，必须是简明可行的。《易传・系辞上》中讲“乾以易知，坤以简能。易则易知，简则易从。易知则有亲，易从则有功。……易简而天下之理得矣”。《大戴礼记・子张问入官》中讲“善政必简”。法令规范简易可从，才能收其功效，如果制定出许多烦琐的法令规范而不能切实地贯彻执行，那么，对治理社会不仅毫无益处，而且是害莫大焉。在这一点上，我们应当重视《老子》的话：“信不足，安有不信。犹兮其贵言也。”

第十八章

故大道废，安有仁义；[1] 智慧出，安有大伪；[2]
六亲不和，安有孝慈；[3] 邦家混乱，安有贞臣。[4]

校释

[1]废：破缺。安：于是。此章世传本各句中均无“安”字。

[2]此二句郭店竹简本无。

[3]六亲：父子、兄弟、夫妇。

[4]邦家：古代诸侯封国曰邦，卿大夫采地曰家。贞：忠贞不贰。郭店竹简本作“正”，世传本多作“忠”，傅奕本作“贞”。

解读

当人们处于自然的生活状态，他们的情感、意志及一切行为都是自然的表现。人们自然地爱，自然地憎，自然地知，自然地行。这一切都不具有价值判断的意义。就如鸟吐哺饲雏可以说是自然的“爱”，雁冬南夏北可以说是自然的“知”，都是有感而应，只是事实，谈不上意义与价值。

当人们力图根据自己的主观意愿来决定其情感、意志及各种行为时，自然的和谐便受到损坏。为了维持和谐，人们需要通过一定的规范来制约人的行为，以形成一种人为的和谐。仁、义、忠、孝等等就是用以制约人们行为的规范。《老子》认为，在自然和谐的生活中，已经具备了各种规范所要求的“应当”，可是并没有必要彰显它。只是因为在人为的行动中，这些“应当”被损失掉了，所以才特意地提出来要人们去遵守。也可以说，对某种规范的提倡，也就意味着该规范所要求的“应当”的缺损和短少。提倡孝慈是因为六亲不和的现象大量存在，提倡忠臣是因为国家昏乱的程度相当严重。勤政廉洁、尽职尽责本是为官做事之本分，而大加提倡则正说明其反常。这样，本来只是自然的事实，便有了价值和意义，成为要求人们去遵守的“应当”。

通过一定规范的限制所达到的仁义是人为的仁义，表面上看与自然的“仁义”相似，而实质上却有很大的区别。“自然”的根据是内在的本性，“人为”的根据是外在的“应当”；自然的“仁义”是真的，人为的仁义则难免会有虚伪，如人们常说的假仁假义。之所以会有假仁假义（以及假孝假慈等等），就是因为人们可以把外在的“应当”当成自己追求各种利益的手段和工具。如有些父母把对子女的培养当作显耀自己声名或谋求自己利益的工具，力争使子女成“材”以为己“争光”；或如人们常说的“养儿防老”，将对儿女的“慈爱”当成养老保险的投资，这就是假慈。鸟吐哺饲雏并未想到自己的将来，人生儿育女却能想到“防老”，这是人比鸟“高明”的地方，也正是其“伪”之所生。只有弃绝“伪”，使外在的“应当”化为内在的需求，把人为化为自然，才能恢复真的“仁义”和“孝慈”，那也就无所谓仁义和孝慈了。

第十九章

绝智弃辩，[1]民利百倍；绝巧弃利，[2]盗贼无有；绝伪弃虑，[3]民复季子。[4]三言以为事不足，[5]或命之，或呼属：[6]视素保朴，[7]少私寡欲。[8]

校释

[1]绝：摒弃。智：智巧。辩：聪明、巧言。此句帛书本及世传本作“绝圣弃智”。《老子》书中有很多地方讲“圣人”，“绝圣”不符合《老子》的思想。今从郭店竹简本。

[2]巧：虚浮不实。《集韵·效韵》：“巧，伪也。”利：贪爱。

[3]此句帛书本及世传本作“绝仁弃义”，今从郭店竹简本。虑：在《郭店楚墓竹简》中裘锡圭认为从“虘”。虘，读cuó，《说文解字》“虘，虎不柔不信也”，段玉裁注：“刚暴矫诈。”池田知久等认为此字是“虑”，裘锡圭后也认为是“虑”的误字。《荀子·正名》有“情然而心为之择谓之虑，心虑而能为之动谓之伪”，虑、伪连言，再联系后面“民复季子”之言，作“虑”更恰当（参见廖名春《郭店楚简老子校释》）。《古今韵会举要》：

“虑，思有所图曰虑。”

[4]此句帛书本与世传本作“民复孝慈”，《郭店楚墓竹简》据此也释“季子”为“孝慈”。可是《郭店楚墓竹简·老子·丙》有“六亲不和，安有孝慈”，“孝慈”二字与此处“季子”字形差别甚大，另外，“孝慈”和“伪”“虑”也没有多大关系，不如就按本字理解。《说文解字》：“季，少偁也。”《玉篇·子部》：“季，稚也，少也，小称也。”《诗·召南·采苹》“有齐季女”，毛传：“季，少也。”“季子”亦即幼儿。“民复季子”即第二十八章中所讲的“复归于婴儿”。

[5]此句世传本作“此三者，以为文不足”。帛书本作“此三言也，以为文未足”。郭店竹简本作“三言以为貞不足”。整理者从李家浩说，释“貞”作“弁”，在此句中读为“辨”。魏启鹏认为应作“卞”，法度之意（见《楚简〈老子〉柬释》，《道家文化研究》第17辑）。李零认为疑当释“吏”（见《郭店楚简校读记》，《道家文化研究》第17辑），今从之。《韩非子·孤愤》“则修智之吏废”，于省吾《双剑誃诸子新证·韩非子新证》：“吏本应作事，金文吏事同字。”故此句意为“三言以为事不足”。

[6]此句世传本作“故令有所属”，帛书本作“故令之有所属”，据郭店竹简本改。命：告诫。《尔雅·释诂》：“命，告也。”属（zhǔ）：叮嘱。

[7]此句帛书本及世传本作“见素抱朴”，据郭店竹简本。视：照料、看护。《国语·晋语八》“叔鱼生，其母……不视”，韦昭注：“不自养视。”素：没有染色的丝。保：养护、保养。朴：未经雕琢的木。素、朴在这里都是指没有“人为”的“自然”状态。

[8]私：占有。欲：贪欲。

解读

这一章承接上一章讲。

人们自然无为的生活状态由于人为而改变，“人为”即“伪”。“伪”是由智巧谋虑所引发，所以要恢复自然无为的生活状态，就要“绝智弃辩”“绝巧弃利”“绝伪弃虑”，这样才能恢复人的纯朴本性。

“弃”“绝”是从已经发生的角度来讲的，这就犹如已经染病然后治病一样，不能从根本上防止疾病的发生。所以《老子》说“三言以为事不足”。要从根本上防止“人为”即“伪”的产生，需要依属更为根本的原则，即“视素保朴，少私寡欲”。

“素”“朴”都是指没有掺杂“人为”因素的自然本性。因为智巧谋虑产生的关键是质朴本性的迷失，所以要防止智巧谋虑，就要保养自然天真的状态。《老子》认为，婴儿的心态和神态就是自然天真的，所以他主张要“复归于婴儿”。孟子也曾说：“大人者，不失其赤子之心者也。”（《孟子·离娄下》）“不失其赤子之心”也就是“视素保朴”。明代李贽曾写《童心说》，讲“童心”是“绝假纯真，最初一念之本心”，“若夫失却童心，便失却真心，失却真心，便失却真人”。纯真是做人的基础，能保持本真叫作“真人”。儒、道两家对本然天性的理解并不一致，但是都强调保养本真，这一点是一致的。

影响“视素保朴”的是“私”和“欲”，所以《老子》又说要“少私寡欲”。改变占有的观念，摆脱贪欲的困扰，无执无为，顺应自然，这样才能怡然安适。如果人们都为了“私”和“欲”而尔虞我诈，争斗不已，则恐怕难有安宁舒适之日。

“视素保朴”在后来的版本中写作“见素抱朴”，意思稍有变化。“抱朴”后来成为道教中非常重要的修炼方法，成为道教徒的人生观。东晋葛洪自号“抱朴子”，其所著《抱朴子》是研究道教的重要资料。

第 二 十 章

绝学无忧。[1]

唯与诃，[2] 相去几何？美与恶，[3] 相去若何？人之所畏，亦不可以不畏人。[4]

望兮，其未央哉！[5]

众人熙熙，[6] 若享于大牢，[7] 而春登台。[8] 我泊焉未兆，[9] 若婴儿未咳。[10]

累兮，似无所归！[11]

众人皆有余，[12] 我独遗。[13]

我愚人之心也，沌沌兮。[14]

俗人昭昭，我独若昏兮。[15] 俗人察察，我独闵闵兮。[16]

惚兮其若海，[17] 恍兮其若无所止。[18]

众人皆有以，[19] 我独顽以鄙。[20]

我欲独异于人，[21] 而贵食母。[22]

| 校释 |

[1]绝：摒弃。学：效法、模仿。《墨子·贵义》："贫家而学富家之衣食多用，则速亡必矣。"忧：忧虑。

[2]唯：应诺。诃：诃问。"唯""诃"在此含有卑贱与高贵的意思。此句世传本作"唯之与阿"。

[3]恶：丑陋。

[4]此句世传本作"不可不畏"，帛书本作"亦不可以不畏人"，二者意思有较大的区别。可参阅刘殿爵《马王堆汉墓帛书〈老子〉初探（下）》（见《明报月刊》1982年9月号）。郭店竹简本此句下接"宠辱若缨"，整理者以"人"归下读，为"亦不可以不畏。人宠辱若缨"，根据帛书本应归上读。参见第十三章注[1]。畏：敬重。

[5]望：比量、比视、希图。《礼记·表记》"以人望人，则贤者可知已矣"，孔颖达疏："望，比也。"《后汉书·岑彭传》："人苦不知足，既平陇，复望蜀。"世传本作"荒"。未央：没有穷尽。《楚辞·离骚》"及年岁之未晏兮，时亦犹其未央"，王逸注："央，尽也。"

[6]熙熙：喧闹纷杂、熙熙攘攘。河上公《老子道德经章句》："熙熙，淫放多情欲也。"

[7]享：祭祀。大：同"太"。太牢，牛、羊、猪三牲具备。"享于大牢"指参加隆重的祭祀。

[8]春登台：春天登台眺望，泛指春游。

[9]泊：淡泊、恬静。未兆：没有迹象，在此形容无动于衷。此句世传本作"我独泊兮，其未兆"。

[10]咳（hái）：婴儿笑。世传本作"孩"。句意为好像还不会

笑的婴儿。

[11]累（lěi）：集聚、积累。世传本作“儽（léi）儽”，或作“乘乘”。归：终结、完结。

[12]有余：在此意指占有。

[13]遗：在此意指不去占有。此句世传本作“我独若遗”。

[14]沌沌：愚苞（chūn）无知。《诗·大雅·抑》：“靡哲不愚。”

[15]昭昭：明白。昏：糊涂。《史记·老庄申韩列传》：“君子盛德，容貌若愚。”

[16]察察：急躁。河上公《老子道德经章句》：“察察，急且疾也。”闷闷：淡漠不觉。

[17]惚：混沌、朦胧。世传本多作“澹”。海：晦，昏暗。西汉竹书本作“晦”。

[18]恍：渺茫。世传本多作“飂”，或作“飘”。止：限度、尽头。

[19]以：缘由、根据。“有以”在此指行为有目的。

[20]顽：愚顽不灵。以：而。世传本多作“似”，或作“且”。鄙：蔽固不通。

[21]此句世传本作“我独异于人”。

[22]食（sì）：养。母：根本。从“望兮，其未央哉”到“而贵食母”，郭店竹简本无。

解读

“忧”是人因不如意而产生的苦闷心情。在人的生活中往往会出现不如意，其中绝大多数是人为的，而且主要的又是由于

“学”，即虚拟出一个高于自己现状的“别人”作为自己的参照，并效仿之，以使自己的状态能与“别人”一样。然而，任何个人都只是一个现实的个体，而所谓“别人”却是一个虚拟的群体，是抽象的，以现实的个体对比虚拟的群体，必然会缺乏多多，因而也就会有很多的不如意，有很多的“忧”。如“别人”钱财多，挥金如土，我欲“学”其阔绰，而结果又总是不能同“别人”一样阔绰（由于“别人”是虚拟的、不定的，因而总是“人外有人”），所以不如意，因此而“忧”。“别人”官位高，门庭若市，我欲“学”其气派，而结果总是不能同“别人”一样气派，所以不如意，因此而“忧”。张三声名显赫，我为之心动，却苦于冥顽不灵，故为之“忧”。李四金屋藏娇，我看得眼热，却苦于才貌不济，故为之“忧”。在生活的方方面面，诸如身体、能力、学识、职业、婚姻、儿孙……都可能会因为参照“别人”而觉得自己不如意，因此而产生“忧”。所以，要消除种种人为的“忧”，就必须摆脱“别人”的困扰，摒弃对那些虚拟的“别人”的“学”。这就是“绝学无忧”。

所谓“学”，其实是把自我消解于“别人”之中，丧失了自我的独立性。针对于此，《老子》在这一章中特别强调了“独”，强调了保持自我的独立，即顺乎自己的本然之性，不追求“时尚”，不趋赶“潮流”，不为外在贪欲所诱惑，不为从众心理所支配，我就是我。《庄子·田子方》中讲“遗物离人而立于独”。《世说新语·品藻》载殷浩语：“我与我周旋久，宁作我。”

“独”者的表现不同前面讲的“学”者。《老子》从几个方面描述了一些不同之处。世人往往注重于比较、较量，把自己置于喧闹纷杂、熙熙攘攘的“大家”之中，与“大家”比，与“别人”比，力图使自己与“别人”同，与“大家”同。然而，“别人”“大家”是虚拟的、不定的，所以，其比较、较量也就没有穷尽，所谓“道一魔十”“得陇望蜀”。世人终日竞奔于比较、较量之中，在竞奔中逐渐丧失了自己的本然真性。“独”者与此不同，他对于世事的纷杂、众人的喧闹都无动于衷，像初生的婴儿那样保持本然真性，从不顾及“别人”的议论或评价。你看那还不会笑的婴儿，何尝因别人的情绪而改变过自己？所以《老子》说“望兮，其未央哉！众人熙熙，若享于大牢，而春登台。我泊焉未兆，若婴儿未咳”。

世人往往注重于占有、积聚，把自身内在的价值外化于其所占有的东西。如外化于财富，则其身份也许就会成为“百万富翁”；如外化于权势，则其身份也许就会成为“达官贵人”；如外化于声望，则其身份也许就会成为“知名人士”……但是，追求占有可能会恰恰失去其“人”的身份，只是“靠着假景做真身”（吕坤语）。况且，占有的欲望是无穷尽的，在今天按其占有还可称“富翁”，到明天也许就成为“贫民”了。这样，又会把与“别人”的比较上升为与“无限”的比较，把有限的生命投入到无限的利益追逐之中。在数学中，任何有限数与“无穷大”的比都是零，人类社会不同时代财富的多寡不同，然而，相对于无限的占有欲望，虽然不能像数学中那样把它们都看成零，但是都不能令世人满足这一点却是一样的。相对于“无限的欲望”这个“分母”，再多的占有都会显得微不足道。这样，便陷入与“无限”的比较和竞奔之中而不能自拔，最终导致了占有的异化——人被其占有所占有。“独”者与此不同，他不注重占有和积聚，只是依据自己的本然真性而生活，无执无为，随缘应时。这就是“众人皆有余，我独遗”。“遗”指不去占有，这从占有来说似乎是失，然而却也能避免失“我”。世人为占有而失“我”，才是真正的失。“我”已失之，

还能有什么呢？庄子把这叫作“倒置之民”：“丧己于物，失性于俗者，谓之倒置之民。”（《庄子·缮性》）

“独”者之所为，在世人看来实在是一种“糊涂”。世人都急于竞逐，而“独”者却无动于衷，糊里糊涂。然而，这种“糊涂”是郑板桥所言“难得糊涂”之“糊涂”。这正是“独”者与世人区别之处。在朦胧渺茫、漫无边际的生存之域，世人构成熙熙攘攘的人潮，在昏暗盲目中涌向其设定的目标，并认定这目标正是应当追求的。这就是《老子》所说的“众人皆有以”。而在“独”者看来，任何设定的目标都不具有绝对的优越性，所以他不盲从于那“潮流”，而只是应和着当下的境遇。他所着重的并不是虚设的“目标”，而是应和当下的能力。这看似愚顽不灵，蔽固不通，不合时尚，不顺潮流，然而其中却隐含着“玄达”的境界。比起“潮流”，“独”者似乎很微弱，但是，正如易卜生所说：世界上最有力的人就是那个最孤独的人。“独”是有力量的表现！

这一章的重点是“独”，《老子》通篇所强调的就是要培养和保持自我的独立。“我欲独异于人，而贵食母”。“母”在此是指人之为人的根本。只有养护做人最根本的东西，才能体悟“道”，体味人生。河上公把这一章题为“异俗”，颇合《老子》的意思。

第二十一章

孔德之容，[1]唯道是从。[2]

道之物：[3]唯恍唯惚。[4]惚兮恍兮，中有象兮；[5]恍兮惚兮，中有物兮；[6]窈兮冥兮，[7]中有情兮。[8]其情甚真，其中有信。[9]

自今及古，[10]其名不去，[11]以顺众父。[12]吾何以知众父之然也？以此。

校释

[1]孔：大。容：样态。

[2]从：依从，依顺。此句意指依顺于“道”。

[3]此句世传本作“道之为物”，多一个“为”字，文意有所变化。物：在此指形象。第十四章中讲“复归于无物”，“是谓无状之状，无物之象，是谓惚恍”。

[4]恍、惚：见第十四章注[10]。

[5]象：征兆之显现。《易传·系辞上》“见乃谓之象”，韩康伯注：“兆见（现）曰象。”

[6]物：在此为品类、标记的意思。参见第十四章注[9]。裴頠《崇有论》："夫总混群本，宗极之道也；方以族异，庶类之品也。"

[7]窈：深远、幽深。冥：昏暗、不明。

[8]情：在此指事物之间相感而动的态势。世传本作"精"。详见"解读"。

[9]真：自然。《庄子·大宗师》"……而况其真乎"，郭象注："夫真者，不假于物而自然也。"《汉书·杨王孙传》"以反吾真"，颜师古注："真者，自然之道也。"信：马王堆帛书《经法·论》："适者，天度也。信者，天之期也。"《礼记·经解》"民不求其所欲而得之谓之信"，孔颖达正义："天不言而四时行，故谓之信也。"信在此有自然而必然之意。

[10]此句世传本多作"自古及今"，傅奕本作"自今及古"。

[11]名：事物之间的区别。参见第一章注[3]。去：消除。

[12]顺：《尔雅·释诂上》"顺，绪也"，又"顺，叙也"，郝懿行义疏："《说文》云：'绪，丝耑也。'盖有耑绪可以次叙，故叙又训绪也。""顺"在此为"叙绪"即条理端绪的意思。世传本作"阅"。父（fǔ）：世传本作"甫"，始端的意思。"以顺众父"指条理众物的始端。此章郭店竹简本无。

解读

在第一章和第十章的解读中曾经对"道"和"德"做了分析，认为"道"是无所不备的"全"，没有任何规定性，而"德"则是事物得以存在的诸多因素的会聚，是事物的规定性。"道"是周遍的，"德"则只是一偏。要克服"德"之"偏"，就必须扩充

“德”，使“德”能像“道”那样。这样的“德”便是“孔德”。“孔德”的样态要依从于“道”，“道”没有确定的规定性，“孔德”也要消除“德”的确定性；“道”是无所不备，“孔德”则要无所不可。这就是“孔德之容，唯道是从”。

在第一章中，《老子》从“无名”和“有名”“恒无欲”和“恒有欲”的角度对“道”做了描述。在这一章中，《老子》又进一步描述了“道”。从“全”的角度讲，“道”混沌不分、昏昧不清，是“恍惚”，是“窈冥”。但是从“分”的角度讲，其中又有万物存在和变化的迹象，即“有象”“有物”。这种种迹象和区别，都源于生成事物的“情”。《庄子·大宗师》讲“道”“有情有信”，宣颖《南华经解》云：“情者，静之动也；信者，动之符也。”《易传·彖传》言“观其所感，而天地万物之情可见矣”，孔颖达正义：“感物而动，谓之情也。”王充说“情”是“接于物而然者”（《论衡·初禀》）。裴頠说：“夫品而为族，则所禀者偏；偏无自足，故凭乎外资。……有之所须，所谓资也；资有攸合，所谓宜也；择乎厥宜，所谓情也。”（《崇有论》）“情”是物相感而动的态势，在这态势中蕴藏着勃勃生机。《易传·系辞上》讲“生生之谓易”，《世说新语·文学》讲“易以感为体”，如是可谓“生生”以感为体。程颐说：“天地之间，只有一个感与应而已，更有甚事？”（《河南程氏遗书》卷十五）事物之间“资有攸合”“择乎厥宜”就是感应，这些感应既自然，又必然，这就是“其情甚真，其中有信”。

在第四章解读中我们讲过“道”就像是一个无边无际的“旋涡”，这个“旋涡”旋之又旋（玄之又玄），所有的事物都被卷了进去。在这个“旋涡”之中，万物之间的种种区别都被消解。但是，另一方面，由于“情”的存在及作用，又不断形成新的区别。

所以，从一方面讲是“无名，万物之始”，从另一方面讲则是“有名，万物之母”；一方面讲“挫其锐，解其纷，和其光，同其尘”（第四章），另一方面又讲“自今及古，其名不去”。没有分别的“道”是无序的、“死寂”的。是“情”使“道”充满了活力和生机。《吕氏春秋》说情之得失为“死生存亡之本”。

《老子》看到“雌性”在“生育”中的作用是显然的，而“雄性”在“生育”中的作用是神秘的，所以，在讲到“母”时是“既得其母，以知其子；既知其子，复守其母”（第五十二章），而讲到“父（fù）”时，则是“以顺众父（fǔ）”（在此只取“父”字之形），即根据一个个“子女”的特征来确定其“父（fù）”。就“道……生万物”来讲，就是根据现有具体之物来探赜索隐，以叙其宗。世传本“情”作“精”，为“其中有精”，“其精甚真”，“精”即“父”乎？

在第十四章中《老子》讲“执今之道，以御今之有，以知古始”，“是谓道纪”，在此又讲“自今及古，其名不去，以顺众父（fǔ）”。两个地方都讲由今及古，这是因为“道”无始无终，没有“头绪”（第十四章中讲“寻寻兮不可名也”），所以，“条理”众物“端绪”的“原点”在今（此）而不在古。只有从这“原点”出发，才能追溯众物生成的“机”“缘”，追溯其所以然。当然，追溯也是没有穷尽的，所以，一方面要“知众父之然”，另一方面也要知“知众父之然”的相对性。“吾何以知众父之然也？以此。”

这一章需着重理解“情”。

第 二 十 二 章

曲则全，[1] 枉则正，[2] 洼则盈，[3] 敝则新。[4]

少则得，[5] 多则惑。[6] 是以圣人执一以为天下牧。[7]

不自视，故彰；不自见，故明；[8] 不自伐，故有功；[9] 弗矜，故能长。[10]

夫唯不争，故莫能与之争。[11]

古之所谓曲全者，岂语哉？[12] 诚全归之。[13]

校释

[1]曲：偏，部分。《庄子·天下》："不该不遍，一曲之士。"全：全面，全体。

[2]枉：弯曲。正：直。

[3]洼：低凹。

[4]敝：衰败。新：更新。

[5]少：不多。得：《礼记·大学》"虑而后能得"，郑玄注："得，谓得事之宜也。"《庄子·大宗师》："得者，时也；失

者，顺也。”“得”在此为适时得宜之意。

[6]多：即“多闻数穷”之“多”。惑：迷乱。河上公《老子道德经章句》：“财多者惑于所守，学多者惑于所闻。”

[7]执：守。一：王弼《老子注》：“一，少之极也。”《列子·天瑞》：“一者，形变之始也。”“执一”即守此形变之始，也就是“守于中”。《文子·微明》有“执一而应万”。牧：法式、法度。此句世传本作“圣人抱一为天下式”。

[8]视：通“示”，炫示。世传本作“是”。彰：显著。见（xiàn）：显露、炫耀。明：明显。此四句世传本顺序不同。

[9]伐：积功。

[10]矜：自夸。长（zhǎng）：长进。此二句世传本作“不自矜，故长”。

[11]此句世传本作“故天下莫能与之争”。

[12]岂语哉：难道仅仅是一句空话吗？此二句世传本作“古之所谓曲则全者，岂虚言哉”。

[13]归：本、宗旨。此句意为要真正以此为宗旨。此章郭店竹简本无。

解读

在第二章中曾讲到《老子》认为事物都是相反相成的，事物的对立面是其自身存在的前提，每一方都只有在与其对立方的联系中才能获得自己的规定性，所以，按辩证思维的观点，要保持自身的存在，必须从其对立面开始。黑格尔说，辩证思维的实质就是要从“对立面的统一中把握对立面”，要“在否定的东西中把握肯定的东西”（《逻辑学》上卷，商务印书馆，1966年，第39页）。

《老子》的思维就是“在否定的东西中把握肯定的东西”。黑格尔又说，辩证的思维对于尚未经训练的、不自由的思维能力来说，是最困难的方面。这也就是说，辩证的思维与人们的日常思维是有区别的。按人们的日常思维，肯定“全”必否定“曲”，肯定“正”必否定“枉”，肯定“盈”必否定“洼”，肯定“新”必否定“敝”，而辩证思维却是从反面入手，在“曲”中把握“全”，在“枉”中把握“正”，在“洼”中把握“盈”，在“敝”中把握“新”。所以《老子》说“曲则全，枉则正，洼则盈，敝则新”。后面的“不自视，故彰；不自见，故明；不自伐，故有功；弗矜，故能长”等等，都是讲要在否定中把握肯定。《老子》认为这是一个基本法则，要真正以此为宗旨来处理天下之事，即“诚全归之”。

“少得”“多惑”所说的也就是“多闻数穷，不若守于中”（第五章）的意思。“杨子见逵路而哭”“歧路亡羊”都是因“多”而“惑”，所以说“圣人执一以为天下牧”。司马谈讲道家“有法无法，因时为业；有度无度，因与物合”（《史记·太史公自序》）。“牧”是法度，此法度即“因时为业”“因与物合”，故虽“有法”而“无法”，虽“有度”而“无度”。张怀瓘《评书药石论》：“圣人不凝滞于物，万法无定……得其法而不著，至于无法，可谓得矣。”

第二十三章

希言，自然。[1]

飘风不终朝，暴雨不终日。[2]孰为此？天地而弗能久，又况于人乎？[3]

故从事而道者，同于道。[4]德者，同于德；[5]失者，同于失。[6]同于德者，道亦德之；同于失者，道亦失之。[7]

校释

[1]希言：字面含义是少说话，深层意思是少发号施令。自然：自然而然。《论语·阳货》："天何言哉！四时行焉，百物生焉。"

[2]飘风：狂风。朝（zhāo）：日、天。暴雨：世传本多作"骤雨"。此两句意指狂风不能一直刮（并不限定为一天），暴雨不能一直下。

[3]此三句世传本为"孰为此者？天地。天地尚不能久，而况于人乎"。

[4]而：如、像。“从事而道”指依据“道”行事，即“唯道是从”。成克巩《御定道德经注》：“同者，随顺而无违之意。”

[5]德：《释名·释言语》：“德，得也。得事宜也。”《论语·为政》“道之以德”，皇侃义疏引郭象：“德者，得其性者也。”

[6]失：在此含有变易的意思。《淮南子·原道训》“失其阴阳之性”，高诱注：“失，犹易也。”

[7]世传本在此后有“信不足焉，有不信焉”。以上几句各世传本多异，可参阅蒋锡昌《老子校诂》和高明《帛书老子校注》。此章郭店竹简本无。

解读

在第二章中，《老子》讲圣人“居无为之事，行不言之教”，在这一章，《老子》又讲“希言，自然”。“希言”也就是“行不言之教”，“自然”也就是“居无为之事”。无论是“无为之事”，还是“不言之教”，都是强调要顺自然。

在第十章的解读中我们分析过“德”，认为“德”就是事物得以存在的诸多因素的会聚，是事物的规定性。一事物之所以为此事物而不是彼事物，关键取决于其所具有之“德”。因其所“得”而存在就是“德者，同于德”。

事物的“德”并不是一成不变的，而是处于不断的变化之中。狂风不能一直刮，暴雨不能一直下，天地及其万物，包括人在内，都不是永恒的。这是因为任何事物的“德”都是有限的，任何具体事物都会失去其既有之“德”，而获得新的“德”，变成新的事物。“得”其“德”表现为事物特定的存在状态，“失”

其“德”则表现为事物不断变化的过程。这就是“失者，同于失”。

失去既有之“德”的同时，也就获得新的“德”，而获得新的“德”也就意味着失去既有之“德”，在这个意义上讲，“德”与“失”是同一的，是“两者同出，异名同谓”（第一章）。能认识到这一点，那就会顺于其“失”，安于其“德”，这样，其“德”也就成为“玄德”（第十章、第五十一章、第六十五章等）。泰戈尔说，人类最高的欢乐并不在于占有，而在于获得，同时那也就是失，舍弃的精神是人类灵魂最深刻的实在，得与失总是平行的，人类在永恒生命道路上的进步是由于一系列的舍弃。（参见《人生的亲证》，商务印书馆，1992年，第84—86页。）第三十八章中讲“上德不德，是以有德”，“不德”就是不“执”既有之“德”，所以才能时时有“德”。

事实上，对于天地万物来说，“德”“失”都是一种纯自然现象，只是人们往往要执于既有之“德”而不肯失去，这才生出许多的烦恼来。所以，《老子》强调既要同于“德”，也要同于“失”。《庄子·大宗师》中讲：“得者，时也；失者，顺也。安时而处顺，哀乐不能入也。”得（德）是一种承受，失是一种趋势，安于承受，顺于趋势，这就叫“同于德”“同于失”。这也就是“从事而道”，或者说是“唯道是从”。对于“从事而道”或“唯道是从”的人来说，他所承受的是“道”在他身上的体现，他所顺应的是“道”的大化流行，所以说“同于德者，道亦德之；同于失者，道亦失之”。这也就是“同于道”。这种“同于道”不同于他物与“道”的自然合一，其中蕴涵着人经过修养所达到的境界。《庄子·秋水》中讲“得而不喜，失而不忧”，陶渊明《形影神》诗中讲“纵浪大化中，不喜亦不惧，应尽便须尽，无复独多虑”，张载《正蒙·乾称篇》中讲“存，吾顺事；没，吾宁也”，都体现了这样的境界。

这一章需着重理解“德”与“失”。

第 二 十 四 章

企者不立。[1]

自视者不彰，自见者不明，[2]自伐者无功，自矜者不长。

其在道也，曰余食赘行。[3]物或恶之，故有欲者弗居。[4]

| 校释 |

[1]企：同“跂”，踮脚。立：立稳。世传本此句后有“跨者不行”。

[2]此二句世传本顺序不同。

[3]其在道也：从“道”的角度来看。余食：吃多了。赘行：如世人常说的“多此一举”。

[4]欲：高明认为当假为“裕”（《帛书老子校注》）。裕，自足、和顺。此句世传本作“故有道者不处”，“裕”与“道”通，《广雅·释诂三》：“裕，道也。”此章郭店竹简本无。

解读

在第二十二章中《老子》讲“不自视，故彰；不自见，故明；不自伐，故有功；弗矜，故能长”。在这一章中《老子》说“自视者不彰，自见者不明，自伐者无功，自矜者不长”。表面上看，这两处的话一个反说，一个正说，似乎说的是同一个道理，而实际上，这两处是以相同的话题讲不同的道理。第二十二章中所讲是强调“在否定的东西中把握肯定的东西”，在这一章中则是重在反对人为的造作。《老子》在这一章开头就讲“企者不立”，按字面意思讲，即踮起脚跟是站不稳的。人要立稳，必须双脚踏实。或为了够取某物（非力所能及），或为了出人头地，踮脚而立是很难持久稳固的，甚至会趔趄以致摔倒。踮脚而立就是一种人为造作。人为造作往往会损害正常的运行，是不能长久的。“自视”“自见”“自伐”“自矜”等等都属于人为的造作。“自”在这里就是指人为的自我夸张。人为夸张则名不符实，失其本然之性。好比一贴膏药，本来有其可治疗的病，就此而言其为真货，但是，如果将其夸张为能治百病，则成为假冒伪劣产品。

因此，《老子》主张一切都要以内在本性为依据。从“道”的角度看，不合本然之性的人为造作不仅是多余的，而且是令人厌恶的，所以，“有欲（裕）者弗居”。有裕者只顺应本性，不人为造作，脚踏实地，行无余赘，自足而常安。

第二十五章

有𤅃混成，[1] 先天地生。[2] 寂兮寥兮，[3] 独立而不改，[4] 可以为天下母。[5] 吾未知其名，字之曰道。[6] 吾强为之名曰大。[7] 大曰逝，[8] 逝曰远，[9] 远曰反。[10]

道大，天大，地大，王亦大。[11] 国中有四大，而王居一焉。[12]

人法地，地法天，天法道，[13] 道法自然。[14]

校释

[1] 𤅃：世传本与帛书本皆作“物”，据《郭店楚墓竹简》。裘锡圭释为“状”，赵建伟释为“象”（见《道家文化研究》第17期第45、271页）。如是，“有𤅃”亦即第二十一章所讲“道之物”，“混成”即“唯恍唯惚”。世传本和帛书本之“物”也应理解为形状。

又：《诗·小雅·楚茨》“或剥或亨，或肆或将”，陈奂《诗毛氏传疏》：“将，……古文作𤖯。”陈奂之“𤖯”即“𤅃”乎？

古字“将”与“牺”通，“牐”或为“牺”乎？《尔雅·释诂》：“将，大也。”《诗·郑风·溱洧》“伊其将谑”笺、《诗·小雅·正月》“亦孔之将”传、《诗·周颂·臣工》“将受厥明”传、《诗·商颂·长发》“有娀方将”传、《书·洛诰》：“惇宗将礼”疏、《论语·子罕》“固天纵之将圣”皇侃疏、《礼记·孔子闲居》“日就月将”注，皆训“将”为“大”。《方言·一》：“将，大也。……燕之北鄙、齐楚之郊或曰京，或曰将。”如是，则“有牐混成”意即“有大混成”，与后面“强为之名曰大”照应。郭店楚简《五行》也有此字，通为“莊”。“莊”通“壮”，“壮”亦“大”。《尔雅·释诂》：“壮……大也。”

[2]生：熊十力：“道本无生，以其恒存，假说为生耳。”（《十力语要》，中华书局，1996年，第155页。）

[3]寂：无声。寥：无形。此句世传本多如此，从世传本。帛书甲本作“绣呵缪呵”，帛书乙本作“萧呵漻呵”，郭店竹简本作“敚穆”，景龙碑本作“寂漠”，成玄英疏本作“寂寥”。

[4]独立：无对待，强调“道”的自足性和唯一性。不改：强调“道”的终极性和绝对性。焦竑《老子翼》引钟会曰：“廓然无偶曰独立，古今常一曰不改。”此句郭店竹简本作“独立不亥”，《玉篇》：“亥，依也。”世传本此句后有“周行而不殆”。

[5]此句帛书本作“可以为天地母”。从郭店竹简本和世传本。

[6]字：标记，不同于“名”。名是“本来”的，《管子·心术下》：“凡物载名而来。”字是“附饰”的，《广雅·释诂二》：“字，饰也。”

[7]强：勉强。大：河上公《老子道德经章句》：“无不包容，故曰大也。”《鹖冠子·环流篇》“无不备之谓道”。“无不包容”也就是“无不备”。

[8]曰：于是。逝：远逝、远去。王弼《老子注》："逝，行也。"郭店竹简本作"潜"，裘锡圭训为"衍"，《广雅·释诂二》："衍，广也。"衍有扩展、延伸意。赵建伟训为"滥"，《说文解字》："滥，泛也。"泛滥有广博、扩散意。第三十四章中有"道泛兮"。

[9]远：扩展、扩大。王弼："远，极也。"郭店竹简本作"連"。魏启鹏："連，读为邅。……《离骚》'邅吾道夫昆仑兮'，王逸注：'邅，转也。楚人名转曰邅。'……整理本以'連'乃'远'字之讹，似未妥。东周时已有天道'周旋无究'的观念，简文'連（邅）曰反'正反映了天道周还之旨，亦即此章今本所说的'周行而不殆'。"（《楚简〈老子〉柬释》，《道家文化研究》第17期。）

[10]反：含义颇丰，有相反、反转、重复、返回等意，在此不宜细作分梳。

[11]此四句郭店竹简本和西汉竹书本作"天大，地大，道大，王亦大"。"王"即《老子》所谓的圣人，傅奕本作"人"。《老子想尔注》作"道大，天大，地大，生大"。

[12]国中：世传本作"域中"。王弼《老子注》："无称不可得而名曰域也。"《老子想尔注》作"域中有四大，而生处一"。

[13]法：取法、效法。李约《道德真经新注》断句为"人法地地，法天天，法道道，法自然。"

[14]自然：自然而然。《老子》经常从"自然"的角度讲"道"。河上公《老子道德经章句》："道性自然，无所法也。"葛长庚《道德宝章》："道，如此而已。"

解读

我们在第一章解读中讲“道”无所不备、“玄之又玄”，在第六章中，讲道“绵绵若存”，是天地之根，在第十四章中讲道“寻寻兮不可名”，在第二十一章中讲道“唯恍唯惚”，所有这些也就是本章开头所讲的“有脜混成，先天地生”。第六十二章中讲“道者，万物之注也”，第三十四章中讲“万物归焉而弗为主”，“道”是万物之“聚”，是万物之所“藏”，“道”之“混成”乃万物所“混”。裴頠《崇有论》讲“总混群本，宗极之道”，通玄先生《道体论》说“混无别混，即物为混”，都是这个意思。

王弼在注“吾不知其名”时说：“名以定形，混成无形，不可得而定，故曰不知其名也。”何晏著《无名论》，其中讲：“夫唯无名，故可得遍以天下之名名之，然岂其名也哉？”“混”是“道”的一大特征，故《关尹子·八筹》讲“惟其浑沦，所以为道”。诸如“玄之又玄”“唯恍唯惚”“混而为一”等等，都在强调“道”之“混”。对于无形无象的“混成”来说，没有任何“名”能与它相称，即使“遍以天下之名名之”，也表征不出其“混”来，不得已，只好借“道”这个字作它的标志或标记，这就叫“字之曰道”。如果硬要说出有关它的一些什么信息，那也只能勉强用“大”来描述它，所以说“强为之名曰大”。“大”是“道”的又一大特征，诸如“寻寻兮不可名”“道褒无名”等等，都在讲“道”之“大”。由于“道”这两大特征，所以说“有脜混成”。

《老子》又进一步说“大曰逝，逝曰远，远曰反”，以此来说明“道”之“大”。王弼说“大也者，取乎弥纶而不可极也”（《老子指略》），所以要“不守一大体”而“周行无所不至”，故曰“逝”；“周行无所不穷极，不偏于一逝”，故曰“远”；“远”而至“极”，至“极”则不“大”，所以再说“反”，“反”至于“无极”（世传本第二十八章中有“复归于无极”）。经过这番逝、远、反，最后的结果仍然还是一个“大”，我们除了知道这个“大”的非静态和开放性之外，对“道”仍然说不出更多的内容。“道不当名”（《庄子·知北游》），只能体悟，不能界说。

“道”不可界说，但是，既然我们可以勉强名其为“大”，那么也就可以通过“大”来体味“道”。《老子》认为有四种存在可以称得上“大”，即“道”、天、地、王。这四种“大”的表现是不一样的。“道”无状无象，窈冥惚恍，不可捉摸，人们只能从“绵绵”“寻寻”“独立不改”“自本自根”（《庄子·大宗师》）设想其“似乎”为“大”而“强为之名”，实际上并不能确定。天、地是有“根”的（“玄牝之门，是谓天地之根”——第六章），是有“先”的（“有脜混成，先天地生”——第二十五章），是有对待的（“天地相合”——第三十二章），是有改变的（“天地而弗能久”——第二十三章），故其“大”是有确定性的，如“天尊地卑”“天行健”“地势坤”等等，这是天地之“大”与“道”之“大”的一个重要区别。天地虽大，但尚有确定性，而“王”却像“道”一样没有确定性。“道”无确定性是由于其无所不备，“王”无确定性是由于其无所不可，这是“王”与“道”的相通之处，所以说“国中有四大，而王居一焉”。

《老子》接着说“人法地，地法天，天法道，道法自然”。“道法自然”并不是说在“道”之外还存在着更为根本的“自然”。“道”是终极的、绝对的，没有“外”，也没有任何可效法的对象。“道”就是“自然”，“道”总是“自然”。“道法自然”实际上是“道”以自身为法则。在第四章解读中我们曾提到荷兰哲学家斯宾诺莎“‘实体’是自身的原因”的思想，《老子》“道法自然”也有类似的意思。

“人法地，地法天，天法道”，最终是要过渡到人法“道”、人法自然。人若能法“道”、法自然，便可以达到无“限”，成为一“大”。

这一章应着重理解“大”和“自然”。道家所讲的“自然”是自然而然，自己如此。

第二十六章

重为轻根，静为躁君。[1]

是以君子终日行，不离其辎重。[2]虽有环官，[3]燕处则超然。[4]

若何万乘之王，而以身轻于天下？[5]

轻则失本，躁则失君。

校释

[1]静：安定、平静。躁：躁动、不安定。君：主宰、根据。《韩非子·喻老》："制在己曰重，不离位曰静。"

[2]离：丧失、丢失。辎重：外出时携载的物资。范应元《老子道德经古本集注》："辎，库车也。……重者，车所载之物也。"

[3]环官：世传本作"荣观"。《帛书老子甲本》注释疑"环"为"阛"，"官"为"馆"，"阛"与"馆"都是旅行停脚之处，为极躁之地。

[4]燕：安宁、安逸。"燕处"指安然地居处。超然：不为所累。

[5]乘（shèng）：古时一车四马叫“乘”。“万乘之王”在此指大国的君主。身：自身、自我。“以身轻于天下”指为拥有天下而丧失自我。此二句世传本作“奈何万乘之主，而以身轻天下”。此章郭店竹简本无。

| 解读 |

在这一章中，轻重、躁静都是针对人事来讲的。人能守“道”则重，离“道”则轻，与“道”合一则安定平静，不与“道”合一则躁动不安。轻不以重为根则容易为外在名利所动而丧失本然之性，躁不以静为主则往往会趋赶时尚、追逐荣华而丧失自我主宰。所以，《老子》强调“重为轻根，静为躁君”，要以重镇轻，以静制躁，这样，才能保持其本然之性，保持其自我的独立。

古时候，人出行时所乘的是轻车，轻车后面有装载出行所需物资的辎车。辎车重，所行慢，轻车则行得较快，但是，君子不以轻车所行快而不顾在后的辎重，贸然猛进，因为一旦丧失辎重，则失去生存的依赖，所以，轻车虽快而行程却以重车为准。这就是行不离其辎重，就是以重镇轻。

就个人来说，自我本性是重，外在名利是轻，不能因外在名利的引诱而丧失内在的本然之性，丧失自我。如果不顾自己的本然之性而一味强求名利，就会失其辎重。孔子说：“富而可求也，虽执鞭之士，吾亦为之。如不可求，从吾所好。”（《论语·述而》）“可求”即不害本性，不失自我，为求富贵而丧自我，远不如“从吾所好”。“所好”即按其本然真性生活。

就人类社会来说，现代科技犹如一匹奔马，带着社会向“前”猛进，但是，没有抽象的“科学技术本身”，人必须要考虑到自己驾驭科技的能力，要顾及人类生存环境的承受能力。不能正视人在宇宙中的地位，忽视环境和能力，一味地“快马加鞭”，便会失去社会行进的“辎重”。强调以人为本的重要性，强调保护环境的重要性，也就是要使人类社会能“行”“不离其辎重”。

“万乘之王”富有天下，但是如果为此而失去自我，便会为其“天下”所奴役，这是“以身轻于天下”。追求名利者争名夺利，为此而丧失本然之性，成为“名利”的奴隶，这是以身轻于名利。《庄子·骈拇》云：“自三代以下者，天下莫不以物易其性矣：小人则以身殉利，士则以身殉名，大夫则以身殉家，圣人则以身殉天下。故此数子者，事业不同，名声异号，其伤性以身为殉，一也。”“伤性以身为殉”也就是为外物而丧自我，求其轻而失其重。

一杆秤，秤砣轻而秤杆短，却要称很重的物体，必然会失去平衡；一辆车，车体轻而车速快，必然会失去重心。这就是《老子》所说的“轻则失本，躁则失君”。能够与“道”合一的人，不趋赶时尚，不追逐荣华，不为外物而丧自我，不求其轻而失其重，所以，即使身处繁华之地，也能心静如止水，身重如泰山，安然处之，不为所动。陶渊明诗曰：“结庐在人境，而无车马喧。问君何能尔，心远地自偏。”（《饮酒·其五》）“阛馆”是车马喧闹极躁之地，能安然处之，则无车马之喧。这就是“虽有环官，燕处则超然”，即“心远地自偏”。

第二十七章

善行者无辙迹，[1] 善言者无瑕谪，[2] 善数者不用筹策，[3] 善闭者无关钥而不可启也，[4] 善结者无纆约而不可解也。[5]

是以圣人恒善怵人，而无弃人；[6] 物无弃材。[7] 是谓袭明。[8]

故善人，善人之师；不善人，善人之资也。[9] 不贵其师，不爱其资，[10] 虽知乎，大眯。[11]

是谓眇要。[12]

校释

[1]辙迹：车轮压出的痕迹，在此指人为的痕迹。

[2]瑕谪：即瑕適，玉上的斑痕，比喻事物的缺陷、毛病。

[3]筹策：古代计数时用的工具。

[4]关钥：世传本作“关楗”，门闩或门锁一类的东西。

[5]纆（mò）约：绳索。世传本作“绳约”。王弼《老子注》：“此五者（即上言五“善”），皆言不造不施，因物之性。”

[6]怵：当作“逑”，相匹配的意思。此二句世传本作“是以圣人常善救人，故无弃人”。“救”通“觓”，《集韵·尤韵》：“仇，或作觓。”（参见郭沫若等《管子集校·中匡》）《诗·周南·关雎》“君子好逑”，《礼记·缁衣》引作“君子好仇”。董仲舒《春秋繁露·楚庄王》：“百物皆有合偶，偶之合之，仇之匹之，善矣。”“恒善怵人”指善于因人所长。

[7]此句世传本作“常善救物，故无弃物”。

[8]袭：因顺、符合。奚侗《老子集解》：“‘袭’，因也。……‘袭明’，谓因顺常道也。”

[9]善人：逗号前之“善人”为善“事”之人，逗号后之“善人”乃善“人”之人。师：有聚意、众意。《说文解字》：“师……从帀从𠂤。𠂤，四帀，众意也。”孔广居《说文疑疑》：“𠂤，俗作堆，积聚也。聚则众……故‘𠂤’有众意。帀，俗作匝，周遍也，……故‘匝’亦有众意。”甲骨文、金文多以𠂤、帀为师。资：有积意、借意。师、资皆强调“无弃人”。此四句世传本作“故善人者，不善人之师；不善人者，善人之资”。

[10]贵：尊重。爱：珍惜。

[11]眯：同“迷”。迷乱。此二句西汉竹书本作“虽智必大迷”，世传本多作“虽智大迷”。

[12]眇要：精深微妙。世传本作“要妙”。此章郭店竹简本无。

┃解读┃

《老子》主张圣人“居无为之事”，这并不是说要无所事事，而是要因“自然”而为。相对于无所不备的“道”，芸芸众物都只是一偏，而其“偏”往往也就是其所“长”。如善行者未必善数，但是其行却可以“无辙迹”；善数者未必善言，但是其数却可以“不用筹策”。有善结者，有善闭者……合而取之，则亦进乎“全能”矣。圣人能因众人和众物之所长而尽其用，使之各得其宜，所以能“无弃人”“无弃材”。《老子》把这叫作“袭明”。《论语·子路》：“君子……其使人也，器之；小人……其使人也，求备焉。”“器之”即因其所长而用之，“求备”乃求全。小人用人的毛病在于要求个人“全能”，君子用人则是取众人之“偏长”。《文子·自然》讲：“圣人举事，未尝不因其资而用之也。有一功者处一位，有一能者服一事。力胜其任，即举者不重也；能称其事，即为者不难也。圣人兼而用之，故人无弃人，物无弃材。”郭象在《庄子·秋水注》中也讲：“就其殊而任之，则万物莫不当也。”

在第十六章中，《老子》讲：“知常，明也。”“知常”是要认识到万物存在的本性，“袭明”则是要顺应万物的本性，顺应每一人、每一物的特点，“可乎可，不可乎不可”，“然于然，不然于不然”，如是则“无物不然，无物不可”。每一人、每一物都有其存在的合理性，都有其“用”，因其所“用”而用之就是“寓诸庸”，《庄子》又叫作“以明”（《庄子·齐物论》），也就是《老子》所说的“袭明”。“寓诸庸”则“通”则“得”，无弃人，无弃材。如果用非其用，强其短拙，或者以“求备”的态度看待具体的人和物，指瑕掩善，必然会认为皆一无所用，《老子》把这称之为“眯”。只有承认具体事物存在的意义，才能体味“道”之精深微妙。

河上公把这一章题为“巧用”。

第二十八章

知其雄，守其雌，[1]为天下溪。[2]为天下溪，恒德不离。[3]恒德不离，复归于婴儿。

知其白，[4]守其辱，[5]为天下谷。为天下谷，恒德乃足。恒德乃足，复归于朴。[6]

朴散则为器。[7]圣人用，则为官长。[8]夫大制无割。[9]

校释

[1]知：显现。雄：雄飞、有为。守：守护。雌：雌伏、无为。成克巩《御定道德经注》："知，有运用之意；守，有主宰之意。"

[2]溪：世传本作"谿"，水流汇聚的地方。后面所讲的"谷"也是这个意思。

[3]恒德：全面的、周备的"德"。世传本作"常德"。

[4]世传本此句后有"守其黑，为天下式。为天下式，常德不忒，复归于无极。知其荣"一段。

[5]辱：《仪礼·士昏礼》“今吾子辱……”，郑玄注：“以白造缁曰辱。”贾公彦疏：“谓以洁白之物置于缁色器中，是污白色。”是“辱”有黑意。

[6]朴：未经加工成器的木材，在此指没有“人为”的“自然”。帛书本在此后有“知其白，守其黑，为天下式。为天下式，恒德不忒。恒德不忒，复归于无极”。《庄子·天下》引老聃曰：“知其雄，守其雌，为天下谿；知其白，守其辱，为天下谷。”《老子》以“白”对“辱”，如第四十章中讲“大白如辱”，后人以“辱”对“荣”，遂改为以“白”对“黑”，非《老子》原意。（参见易顺鼎、马叙伦、高亨、张松如诸说，另可参阅高明《帛书老子校注》。）

[7]散：分离、分别。器：具体的器物。王弼《老子注》：“朴，真也。真散则百行出，殊类生，若器也。”

[8]官：在此指各当其任，各有所司。长（cháng）：特长、长处。“为官长”指众物（人）各当其所长。

[9]制：《说文解字》：“制，裁也。”裁割、切割之意。此句世传本多作“故大制不割”。释德清《老子道德经解》：“不割者，不分彼此界限之意。”此章郭店竹简本无。

| 解读 |

在第一章和第二章的解读中，对“恒”做过分析，说明“恒”既体现了“杂多”之周遍，又体现了对反之互补。因此，“恒德”也就既指周备之“德”，又指全面之“德”。就周备讲，“恒德”无所不可；就全面讲，“恒德”不执一偏。一般都认为《老子》的思想只重守雌，这是对《老子》的一种误解。严复说：“今之用老者，只知有后一句，不知其命脉在前一句也。”（《老子道德经注评点》）其实，《老子》不仅重视“雌”，也重视“雄”，“知雄”与“守雌”是互补的。“守雌”是“知雄”的前提，“知雄”是“守雌”的实现。没有“守雌”，“知雄”会成为恣意妄为、胡作非为；没有“知雄”，“守雌”会成为迫而不动、感而不应。只有“知雄守雌”，才能应时而动，为所宜为，“无为而无不为”。“知白”与“守辱（黑）”也是如此。白是显现、光明，黑是遮蔽、黑暗，“知白守辱”是要在黑暗中放出光明，犹如美丽的星空。无白之辱一团漆黑，令人“盲目”；无辱之白一片光芒，使人目眩。只有“知白守辱”，才能在黑暗的背景上彰明较著。《老子》强调“恒”（即“全”）和“和”。第四十一章中讲：“万物负阴而抱阳，冲气以为和。”只有阴阳合和才是全面的，仅仅“知雄”或者“守雌”“知白”或者“守辱”都不能称之为“恒德”。

能“恒”能“和”则能“复归于婴儿”，能“复归于朴”。所谓“复归于婴儿”，不是说要从时间上回归到婴儿时代——那是不可能的，而是说要在精神上、心理上保持婴儿的本真状态，“不失其赤子之心”，不失其一体之和，保持敞开性（参看第十章解读）。《庄子·山木》中讲“既雕既琢，复归于朴”。“朴”本是未经雕琢的，既经雕琢，而复归于“朴”，那么，这种“朴”必不同于未经雕琢之“朴”，是蕴涵着雕琢的“朴”。要做到这一点是很困难的。《庄子·知北游》中讲“今已为物也，欲复归根，不亦难乎”。宋代罗大经《鹤林玉露·人集》中说：“作诗必以巧进，以拙成。故作字惟拙笔最难，作诗惟拙句最难。至于拙则浑然天全，工巧不足言矣。”此“拙”指经“巧”而成之“拙”，《老子》说“大巧若拙”（第四十五章），就是这个意思。做人也是这样。郑板桥写“难得糊涂”横幅，其字拙朴，其意深刻。

郑板桥在横幅上注以小字："聪明难，糊涂难，由聪明而转入糊涂更难。"由聪明而转入糊涂也就是人们常说的"大智若愚"。"大巧若拙""大智若愚"是"复归于朴""复归于婴儿"所具有的境界。罗大经说"至于拙则浑然天全"，"浑然天全"也就是"同于道"，就是"浑然与物同体"（程颢语）。

"道"就是浑然天全。"道"之浑然是包含着差异的浑然，所以《老子》说"朴散则为器"。《易传·系辞上》讲："形而上者谓之道，形而下者谓之器。"从浑然天全的角度看是形而上，从万物有别的角度看是形而下。"形而上"和"形而下"是一个问题的两面，而不是分裂为二的两层，不是在"形而下"之外别有"形而上"，在"器"之外别有"道"。"散"即分别的意思。圣人能认识到万物有别，能认识到万物各有其"用"，所以任其所长而不弃。第二十七章中讲"圣人恒善怵人，而无弃人；物无弃材"。《墨子·杂守》讲"使人各得其所长，天下事当"。人各尽其才，物各尽其用，形成一个和谐的整体，这就叫作"大制无割"。

"复"是《老子》思想的一个基本框架。《老子》的"复"可以分为两种，一种是单纯的更新再始，如第十四章中讲的"复归于无物"，第十六章中讲的"各复其根"；另一种类似于德国哲学家黑格尔的"三一式"。黑格尔在构造其哲学体系时用了正—反—合的框架，这一章中所讲的"复归于朴"，"复归于婴儿"，也是一个正—反—合的过程，在"合"中体现出人的境界。像罗大经所讲的"拙成"，郑板桥所讲的"糊涂"，也都体现了这一点。当然，即使如此，《老子》的"复"与黑格尔的"三一式"也有很大的区别，黑格尔的"三一式"体现的是其体系的展开，而《老子》的"复"则主要强调人生的境界。

第二十九章

将欲取天下而为之，[1]吾见其弗得已。[2]夫天下神器也，非可为者也。[3]为者败之，执者失之。[4]

物或行或随，[5]或嘘或吹，[6]或强或羸，或培或堕。[7]

是以圣人去甚、去泰、去奢。[8]

校释

[1]取：治理。为：有为、强力去做。

[2]弗得已：不能达到目的。

[3]神：王弼《老子注》："神，无形无方也。"《易传·系辞上》"阴阳不测之谓神"，韩康伯注："神也者，变化之极。""神器"指神妙莫测的东西。

[4]执：执持。焦竑《老子翼》引司马光曰："为之则伤自然，执之则乖变通。"

[5]行：在前面。随：在后面。

[6]嘘：慢慢地吐气。吹：撮口用力出气。高亨《老子正诂》：“缓吐气以温物谓之嘘，急吐气以寒物谓之吹，义正相反。”

[7]培：增益。堕（huī）：损毁。此句世传本作“或挫或隳”。

[8]甚：极端。泰：过分。奢：奢求。薛蕙《老子集解》：“圣人所谓甚、奢、泰者……凡增有为于简易之外者，皆是也。”“去泰、去奢”，世传本作“去奢、去泰”。此章郭店竹简本无。

| 解读 |

这一章又讲顺应、不执。

人类社会是一个非常复杂的巨大系统，人们难以预料它的变化，所以《老子》说“天下神器”，也就是说“天下”是神妙莫测的。

从事物的联系来说，天下诸多事物交错盘结，相互影响，变化莫测。有时某个小小的事件也许就会对社会产生很大的影响。在现代混沌理论中讲“蝴蝶效应”：一只蝴蝶在巴西扇动翅膀，也许会在美国的得克萨斯州引起龙卷风。与此相类似，一次小小的事故，也许就会引起社会巨大变动。在一首民谣中曾讲到：“钉子缺，蹄铁卸；蹄铁卸，战马蹶；战马蹶，骑士绝；骑士绝，战事折；战事折，国家灭。”（格莱克：《混沌——开创新科学》，上海译文出版社，1991年，第25页。）由钉子缺这个随机事件，经过一系列的正反馈，导致国家灭这个重大事件。《史记·吴太伯世家》载：“初，楚边邑卑梁氏之处女与吴边邑之女争桑，二女家怒相灭。两国边邑长闻之，怒而相攻，灭吴之边邑。吴王怒，故遂伐楚，取两都而去。”由两个女孩儿争抢桑叶导致两个国家的战争。随机事件经过正反馈的放大，就可能形成一种“势”。谁也难以断定哪个随机事件会被放大，放大后会产生什么样的后果，对社会进程将会造成什么样的影响。

从事物的变化来看，未来是敞开的，有很多的可能性，究竟选择哪一种可能性更好，人是难以预知的。有些事情在今天看来是“正确”的选择，到明天再看可能就是不正确的；在今天看来是对人有“好处”的，但是在明天却可能产生一些不良的影响，到明天的明天，也许就会演变为一场灾难。按恩格斯的说法，人类的认识永远不可能绝对的完全的正确，“今天被认为是合乎真理的认识都有它隐蔽着的、以后会显露出来的错误的方面”（《马克思恩格斯选集》第4卷，人民出版社，1972年，第240页）。从一方面讲，这固然可以说人类在不断地探索“真理”，获得“真理”，但是，从另一方面讲，也可以说人类始终在谬误中挣扎。谁能肯定地说只有认识“正确”的那一面影响人的实践，而“错误”的那一面对实践不产生影响呢？谁又能肯定地知道包含错误成分的认识对实践的影响在未来会产生什么样的结果？哈耶克说：“在我们竭尽全力自觉地根据一些崇高的理想缔造我们的未来时，我们却在实际上不知不觉地创造出与我们一直为之奋斗的东西截然相反的结果。”（《通往奴役之路》，中国社会科学出版社，1997年，第13—14页。）在今天看来似乎是一个“应当”追求的“目标”，走到明天也许正是南辕北辙，这岂不是“为者败之，执者失之”？所以，从对历史负责的角度讲，要“慎动”。《老子》主张要“居无为之事”（第二章），要“不敢为主而为客”（第六十九章），也就是只应和当下的境遇，不人为设定所谓“美好”的目标。“无为，故无败；无执，故无失”（第六十四章）。

不设定未来的目标不等于不顾及未来的状况而在当下为所欲为。应和当下重在于“应”，其基本原则就是“和”（也就是

“当”）。《庄子·山木》：“一龙一蛇，与时俱化，而无肯专为。一上一下，以和为量。”“与时俱化”即“应”，“应”的目的是“和”。所以《老子》又讲“去甚、去泰、去奢”，即不过分，不奢求，不走极端。甚、泰、奢都不“当”。西晋陆机说：“经始权其多福，虑终取其少祸。”（《五等论》）就是说，如果只着眼于眼前利益的话，那么就会想这个事对我们有什么好处，那个事能给我们带来什么利益，会求取多福，可是，如果要着眼于长远的结局的话，那么我们就更应该考虑，这事那事会不会对以后产生不良影响？就要尽量避免产生祸患。《荀子·修身》说：“君子之求利也略，其远害也早。”人以及社会的许多祸患正是产生于“权其多福”的奢求，所以“去甚、去泰、去奢”是减少因“权其多福”所导致的自取多祸的良药，能“去甚、去泰、去奢”，将会减少许多对未来的不良影响，把一个祸患尽量少的世界传给后代。

这一章应着重理解“天下神器”。

第 三 十 章

以道佐人主，不以兵强于天下。[1]其事好还。[2]师之所处，荆棘生之。[3]

善者果而已，[4]不以取强。[5]果而勿骄，果而勿矜，果而勿伐，[6]果而毋得已居。[7]是谓果而不强。[8]

物壮则老，[9]谓之不道，[10]不道早已。[11]

校释

[1]道：在此指道义。佐：辅助。兵：武力。强：逞强。此二句郭店竹简本作“以道佐人主者，不欲以兵强于天下”。世传本多作“以道佐人主者，不以兵强天下”。

[2]其事：指用兵。好：容易。还：回报、回应。成克巩《御定道德经注》：“好还，谓以兵相报也。”此句郭店竹简本在“是谓果而不强”之后，作“其事好长”。长（cháng），延续、延长。参见第十五章注[1]。

[3]师：军队。在此指双方军队的战斗。此二句郭店竹简本无，

世传本在此后有“大军之后，必有凶年”。

[4]善：成功、获胜。果：高亨《老子正诂》：“《尔雅·释诂》：‘果，胜也。’果而已犹云胜而止也。”

[5]取强：逞强。此句世传本为“不敢以取强”。

[6]骄：自大。矜：自夸。伐：自功。焦竑《老子翼》：“矜，自恃也。伐，夸大也。骄，恣肆也。”此三句各本顺序多异，郭店竹简本作“果而弗伐，果而弗骄，果而弗矜”，世传本作“果而勿矜，果而勿伐，果而勿骄”。

[7]果而毋得已居：不得已而处于胜者的位置，不以胜者自居。此句郭店竹简本无，世传本作“果而不得已”。

[8]此句帛书乙本作“果而强”，世传本作“果而勿强”。

[9]物壮则老：《左传·僖公二十八年》：“师直为壮，曲为老。”《国语·晋语四》：“战斗，直为壮，曲为老。”直，理直。曲，理屈。此句指由理直转为理屈。王弼《老子注》：“壮，武力暴兴，喻以兵强于天下者也。”张位《道德经注解》：“一有取强之意，便是壮旺。壮则师老。”

[10]谓之：为之。不道：不合道义。“物壮则老，谓之不道”意为：之所以理直转为理屈，是因为不合道义。世传本作“是谓不道”。

[11]早已：早死、速灭。以上三句郭店竹简本无。

解读

老子生处春秋战国之际，正值列强竞雄，诸侯称霸之时，亲眼看见战争给百姓带来巨大的灾难，“师之所处，荆棘生之”，就是《老子》对战争导致的萧条凄惨景象的描述。当时有主张以富国强兵称雄天下者，《老子》反对这样做。《老子》认为，就战争这件事来说，对参战的每一方都不会有好处，在战争中没有受益者。强者以武力欺凌弱者，弱者也会起来进行还击，这就是“其事好还”。这样，双方都会为此付出很大的代价。战争对人类来说有百害而无一利，所以，《老子》极力反对依恃武力挑起战争，主张“不以兵强于天下”。

但是，《老子》并不一味地反对“战”。当有人挑起战争时，《老子》还是主张应战的。应战旨在克敌，只有克敌才能形成力量之间的均势，进而消除战争。但是，克敌是不得已而为之的“应”，不是要借此逞强，炫耀武力，否则，就又会成为“以兵强于天下”。所以《老子》说“善者果而已，不以取强”。正义之师理直气壮，理直气壮则胜，但是，如果胜而不止，着意以兵取强，那就会理屈气馁，理屈气馁则败。这就是“物壮则老”。所以要有理、有节，“果而不强”。

战争是政治的集中表现，而一切政治斗争归根结底又基本是围绕着以经济利益为中心的各种利益展开的。如果人们都能尊重他人的权利，不侵犯他人的利益，也就会避免引发战争。所以，《老子》主张人们要“去甚、去泰、去奢”（第二十九章）。《礼记·表记》讲“俭易容”，孔颖达疏说：“俭易容者，以俭则寡求，故易容。”能“去甚、去泰、去奢”则寡求易容，不会侵犯别人的利益。《老子》还主张要“不敢”，因为“勇于敢则杀，勇于不敢则活”（第七十三章）。当然，消除以战争为极端手段的利益争斗，最基本的前提是人类的生存问题得到解决。随着生产力水平的提高，人类的生存问题越来越容易解决，但是如果人们不能克制自己不断膨胀的占有欲望，把占有的欲求（Wants）混同于生存的需求（Needs），那么，永远不可能消除战争。生产力水平的不断提高永远解决不了人们不断膨胀的占有问题。所以，人类最终消除战争，除了发展生产力，除了“组织一种能满足全部正常需求的生产与交换方式”（《马克思恩格斯全集》第3卷，人民出版社，2006年，第287页），还需要通过“去甚、去泰、去奢”等等消除人们占有欲望无限膨胀的条件。如是，人们都能“甘其食，美其服，乐其俗，安其居”（第八十章）。这是《老子》的理想。

第三十一章

夫兵者不祥之器也，[1]物或恶之，[2]故有欲者弗居。[3]君子居则贵左，用兵则贵右。[4]故曰，兵者非君子之器也，兵者不祥之器也，[5]不得已而用之，铦袭为上，[6]勿美也。[7]若美之，是乐杀人。夫乐杀人，不可以得志于天下矣。[8]是以，吉事上左，丧事上右。是以，偏将军居左，上将军居右。言以丧礼居之也。[9]故杀人众，以悲哀莅之。[10]战胜，以丧礼处之。[11]

校释

[1]兵：武器，军事。器：事物。此句世传本作“夫佳兵者不祥之器”，西汉竹书本作“夫佳美不祥之器也”。

[2]物或恶之：有许多人厌恶它。

[3]欲：当为“裕”，参见第二十四章注[4]。此句世传本作“有道者不处”。以上三句郭店竹简本无。

[4]《老子》说：“出生，入死。”（第五十章）《管子·白

心》说："左者，出者也；右者，入者也。"因此也可以说左是生位，右是死位，所以说"居则贵左，用兵则贵右"。下文讲"上左""上右"，"居左""居右"也都是这个意思。《逸周书·武顺篇》："吉礼左还，顺天以立本；武礼右还，顺地以利兵。"

[5]此二句郭店竹简本残，世传本作"兵者不祥之器，非君子之器"。

[6]铦（xiān）：锋利。《广雅·释诂二》："铦，利也。"借指利器。袭：掩藏。"铦袭"指把利器掩藏起来，不要太锋芒毕露，不要过分炫耀。《诗·周颂·时迈》："载戢干戈，载櫜弓矢。"第八十章中讲"有甲兵，无所陈之"。"铦袭"，西汉竹书本作"恬倭"。注释者认为"恬"可读为"铦"，"倭"疑读为"镂"。前者是而后者非。"倭"当读为liǔ，为以饰物覆盖丧车。《吕氏春秋·节丧》"倭翣以督之"，高诱注："倭，盖也。翣，棺饰也。"《礼记·檀弓下》："制绞衾，设蒌翣，为使人勿恶也。""倭翣"即"蒌（liǔ）翣"。所谓"铦倭"也是说把利器掩盖起来，使人勿恶。此句世传本作"恬淡为上"。

[7]美：赞赏、赞美。此句世传本作"胜而不美"。

[8]《论语·宪问》："南宫适问于孔子曰：'羿善射，奡荡舟，俱不得其死然。禹稷躬稼而有天下。'夫子不答。南宫适出，子曰：'君子哉若人！尚德哉若人！'"

[9]言以丧礼居之也：出兵打仗要以丧礼的仪式来处理。

[10]众：通"终"。《诗·鄘风·载驰》"众稚且狂"，王引之曰："众当读为终。……古字多借众为终。"《易传·杂卦》："大有，众也。"《经典释文》："众，荀作终。"王充《论衡·答佞》："举世为佞者，皆以祸众。"黄晖校释："众、终古通。"莅：世传本作"泣"。这两句的意思是以悲哀的心情临视杀

人后的场面（即战场）。

[11]这两句的意思是以丧礼的仪式处理战斗胜利后的事情。

解读

这一章接着上一章讲战争。战争总难免要死人，无数人死于战祸，无论如何也不能说是好事，所以《老子》说军队、武器都是“不祥之器”。因此，要尽量把军队、武器收敛起来，避免使用，不可炫耀，只有实在不得已时才使用。“不得已而用之”即“不敢为主而为客”（第六十九章），是“应战”而不是“挑战”。《文子·道德》讲：“有应兵……敌来加己，不得已而用之谓之应。”“应兵”就是应战的一方。《庄子·刻意》讲：“感而后应，迫而后动，不得已而后起。”道家非常强调“不得已”。

战争使人们互相残杀，使无数生灵涂炭，是非常悲惨的，所以《老子》说要像办丧礼一样，以沉痛的心情对待战争，即使克敌而胜，也不应兴高采烈，因为，战争的胜利是建立在累累白骨之上的。因此，要以丧礼的仪式处理战后的事情。这是人道主义的主张。

第 三 十 二 章

道恒，无名，朴。[1] 虽小，[2] 而天下弗敢臣。[3] 侯王若能守之，[4] 万物将自宾。[5] 天地相合，以降甘露。[6] 民莫之令而自均焉。[7]

始制有名。[8] 名亦既有，夫亦将知止。[9] 知止所以不殆。[10]

譬道之在天下也，犹小谷之与江海也。[11]

丨校释丨

[1]参见第一章注[1]、[2]，第十五章注[10]，第二十八章注[6]。“恒”世传本作“常”。

[2]小：郭店竹简本作“妻”，赵建伟认为“妻”当读为“稺”或“稺”，同“稚”。（《郭店竹简〈老子〉校释》）《集韵·脂韵》：“稺，幼也。”稚，幼禾，也指儿童。这一句的意思是，朴就像幼苗和儿童，虽然幼小，但是却蕴藏着无限的生机和可能性。第三十四章中讲“恒无欲也，可名于小”。

[3]臣：统属，支配。此句郭店竹简本作“天地弗敢臣”，世传

本或作“天下莫能臣也”。

[4]侯王：泛指执政者。守：遵守、遵循。之：此即“朴”。

[5]宾：《广雅·释诂一》：“宾，列也。”此为陈列之意。“万物将自宾”指万物将自己“陈列”而有“秩序”。

[6]相合：即合和。降：从世传本。郭店竹简本作“逾”，帛书本、西汉竹书本作“俞”，各本整理者皆认为当读为“输”。

[7]莫之令：莫令之。均：协调、调节。《诗·小雅·皇皇者华》“我马维驷，六辔既均”，毛传：“均，调也。”“自均”指自然协调、自我调节。

[8]始：参见第一章注[3]。制：参见第二十八章注[9]。成克巩《御定道德经注》：“始制谓朴散为器。”

[9]将：应该。《词诠》卷六：“将，当也。”止：居处、处所。“知止”指知其所“处”。

[10]殆：困乏、衰败。

[11]小谷：小溪流。此句世传本作“犹川谷之于江海”。

解读

第一章中讲“无名，万物之始也”。“道”是一大“混成”（第二十五章），不可名状，《老子》把“道”的这种“无名”状态称之为“朴”。“无名，万物之始”也可以说是“朴，万物之始”。“始”乃“女之初”。“女之初”虽然“幼小”，但是却蕴藏着无限的生机和可能性，任何事物，包括“天地”在内，都不能“统属”它。所以说“道恒，无名，朴。虽小，而天下弗敢臣”。

第七十七章中讲：“天之道犹张弓也：高者抑之，下者举之；有余者损之，不足者补之。故天之道，损有余而益不足。人之道则不然，损不足而奉有余。”“自然”之“道”本身具有一种“自控能力”：一方面是“惚兮恍兮”“窈兮冥兮”，另一方面则是“有物”“有象”“有情”“有信”；一方面“万物旁作”，另一方面则“各复其根”。人为的造作，只能损害自然之和谐。譬如，雁冬南夏北即“自宾”，而人却用空调来“调节”气温，以耗能的方式来影响气候。人们讲“节能”往往着眼于“物”的角度，而忽视了“人”的方面，结果总是“扬汤止沸”，实际上只有成为“节能型”的人，才能真正实现“节能”。所以《老子》说要“守朴”，能守“朴”则“万物将自宾”。自然是最“节能”的状态。社会政治生活也要“守朴”，能守“朴”则“民莫之令而自均焉”。所以，执政者要遵循自然，“居无为之事，行不言之教”（第二章），这样才会像第十七章中所讲的“太上，下知有之”，“成事遂功，而百姓曰‘我自然也’”。

第一章解读中，我们说“无名”和“有名”是从不同的角度来讲的。从浑然天全的角度看，“道”不可名，是“朴”，是“万物之始”；从众物有别的角度看，万象庶类各有其质，各有其性，可以通过一定的“名”来表示。《管子·心术下》中说：“凡物载名而来，圣人因而财（裁）之。”“因而裁之”而有许许多多以致无穷多的“名”，这就叫“始制有名”。“始”指浑然天全，“制”指区分，“始制有名”与“朴散则为器”（第二十八章）是一致的。第二十八章中说“大制无割”，在这一章中又讲“始制有名”，这正说明了“无名”和“有名”“两者同出，异名同谓”（第一章）。

“始制有名”“朴散则为器”是“名”“器”相对于“背景”的“凸现”，而不是分离。《文子·道原》讲：“德将为汝容，道将为汝居。”“道”是众物之所“居”，离开此“居”

处，其“容”将无从显现。所以，不仅要看到“凸现”出来的“名”“器”，而且更应该“看”到“名”“器”凸现的“背景”，知道“名”“器”之所“居”，知其所处之“境”，这就叫“知止”。第五十二章中讲：“天下有始，以为天下母。既得其母，以知其子；既知其子，复守其母。没身不殆。”“既得其母，以知其子”即“始制有名”“朴散则为器”，“既知其子，复守其母”即“知止”。《礼记·大学》：“《诗》云：‘缗蛮黄鸟，止于丘隅。’子曰：‘于止，知其所止，可以人而不如鸟乎？’”对一般的“物”来讲，它们能自在地“知其所止”，而人却多执“器”而忘“止”，“徇名而忘朴”（苏辙《老子解》），专注于“凸现”之“容”，而丧失对“背景”的感觉，所以《老子》强调要“视素保朴”（第十九章），要“镇之以无名之朴”（第三十七章），要“复守其母”，不要狂妄地切断连接“母亲”的“脐带”，这样才不至于颠沛流离、无家可归，才能“不殆”。

《庄子·外物》讲：“夫地非不广且大也，人之所用容足耳，然则厕足而垫之致黄泉，人尚有用乎？”把“路”与“大地”分离，则虽有“路”而寸步难行。只有在“大地”的“怀抱”，“路”才有意义。只有把“器”“嵌”在其所“居”之处，“器”才有“用”。

这一章需着重理解“止”。

第三十三章

知人者，智也；自知者，明也。[1] 胜人者，有力也；自胜者，强也。[2] 知足者，富也。强行者，有志也。[3] 不失其所者，久也。[4] 死而不亡者，寿也。[5]

校释

[1]李嘉谟：“知在外为智，在内为明。”（焦竑《老子翼》）《史记·商君列传》：“内视之谓明，自胜之谓强。”

[2]徐大椿《道德经注》：“力主外，强主内；力在气，强在德也。”张位《道德经注解》：“知人、胜人，外炫者也；自知、自胜，内存者也。”

[3]强：此处意为相当。《尔雅·释诂下》：“强，当也。”“强行”即应物而动。志：德行。

[4]所：宜、适宜。久：持久。

[5]段玉裁《说文解字注》：“人尽曰死。”《大戴礼记·本命》：“化尽数穷谓之死。”唐玄宗《御注道德真经》：“死者分

理之终，亡者夭枉之数，寿者一期之尽。”此章郭店竹简本无。

解读

天地之间万事万物，唯人为最难知。知人之难主要有二：一为人心难知。《庄子·列御寇》讲：“凡人心险于山川，难于知天。”白居易《天可度》：“唯有人心相对时，咫尺之间不能料。……天可度，地可量，唯有人心不可防。”谁也难以知道另一个人心中正在想什么，难以知道另一个人的真实想法。二为人言难知。语言是人类伟大的创造，也是极容易让人迷惘的东西。这其中自然有语言本身的原因，如常说的“言不尽意”“诗无达诂”等等，但也有许多是人为的利用。语言是神秘的，人们可以用语言讲“现实”中完全没有的“可能”事件，用语言构造一个与“现实”完全不同的“可能”世界，当然也可以用语言来修饰自己。所以，孔子说“不知言，无以知人也”（《论语·尧曰》）。要知其人必须要知其言。心之难知，言之难知，共同之处在于都可以把真相藏起来，而给人以假相。所以，要知人，就不能只看假相，而要透过假相“看”到真相，这样才能真正认识一个人。要做到这一点，需要有丰富的经验和机智的头脑，所以《老子》说“知人者，智也”。

虽然人可以把自己的“心”掩藏起来，可以用“言”来装饰自己，但是在其日常之“行”中还是会显露出其真相的。所以，人们还是可以通过察其“行”来认识一个人。孔子说：“视其所以，观其所由，察其所安。人焉廋哉？人焉廋哉？”（《论语·为政》）考察一个人做事的原因、途径和爱好，也就差不多看清他的真相了，他还有什么可隐瞒的呢？人们常讲“日久见人心”，时间可以帮助人们“知人”。如果一个人能把自己的真相掩盖一辈子，那也就难说其为“假”，也许是“真”了。相比较而言，“自知”更为困难。因为，知人是把他人作为外在对象来看，而要自知，则必须要能像看他人那样来“看”自己。要做到这一点并非易事，只有经过一定的修养，才能像看“外”那样看“内”。“明”就是经过一定的修养所获得的看内的能力。这是一种“内视”的能力，是一种德行，而不是机智。当苏格拉底说自己没有智慧时，所表现出的绝不是机智的“谦虚”，而是谦虚的德行。

“有力”与“强”的关系也是这样。“有力”仅仅是“力”，“强”则是一种德行。所谓“自胜”也就是控制自己，做自己的主人。如果不能控制自己，往往会被外在的欲望所支配，失去自我，成为外在欲望的奴隶。有些人总想通过战胜别人来满足自己对权力或荣誉的欲求，这看起来似乎是“有力”，实际上却是丧失自我的表现，因为他控制不住自己，被外在的欲望所支配。所以，有些行为只是看起来“有力”，实际上并不“强”。只有能控制自己，不为外在欲望所驱动，才是“强”。佛教称佛为“大雄”，意为大勇士。“大雄”一切无畏，能伏众魔。在佛教中，“众魔”指一切妨碍人修行的心理活动，能伏众魔也就是战胜自己，战胜自己则可以一切无畏。可见，“大雄”并不是要战胜别人，而是要战胜自己。“大雄”也就是“强”。王守仁说“破山中贼易，破心中贼难”（《与杨仕德薛尚谦书》），剔除其政治含义，可以说“破山中贼”指“胜人”，“破心中贼”指“自胜”。“自胜”比“胜人”难，也比“胜人”更伟大。

富裕是生活幸福的必要条件，贫穷是不可能幸福的，所以，求“富”与求“福”有一致的方面。那么，怎样才能“富”呢？从理论上讲，可以从两方面致富：第一是获得更多的财富，这可以称之为“外延式”的致富；第二是减少欲求，这可以称之为“内敛式”的致富。“富”表现为财富的丰富，而财富的丰富与否，往往与人的需求与欲望相关。人的欲望好比是一个分母，财富好比是分子，分数值的大小取决于二者之比。当分母一定时，当然是分子越大，分数值也越大，也就是说财富越丰富。反过来，当分子一定时，分母越小，分数值也可以越大。由于人的需求不可能无限地缩减，因而，分母也不可能无限地缩小，而分子是可以不断地增大的。正因为如此，“外延式”的致富更容易为人们所接受。但是，要看到分母也是可以无限增大的。当分子增大的速度大于分母时，分数值增大，此时人们会产生一种富裕感；当分子增大的速度等于分母时，分数值不变，此时人们会觉得生活质量没有“提高”；当分子增大的速度小于分母时，分数值减小，此时人们会产生贫困感。由于人的欲望带有很大的主观心理因素，如贪婪、攀比等等，所以在现实中，其增大的速度往往会大于分子，以至于趋于“∞”，如常言所讲“贪得无厌”“人心没尽”等等。在这种情况下，“人之所欲无穷，而物之可以足吾欲者有尽”（苏轼《超然台记》），无论“分子”怎样增大都难以满足人的欲望。在这种情况下讲财富的极大丰富，那是无济于事的。这也就是为什么有些人虽然财富不断增加，但是仍然会感到“贫困”的威胁的原因。《庄子·渔父》：“人有畏影恶迹而去之走者，举足愈数而迹愈多，走愈疾而影不离身，自以为尚迟，疾走不休，绝力而死……”人之畏贫恶穷，亦如此乎？《韩诗外传》讲：“贪物而不知止者，虽有天下而不富矣。”所以，《老子》强调要“知足”。“知足”就是要通过减小分母或保持分母的不变，至少是要使分母增大的速度不大于分子增大的速度，这样才会有富裕感。“贪心不足”“贪得无厌”永远不会觉得富裕。孔子在谈到卫国的公子荆时说，公子荆善于居家过日子，刚有了一点财富，他就说“差不多够了”，再增加一点，又说“差不多齐备了”，更多一点时便说，“差不多可以说是富丽堂皇了”（参见《论语·子路》）。卫公子荆就总是使分母增大的速度不大于分子增大的速度，所以，他能常感到富裕。“足在心而不在境”（徐大椿《道德经注》）。因此说“知足者，富也”。

《老子》主张无为、顺应。“应”也就是“强行”。“强”在此意为相当、相值。“强行”指行为与境遇相应、相当，“与时迁移，应物变化”（司马谈《论六家要旨》），不离境遇而行。《中庸》说：“君子素其位而行，不愿乎其外。”“素其位”即立足于现在所处之位，“不愿乎其外”即不妄求于境遇之外。这也就是“不失其所”。《中庸》又说：“君子居易以俟命，小人行险以侥幸。”“居易以俟命”则能充分实现其生命的自然过程，“行险以侥幸”则不能持久，所以说“不失其所者，久也”。

人的生命总是有限的，即使像传说中长命的彭祖，其年龄与“∞”相比也还是很短的一瞬。反过来，如果与极短的瞬间（“ε”）相比，那么即使是短命的殇子，其生命的时间也可以说是很长了。但是，长不等于寿。长是与外在时间刻度的比较，寿则是内在生命过程的实现。寿与否，并不取决于时间刻度的长短，而在于是否能自然地完成其生命过程，也就是《庄子·大宗师》所讲的“终其天年而不中道夭”。“终其天年而不中道夭”叫作“死”，以人为的力量改变生命的自然状态，妨碍生命过程的自然完成，叫作“亡”。只有“死而不亡”才能说“寿”，所谓“寿终正寝”。“中道夭”不能说“寿”。如“中道夭”，即使长命如彭祖，也是“夭”；如“终天年”，即使短命如殇子，也是“寿”。杜光庭《道德真经广圣义》：“人生天地间，有生则必有死。生者，天地之委和；死者，天地之委顺。安其和而处其顺，是得其常也。反此者，庸非夭乎？”如果认识到“寿”之道理，则不必汲汲于年月，而是要“终其天年”。后世道教的“神仙”理论以延长生命的外在时间刻度为要，实在是没有把握“神仙”的主旨。“神仙”者，有“神”则“仙”，岂汲汲于年月乎？

第三十四章

道泛兮，其可左右也。[1]成功遂事而弗名有也。[2]万物归焉而弗为主，[3]则恒无欲也，[4]可名于小；[5]万物归焉而弗为主，可名于大。

是以圣人之能成大也，以其不为大也，故能成大。[6]

校释

[1]泛：普泛、广泛。其可左右：在此指伸向四面八方。《庄子·秋水》："泛泛乎其若四方之无穷，其无所畛域。"此二句世传本作"大道氾兮，其可左右"。

[2]有：持有、拥有。此句世传本作"万物恃之以生而不辞，功成而不有"。

[3]归：藏。主：主宰。此句世传本多作"衣养万物而不为主"。

[4]恒无欲：见第一章注[4]。世传本作"常无欲"。

[5]于：为。成克巩《御定道德经注》："湛然常虚，则似乎

小；无物不容，则似乎大。”

[6]不为大：不自以为大。此三句世传各本多异，河上本作“是以圣人终不为大，故能成其大”；王弼本作“以其终不自为大，故能成其大”；傅奕本作“是以圣人能成其大也，以其终不自大，故能成其大”。此章郭店竹简本无。

解读

“道”是普遍的，无所不备，亦无所不在，不存在“道”之“外”。“道”生万物，万物各复其根，这也就是“成功遂事”。这一切都是自然的，所以也就称不上持有或拥有。万物循环往复，更迭交替，体现为“道”之变动不居（第四十一章中讲“返也者，道之动也”），所以虽然一切可能和现实、所有变化和过程皆“藏”于“道”，但是“道”并不因此而为“主”。“道”与“万物”无主宾之分。

第一章中讲“恒无欲也，以观其眇”，“眇”兼有“小”和“大”双重含义。任何事物都不能像“道”那样“无欲”，所以都不能像“道”那样的“小”。同样，任何事物都不能像“道”那样“自足”，所以也都不能像“道”那样的“大”。《淮南子·原道训》讲“道”“舒之幎于六合，卷之不盈于一握”，“幎于六合”言包罗无遗，“不盈于一握”言踪迹全无。“道”是“小”与“大”的统一。

我们曾说过《老子》讲“道”并不只是为了谈论“道”之玄妙，更重要的是强调“道”在人生层面上的意义，为人的行动提供形而上的基础。第二十一章中讲“孔德之容，唯道是从”，圣人从“道”而具有“道”的特征：“道大……王亦大。”（第二十五章）“道”之“大”表现为“全”，“圣”之“大”表现为“通”。第三十八章中讲“上德不德，是以有德”，圣人不求成为“无限”之“全”，而是在“失”与“德（得）”的过程中，展现自己的无“限”，虽然仍为一“偏”，但是却不执一“偏”，而成为可能向度意义上的“全”。这就是“以其不为大也，故能成大”。

第三十五章

执大象，[1]天下往。[2]往而不害，[3]安平太。[4]乐与饵，[5]过客止。故道之出言也，[6]淡乎其无味。视之不足见也，听之不足闻也，而不可既也。[7]

校释

[1]执：守。西汉竹书本作“埶”，裘锡圭认为郭店竹简本也为“埶”，读作“设”。大象：王安石《老子注》：“大象者，道之喻。”

[2]天下往：林希逸《老子鬳斋口义》：“天下往者，执此而往行天下也。”往又读wàng，归向。河上公《老子道德经章句》：“圣人守大道，则天下万物移心归往之也。”这代表两种不同的解释。实际上，《老子》的话往往包含多重含义，难以截然分开。就个体讲，可“往行天下”，就群体讲，则会“移心归往”，二者并不矛盾。

[3]害：妨碍。“不害”与第三章、第七十三章所讲“不敢”意思相近。

[4]安：于是。平太：平和安泰。

[5]乐（lè）：声色。饵：美食。

[6]此句世传本作“道之出口”。

[7]既：尽。此句帛书本、西汉竹书本作“用之不可既也”，世传本作“用之不足既”，据郭店竹简本。

解读

关于“道”的“形象”，《老子》做过一些描述。在第二十一章中说“道之物：惟恍惟惚”，在第十四章中说“一者，其上不攸，其下不忽”，“是谓无状之状，无物之象，是谓惚恍”。“道”没有具体的形象，可是它又具有“象”的特征，如讲“冲”“盈”，讲“谷神”“玄牝”，讲“其上”“其下”“混成”等等。似无还有，似有还无，是无形之“大象”。

在无形大象中蕴藏着“道”的丰富性。第一章中讲“玄之又玄”，第六章中讲“绵绵若存”，第十四章中讲“寻寻兮不可名”，第二十一章中讲“惚兮恍兮，中有象兮；恍兮惚兮，中有物兮；窈兮冥兮，中有情兮”“其情甚真，其中有信”，这些都体现在无形大象之中。大象是无限的（寻寻），复杂的（绵绵），充满生机的（有象、有物、有情、有信）。大象具有全息性。

面对无形大象人们会感到茫然。陈子昂《登幽州台歌》讲“前不见古人，后不见来者。念天地之悠悠，独怆然而涕下”，所表现的就是面对无形大象所产生的焦虑。前面讲过的“杨子见逵路而哭”，也含有类似的情感。杨子之“哭”表现了一种选择的焦虑，而陈子昂之“涕下”则侧重表现被抛的焦虑。二者之“哭”都体现出深刻的形而上情怀。然而，同样是面对无形大象，《老子》由“道可道也，非恒道也”（第一章）的感叹引出“上德不德，是以有德”（第三十八章），引出“玄德”“恒德”，引出“玄达”，以消解选择的焦虑；引出“执今之道，以御今之有”（第十四章），引出“自今及古……以顺众父”（第二十一章），以消解被抛的焦虑。杨子和陈子昂对大象虽然有所“见”、有所“闻”，但是尚未能“守”之，而《老子》则不仅“见”“闻”大象，而且能执守大象，“游”于大象，因此而“天下往”。法国思想家帕斯卡尔说大自然“就是一个球，处处都是球心，没有哪里是球面”（《思想录》，商务印书馆，1985年，第29页）。帕斯卡尔所言也可理解为无形之“大象”。“处处都是球心，没有哪里是球面”既蕴涵着陈子昂的焦虑，也意味着时时都处于“得其环中，以应无穷”（庄子《齐物论》）的敞开状态，漫游于大象之中，无所不往，所到皆岸。

“执大象”而“天下往”，但是人们却难以意识到这一点。这是因为“大象”“视之不足见”，“听之不足闻”，需要通过体味“无味”之言才能“看”到和“听”到，所以并非每一个人都能“看”到无形之“大象”，“听”到希声之“大音”。《老子》说：“下士闻道，大笑之。”（第四十章）“下士闻道”所以“大笑之”，是因为他们只是停留在“无味”之言的表层，未能真正地“闻”“道”。另外，“无味”之言不像“美食”“声色”那样对人有很大的吸引力，所以“过客”们往往滞于“声色”“美食”，而不愿在“无味”之言中体味“道”，所以也就未能“执大象，天下往”。《老子》因此感叹道：“吾言甚易知也，甚易行也。而人莫之能知也，莫之能行也。”（第七十章）然而“声色”“美食”带给人的只是瞬间之“乐”，只有味“无味”，才能体味到“道”的无穷之“味”。

第 三 十 六 章

将欲翕之，必固张之；[1]将欲弱之，必固强之；将欲去之，必固与之；[2]将欲夺之，必固予之。[3]是谓微明。[4]

柔弱胜强。[5]

鱼不可脱于渊。邦之利器不可以示人。[6]

校释

[1]翕：收敛、闭合。固：原来、已经。张：扩张、张开。

[2]去：脱离。与：在其中。此二句世传本作“将欲废之，必固兴之”。

[3]此句世传本作“必固与之”。

[4]微明：微指日月亏缺，明指日月盛满。《国语·越语下》“明者以为法，微者则是行”，韦昭注：“明谓日月盛满时；微谓亏损薄蚀时。”微明指阴晴圆缺的变化。范应元《老子道德经古本集注》：“然则张之、强之……之时，已有翕之、弱之……之几伏在其中矣。几虽幽微而事已显明也，故曰是谓微明。”

[5]此句世传本多作“柔弱胜刚强”，或作“柔之胜刚，弱之胜强”。

[6]利器：在此指政权。“邦之利器”指国家大权。示：通“寘（置）”，交付。《诗·小雅·鹿鸣》“人之好我，示我周行”，郑玄笺：“示，当作寘。寘，置也。”此章郭店竹简本无。

┃解读┃

马克思说：“辩证法在对现存事物的肯定的理解中同时包含对现存事物的否定的理解，即对现存事物的必然灭亡的理解。”（《马克思恩格斯选集》，人民出版社，1972年，第218页。）任何事物之中都包含着否定的因素，包含着走向反面的趋势。譬如，生命的过程也就是走向死亡的过程，反过来，走向死亡的过程也就是生命存在的过程。所以，当我们说走向死亡时，其隐含的前提是生命存在着。同样，当我们说将闭合时，其隐含的前提是已经张开着。只有生才能走向死（借《老子》的句式即：将欲死之，必固生之），只有已张才能说将闭，只有强才能转向弱，等等。《老子》把这个道理叫作“微明”。“微明”体现了事物变化中的否定和向对立面转化的性质。

由“微明”的道理，可以得到一些启示。由于事物的变化包含着否定的和向对立面转化的性质，所以，强会被弱所否定，被弱所战胜，所以说“柔弱胜强”。柔弱胜强不是说柔弱始终胜强，而是说柔弱将可能胜强。这最突出地体现在“新”“旧”力量的对比上。另外，由于事物的变化总是以其对立面为前提并向其对立面转化，所以，我们便可以从事物变化的现状了解其变化的趋势。当我们知道了事物已经走向强盛之极，我们也就能知道它的变化趋势指向衰弱。这就是“将欲弱之，必固强之”。对于这“微明”的道理，焦竑引王纯甫《老子亿》说：“将欲云者，将然之辞也；必固云者，已然之辞也。造化有消息盈虚之运，人事有吉凶倚伏之理，故物之将欲如彼者，必其已尝如此者也。将然者虽未形，已然者则可见。能据其已然，而逆睹其将然，则虽若幽隐，而实至明白矣。”（《老子翼》）

“微明”的道理对于人的行为也有重要意义。“将欲翕之，必固张之”告诉我们，只有处于张的状态，才有闭的必要，如果原本就是闭合的，也就无须翕了。反过来，强调将翕之，正因为是已张之。掌握“微明”的道理，就是要从“微”中见到“明”的征兆，从“明”中见到“微”的迹象，这样，便可以及早调节。

《老子》说“鱼不可脱于渊”。“渊”是鱼的生存之境，鱼在渊则优游自如，虽强有力者莫能执之，一旦脱渊之陆，则虽蝼蚁也能苦害之，所以，鱼脱渊则无生路。邦之利器是一个国家的生存之主，交付于人则受制于人，国家将亡。所以说“邦之利器不可示人”。后两句与前面的内容联系不紧密，似应为另外一章。

第三十七章

道恒无为也。[1]侯王能守之，而万物将自化。[2]化而欲作，将镇之以无名之朴。[3]夫亦将知足。[4]知足以静，万物将自定。[5]

校释

[1]此句据郭店竹简本，帛书本作“道恒无名”，西汉竹书本作“道恒无为”，世传本作“道常无为而无不为”。

[2]自化：自然化育。

[3]此句据郭店竹简本。作：发生、兴起。镇：抑止。《楚辞·九章·抽思》“愿摇起而横奔兮，览民尤以自镇”，王逸注：“镇，止也。”无名之朴：没有彼此分别的自然状态。此句帛书本与世传本为“吾将镇之以无名之朴”。

[4]此句据郭店竹简本，帛书本作“镇之以无名之朴，夫将不辱”，西汉竹书本作“无名之朴，夫亦将不辱”，第四十四章中讲“知足不辱”；世传本或作“无名之朴，夫亦将无欲”，“欲”有“贪”之意，“无欲”即“不贪”，即“知足”。

[5]以：而。定：成。此二句据郭店竹简本，帛书本、西汉竹书

本作“不辱以静，天地将自正”，世传本或作“不欲以静，天下将自定”。

解读

“道恒无为”与第二十五章中讲的“道法自然”含义相近。“恒无为”则“自然”，“自然”则“恒无为”。“道”自然无为，所以，“万物归焉而弗为主”（第三十四章）。道“生”万物实际上是万物之“自化”。道为“全”，众物是“偏”。“偏无自足，故凭乎外资”（裴頠《崇有论》）。“凭乎外资”乃众物各因其“欲”而“择乎厥宜”。“择乎厥宜，所谓情也”（同上）。“情”是相感而动的态势，在这态势中蕴藏着勃勃生机，所以说“化而欲作”。“化而欲作”是一个从无序到有序的过程，这只体现了“道之动”的一面。“道之动”的另一面是从有序到无序，即“挫其锐，解其纷，和其光，同其尘”（第四章），“复归于无物”（第十四章）。这就是“镇之以无名之朴”。万物在“无名之朴”的背景下，“化感错综”（裴頠《崇有论》），得宜而生。

侯王（执政者）若能遵循“恒无为”的原则，社会中的各种事情也会“自化”，即人们在各自意愿的支配下从事活动。由于生存背景的差异性和特殊性，人们的意愿是各不相同的，这样就形成无数交错的意向和行为。虽然每个人都在“择乎厥宜”，每个人都有其“欲”，但是各种“欲”在无数“欲”的交荡中趋向一种近乎自然的状态。这也是“化而欲作”而“镇之以无名之朴”。“无名之朴”犹如一只看不见的大手，调节着各种意向和行为，其力量是任何执政者的力量所不可比的，执政者的作用只在于如何维护而不在于如何改变“无名之朴”的状态。第三章中讲“使夫知不敢、弗为而已”，第四十九章中说圣人无偏无执协调百姓的意愿（“翕翕焉为天下浑心”），其目的即在于保持“无名之朴”的状态。这样，就可以做到“成事遂功”，而百姓说“我自然也”（第十七章）。

第三十八章

上德不德，是以有德；下德不失德，是以无德。[1]

上德无为而无以为也。[2]上仁为之而无以为也。[3]上义为之而有以为也。[4]上礼为之而莫之应也，则攘臂而扔之。[5]

故失道而后德，[6]失德而后仁，失仁而后义，失义而后礼。

夫礼者，忠信之薄也，而乱之首也。[7]前识者，道之华也，[8]而愚之首也。[9]

是以，大丈夫居其厚而不居其薄，居其实而不居其华。故去彼取此。[10]

校释

[1]德：通“得”。《庄子·天地》：“物得以生谓之德。”《管子·心术上》：“德者，得也。得也者，其谓所得以然也。”《淮南子·齐俗训》：“得其天性谓之德。”“不德”指不执其

得。不失德：执着其得。王弼《老子注》："持谓不失德也。"有德、无德：《庄子·德充符》"德者，成和之修也"，郭象注："事得以成，物得以和，谓之德也。"《庄子·缮性》"夫德，和也"，郭象注："和故无不得。"《庄子·天地》："通于天地者，德也。""有德"意为得以"和"、得以"通"。"无德"意为不"和"、不"通"。成克巩《御定道德经注》："不德者，相忘而化也；不失德者，执而未化也。"徐大椿《道德经注》："上德，德之最上者也。不德，以其与德合体而相忘于德者也。如此则德常在我而终身不离矣。不失德，言保守其德，惟恐失之，则身与德为二，而德终不在我也。"

[2]无以为：无心而为。林希逸《老子鬳斋口义》："以者，有心也。无以为，是无心而为之也。""无为而无以为"指无心于"无为"，不执着"无为"。徐大椿《道德经注》："上德之人，德既在我，无待强有所为而天下自化，本不待有所为也。"世传本此句为"上德无为而无以为，下德为之而有以为"。

[3]为之而无以为：无心于"为之"，不执著"为之"。

[4]为之而有以为：执着于"为之"。

[5]莫之应：没有响应。攘臂：伸出胳臂。扔（rèng）：拉。

[6]失：缺失。

[7]忠信：真诚。薄：衰减。乱：《说文解字》："乱，治也。"杨树达解释"乱"字曰："余谓字当从爪从又，爪、又皆谓手也。……人以一手持丝，又一手持互以收之，丝易乱，以互收之，则有条不紊，故字训治训理也。如此则形义密合无间。"（《积微居小学述林》）杜光庭《道德真经广圣义》："乱者，理也。"首：开端、初始。

[8]前识：成克巩《御定道德经注》："前识者，用智也。"

《秘藏通玄变化六阴洞微遁甲真经》："凡有道之士用阴，无道之士用阳。阳则可测，阴则不可穷也。""前识"即"用智""用阳"，其所知只是一些凸现出来、彼此有别的"现象"（所"现"之"象"），只是"在场者"，即"道之华"。

[9]愚：愚芚（chūn）。《庄子·齐物论》"众人役役，圣人愚芚"，王先谦引司马注云："浑沌不分察。"此句世传本作"而愚之始"。

[10]去：离开。彼：其薄、其华。取（qū）：趋向。此：其厚、其实。此章郭店竹简本无。

解读

"道"和"德"是《老子》一书中两个最重要的概念。在第一章，《老子》着重讲了"道"，在这一章，《老子》重点讲"德"。后人据此把第一章至第三十七章称为"道经"，把第三十八章至第八十一章称为"德经"。《老子》也因此被称为《道德经》。

在第十章的解读部分曾对"德"字做过分析，指出"德"字字形所包含的意思是向着所认定的目标行进，由此而引申出"德"是事物"所得以然"者，是事物"得其性者"，也就是事物得以存在的诸多因素的会聚，是事物的规定性。

通过比较"道"与"德"，可知"道"为"全"，"德"是"偏"；"道"无限，"德"有限。在第十章的解读中说过，人不满足于"既成"状态，不满足于被"限""定"，总想通过不断"扩充"其"德"，以解决存在之"德"的有"限"与无限之间的矛盾。这是人与生俱有的一种形而上的冲动。《老子》说"孔德之容，唯道是从”（第二十一章），就是要把人之“德”扩充为“孔德”“玄德”“恒德”“广德”，以解决有限与无限的矛盾。

无限包含两种含义：一种是状态的“无限”，如无边无际、无所不备等等。一种是过程的无“限”，如无拘无束、无所不可等等。“孔德之容，唯道是从”，是“从”“无限”，还是“从”无“限”？二者的区别便是《老子》所谓“下德”与“上德”的区别。

“下德”所从的是“无限”，所以把自身置于积累的基座，执守自己的一切“得”（德）。然而正如泰戈尔所言，这是妄图通过荒谬地增加有限的阶梯，以求达到无限（“无限”）（《人生的亲证》，商务印书馆，1992年，第85页），其结果是徒劳的。所以《老子》说“下德不失德，是以无德”。“上德”不从“无限”，只从无“限”，所以不滞于其“得”。他不断地“失”去旧有之“得”，又不断地重有所“得”，在这“失”与“得”的过程中，展现自己的无“限”。这就是“德者，同于德；失者，同于失”（第二十三章）。泰戈尔说：“人类最高的欢乐并不在于占有而在于获得，同时那也是失。”（《人生的亲证》，商务印书馆，1992年，第84页。）又说：“只管走过去，不必逗留着采了花朵来保存，因为一路上花朵自会继续开放的。”（《飞鸟集》，湖南人民出版社，1981年，第86页。）唯其如此，才能不断地领略鲜花的芬芳，才能无拘无束地畅游，达到无“限”。这就是“上德不德，是以有德”。“下德”企图通过占有，通过积累而达到（或者如通常人们所说是无限地接近）“无限”，结果因执滞而失“通”失“和”，未能无“限”，“上德”则在不断地“失”而“得”中实现了无“限”。“下德”执滞于一个最终的、永远达不到的“岸”，“上德”则无所执滞，因而所到皆“岸”。

“上德”自然无为，随性随缘，故能无“限”。但是，如果执滞于“无为”，则被“无为”所“限”而不能“无为”。所以，《老子》说“上德无为而无以为也”。“无以为”即无心而为，不执“无为”。《韩非子·解老》说，人们推重无为无思，主要是强调心意不受外物牵制，但是，如果心中常记挂着“无为无思”，那就被“无为无思”所牵制而不是无为无思了。所以，真正的无为，是不把“无为”常记挂在心的。这就是“无为而无以为”。唐代道士成玄英在解释《老子》中的“玄之又玄”时说：“有欲之人唯滞于有，无欲之士又滞于无，故说一玄，以遣双执。又恐行者滞于此玄，今说又玄，更祛后病。既而非但不滞于滞，亦乃不滞于不滞。此则遣之又遣，故曰玄之又玄。”（《道德经义疏》）成玄英对“玄之又玄”的解释并非《老子》本意，但是他强调既不滞于滞，也不滞于不滞的观点，与《老子》“无为而无以为”的思想是一致的。类似的思想也见于禅宗。神会和尚讲：“心闻说菩提，起心取菩提；闻说涅槃，起心取涅槃；闻说空，起心取空；闻说净，起心取净；闻说定，起心取定。此皆是妄心，亦是法缚，亦是法见。……作住涅槃，被涅槃缚；住净，被净缚；住空，被空缚；住定，被定缚。”（《神会和尚禅话录》，中华书局，1996年，第8页。）“住”就是执滞，执滞则被“缚”、被“限”，只有不“执”不“滞”，才能无“限”。

“道”为“全”，“德”总是“偏”。尽管“上德”可以无“限”，但是并不能改变其“偏”的性质，“上德”的特性只在不执“偏”。所以，与“道”之“全”相比，“德”是“道”之“失”，所以《老子》说“失道而后德”。所谓“失”并不是说“道”真的有失，对“道”来说没有失，“道则无遗”嘛。所谓“失”只是说相对于某种“德”之“显”来说，“道”的其他的方面都“隐”去了，看起来似乎是“道”的缺失。

“仁”也是中国古代思想中的一个重要概念。“仁”字的最初含义是爱身体、爱生命，后来进而指爱他人。孔子主张仁者爱人，“爱”是“仁”的核心内容。在第十八章解读中，我们曾说“仁”也有真假之别，真仁应该是内心情感的自然流露，假仁则是外在的做作。孔子说：“巧言令色，鲜矣仁。”（《论语·学而》）又说：“乡愿，德之贼也。”（《论语·阳货》）“巧言令色”和“乡愿”都是外在做作，其貌似“仁”，而实质却是“德之贼”（孔子在这里所讲的“德”指仁德），所以孔子又强调“孝弟（悌）也者，其为仁之本与”（《论语·学而》）。因为“孝悌”是真情实感的表现，不是为了某种外在目的而做作出来的，所以是为“仁”之“本”，由“孝悌”所扩充出来的“仁”才是真“仁”。当“仁”成为一种内在的“自然”时，便是“上仁”。

“上仁”和“上德”的区别在于：“上德”没有内在于己的好恶之情，一切都是随境遇而发。程颢说：“圣人之喜怒，不系于心而系于物。”（《答横渠先生定性书》）“上德”之所为都是“不系于心而系于物”。“上仁”有内在于己的好恶之情（《论语·里仁》有“唯仁者能好人，能恶人”），对人对事的情感都源于其内在的好恶之情。这是一种“为之”。不过，其好恶之情是内心真情实感的流露，并非刻意的做作，所以说“上仁为之而无以为”。但是，比起“不系于心而系于物”的“上德”，“上仁”已有所缺失。《庄子·刻意》说：“好恶者，德之失。”所以说“失德而后仁”。

“义”的含义是得其“宜”。《管子·心术上》说：“义者，谓各处其宜也。”“上德”随境遇而发，“上仁”由真情而始，按《老子》的看法，二者皆得其“宜”。然而，这“宜”并不是外在的，而是内含于其随缘随性的过程之中，而且，“上德”和“上仁”都不执滞于现时之“宜”。“上义”则不同，其行为不是随缘随性，而是“求”其“宜”。“宜”始为，不“宜”则不为，这也就是执于“宜”。所以《老子》说“上义为之而有以为”。“有以为”即有所“执”。“上德”“上仁”之“得”其“宜”是行为的结果，“上义”之“求”其“宜”是行为的前提。这比起自然而为的“上仁”又有缺失，所以说“失仁而后义”。至于借“宜”之名而恣意妄行，为所欲为，已是全然悖道离德，不可称之为“义”。

“义”以“宜”为行为的前提，但是，由于人们的生活背景、处境、价值取向的差异，对什么是“宜”的标准是不同的。如果人们各“执”其“宜”而忽视他人之“宜”，便会导致彼此之间的冲突，导致社会混乱。为此，需要有一定的外在规范制约人的行为，把人们的行为纳入“设定”的“宜”之中，以使社会有“秩序”。“礼”便起这种规范作用。《礼记·仲尼燕居》讲：“礼也者，理也。”又说：“夫礼，所以制中也。”“仁”是一种“情”，“礼”是“理”，“义”是“情”和“理”之间的中介。“制中”即对人们行为的“条理”，使人们的行为能“通情达理”“合情合理”。《左传》讲：“夫礼，所以整民也。”“整”即正，“整民”也就是使民“正”于所“设定”的“宜”。然而，“设定”的“宜”与人们的行为并非都能一致，事实上往往会有很多的不一致，因此而产生行为与规范的冲突，出现“为之而莫之应”局面。这时，“礼”便会强行把人们的行为拉入（即限制在）规范之内，这就是“攘臂而扔之”。如果说“上义”还是主动求“宜”，尚保留一定的自由度的话，那么，“上礼”则更多地表现出一种强制性，使人们被动地合“宜”，其自由度几乎丧失殆尽，所以说“失义而后礼”。至于只重“礼”的形式，以此来掩饰自己，则无疑是属于虚伪做作的“下礼”了。

“上仁”与“上德”的区别在于“为”和“无为”，“上义”和“上仁”的区别在于“执”和“不执”，“上礼”和“上义”的区别在“被动”和“主动”。从“上德”到“上礼”，其间的自由度越来越小，是一个自由度丧失的过程。

“上德无为”，“无为而无不为”（第四十八章）。但是，“无为”不是引之不来，推之不去，迫而不动，感而不应，“无不为”也不是肆无忌惮，恣意妄为，而是随“缘”而“为”。以往人们讲道家“自然无为”往往只注重其“无为”之一面，而忽视其“为”之一面，事实上，道家的“无为”是“为无为”。《老子》说“万物旁作”，“各复其根”（第十六章），《庄子》说：“今已为物也，欲复归根，不亦难乎！”（《知北游》）《老子》所谓“复归”（复归于婴儿、复归于朴）是要达到一种“境界”，要达到这“境界”是很难的，需要长期的修养和功夫，这其中包括遵循一定的规范。符合“规范”意味着“失”去原本的一些“真”，即“忠信之薄”，但这是“治”（也是“复”）的开始。因此《老子》说：“夫礼者，忠信之薄也，而乱之首也。”“乱”在此意为“治”，就像把一团乱丝整理齐顺。第十九章中讲：“或命之，或呼属：视素保朴，少私寡欲。”“命之”“呼属”在很多情况下表现为“礼”的规范。不能把“乱之首”理解为“礼”是乱的原因，而应理解为是治理的起始。由此开始而逐渐地“复归于朴”。当然，这里所讲的“礼”是指“上礼”，至于虚伪做作、徒有其形的“下礼”，或许真是祸乱的一个原因。

由上礼而至于上义进而至于上仁、上德，最后同于“道”，这是一个“治”的过程。至于上仁、上德，则规范与自然合二而一，“礼”的规范作用也就失去了意义。这就是孔子说的“从心所欲不逾矩”（《论语·为政》）。如果说从“道”而到“礼”是自由度不断减少的过程的话，那么，从“礼”开始最后同于“道”，则是自由度不断增加的过程。

《老子》又说：“前识者，道之华也，而愚之首也。”以往人们常把“前识”理解为先知、先见之明等等，把这句话理解为，先见之明是“道”的虚华，是愚昧的开始。这是误解。《老子》是主张“愚”的，在第二十章中讲“我愚人之心也，沌沌兮”，在第六十五章中讲“古之为道者，非以明民也，将以愚之也”。《庄子·天运》篇中讲“愚故道”，苏舆云：“以混沌为道，故由怠而几于愚，则道可得而接焉矣。”所以，这句话应理解为，人之“前识”所知只是“道”之“华”，人不应自以为是地“居”于其“华”，而要“居”于其“实”，即不仅要“知其子”，更要“守其母”。第五十二章中讲：“天下有始，以为天下母。既得其母，以知其子；既知其子，复守其母。”“既得”在“知其子”之前，“复守”在“知其子”之后，“既得”之“母”与“复守”之“母”是不完全等同的。“守其母”是“复”，是包含着“知其子”的“守其母”。王弼注说“母在无名”，这是“始制有名”而又“镇之以无名之朴”的“无名”，是一种“愚（芚）”。这种“愚”包蕴着“识”，是“大智若愚”的“愚”。这样的“愚”虽然没有具体的“识”，但是却具有随机随缘的能力，能在大化之中悠游自如。这是一种大丈夫的表现。所以，《老子》说：“大丈夫居其厚而不居其薄，居其实而不居其华。”

“失道而后德，失德而后仁，失仁而后义，失义而后礼”，讲“道”—礼。“夫礼者，忠信之薄也，而乱之首也。前识者，道之华也，而愚之首也。是以大丈夫居其厚而不居其薄，居其实而不居其华。故去彼取此”，实际上是讲礼—“道”，只不过没有明讲，而是暗含。所以，完整的图式应是："道"—德—仁—义—礼—义—仁—德—"道"。同样，有愚—智—愚的图式。这体现了《老子》"复"的基本框架。"礼""智"是转折点，不能"居"于这一"点"，而是要"复"。"复"在这里不是"重复"，最初的"道"与最后的"同于道"其含义是不尽相同的。《中庸》讲："诚者，天之道也；诚之者，人之道也。"借用在《老子》的框架中则可以说是"道者，天之道也；道之者，人之道也"。"道之者"也就是"从道""为道""同于道"，这就是《老子》的"为无为"。

儒家强调"仁"，实际上是取了上述图式中"仁"的一段，这也许正是最初儒、道两家的区别所在。《吕氏春秋·贵公》言："荆人有遗弓者，而不肯索，曰：'荆人遗之，荆人得之，又何索焉？'孔子闻之，曰：'去其荆而可矣。'老聃闻之，曰：'去其人而可矣。'故老聃则至公矣。"《庄子·则阳》："道者为之公。"儒、道之别由此而见。

第三十九章

昔之得一者：[1]天得一以清，地得一以宁，神得一以灵，谷得一以盈，[2]侯王得一以为天下正。[3]

其致之也：[4]谓天毋已清将恐裂，[5]谓地毋已宁将恐发，[6]谓神毋已灵将恐歇，[7]谓谷毋已盈将恐竭，[8]谓侯王毋已贵以高将恐蹶。[9]

故必贵而以贱为本，必高矣而以下为基。[10]夫是以侯王自谓孤、寡、不穀，[11]此其贱之本欤，[12]非也？

故致数舆无舆。[13]是故不欲禄禄若玉。[14]硌硌若石。[15]

校释

[1]昔：始。一：在此指“分”之一，而非“全”之一，是一物之为一物者。《吕氏春秋·举难》“故择务而贵取一也”，高诱训“一”为“分”。王弼《老子注》：“物皆各得此一以成……各以

其一致此清、宁……”

[2]世传本此后有“万物得一以生”。

[3]正：当中、正中，隐指标准、准则。世传本多作“贞”。

[4]致之：推而极之。此句世传本或作“其致之一也”。

[5]谓：如若。《经词衍释》：“谓，如也。犹假如之词，若如之词也。”世传本无“谓”。毋已：无休止、无节制。《管子·度地》：“岁修增而毋已，时修增而毋已，福及孙子。”世传本作“无以”。河上公释“无以”为“无已”：言天当有阴阳施张，昼夜更用，不可但欲清明无已时，将恐分裂不为天；言地当有高下刚柔，节气五行，不可但欲安静无已时，将恐发泄不为地；言神当有王相囚死休废，不可但欲灵变无已时，将恐虚歇不为神；言谷当有盈缩虚实，不可但欲盈满无已时，将恐枯竭不为谷；言侯王当屈己以下人，汲汲求贤，不可但欲贵高于人无已时，将恐颠蹶失其位。

[6]发：震动。或读fèi，塌陷。

[7]歇：消失。

[8]竭：干涸。世传本此后有“万物无以生将恐灭”。

[9]贵以高：贵与高。世传本作“贵高”。蹶：跌倒。

[10]此二句世传本作“故贵以贱为本，高以下为基”。

[11]孤、寡：都是“独”的意思。不榖：不善的意思。孤、寡、不榖都是春秋战国时期诸侯自称的谦辞。

[12]此句世传本或作“此非以贱为本邪”。

[13]数（shuò）：屡、多。舆：通“誉”。世传本或作“誉”。

[14]禄：世传本多作“琭（lù）”。“琭琭”，珍贵貌。

[15]硌（lì）：同“砾”。“硌硌”即小石块、碎石。世传本作“珞”。此章郭店竹简本无。

解读

任何具体事物都是从不同侧面对“道”的显示，“不同侧面”即事物之所得“一”，事物的特性取决于其所得“一”，天、地、神、谷、侯王各因其“一”而呈现出清、宁、灵、盈、正等不同的特征。事物之得“一”也就是事物之“德”，从过程讲是得“一”，从状态讲是“德”。

一般地说，事物之“德”越“纯”其特征越突出，越具有普遍意义。几何学中的圆是“纯”圆，是一切圆的标准。物理学中的“理想”状态是“纯”状态，是一切现实状态的极致。诸如至真、至善、至美等等也是如此。这往往引发人们求“纯”的欲望。但是，具体事物总是在与他物的“纠缠”中存在的，无休止地求“纯”将会隔断与他物的“纠缠”，危及事物的正常存在。鸽子在飞行中力图减小阻力或许是必要的，但是，如果“悬想在真空中飞行”，那就只能是“竭其所有之力，实未尝有所寸进”，因为它失去了可据为支点能应用其力的抗阻（见康德：《纯粹理性批判》，商务印书馆，1960年，第32页）。所以《老子》不主张“毋已”。

人的性格是丰富的，只有展现丰富的性格才是活生生的具体的人。文学创作中曾有过“高大全”形象，“高大全”即片面求“纯”的表现，一旦成了“高大全”便没有了人味，成为冷的、死的、抽象的人。社会现象是复杂的，如果把复杂的现象简单化就会导致生存的危机。俗话说“水至清则无鱼，人至察则无徒”，“至清”“至察”也就是“毋已清”“毋已察”。《后汉书·黄宪传》讲郭泰游汝南，先拜访袁阆，一天也没有停留就离去了。再去拜访黄宪，住多日才返回。有人问郭泰这是为什么，郭泰说，袁阆就好像一泓泉水，虽然清纯，但是也容易舀取，而黄宪则好像是千顷水面，“澄之不清，淆之不浊，不可量也”。晋代范汪说黄宪“隤然其处顺，渊乎其似道，浅深莫臻其分，清浊未议其方”。这也是说不求绝对的“纯”。《老子》说“必贵而以贱为本，必高矣而以下为基”，不要无休止地求高与贵而排除贱与下，失去了贱与下，高与贵就将颠仆。能像黄宪那样，高下“莫臻其分”，贵贱“未议其方”，便不会有颠仆之危。

无休止地求“纯”，其结果往往是非议。要求一块美玉纯而无瑕，则此玉往往会成为人们挑剔的对象，虽然最后给出一个“瑕不掩瑜”的评价。若不过分求“纯”，则即使一块碎石，也许会因为它的某个特征（比如，驳杂的纹理）而被肯定。《老子》所说“不欲禄禄若玉”，“硌硌若石”，给人们以启示。

泰戈尔说：“最好的东西不是独来的，它伴了所有的东西同来。”（《飞鸟集》，湖南人民出版社，1981年，第108页。）

这一章需着重理解“一”和“毋已”。

第 四 十 章[1]

上士闻道，堇能行于其中；[2] 中士闻道，若闻若亡；[3] 下士闻道，大笑之。弗大笑，不足以为道矣。

是以建言有之：[4] 明道如费，[5] 进道如退，夷道如类。[6] 上德如谷，[7] 大白如辱，[8] 广德如不足，建德如偷，[9] 质真如渝。[10] 大方无隅，[11] 大器曼成，[12] 大音希声，[13] 大象无形。

道褒无名。[14] 夫唯道，善始且善成。[15]

校释

[1]此章在世传本为第四十一章，据帛书本前移。

[2]堇（jǐn）：通“谨”，敬慎，第十五章中讲善为士者“豫兮”“犹兮”“严兮”，第六十三章中讲圣人“犹难之”。能：而。此句帛书甲本残，帛书乙本作“堇能行之”，世传本多作“勤而行之”，据郭店竹简本。

[3]此句帛书甲本残，帛书乙本及世传本作“若存若亡”，据郭

店竹简本。

[4]建言：古语。林希逸《老子鬳斋口义》：“建言者，立言也。言自古立言之士有此数语。”杜道坚：《道德玄经原旨》：“老子五千文引用坟典古语为多。如《经》中凡称‘是以圣人’，称‘古之所谓’，称‘建言有之’，称‘故《圣人》云’，称‘用兵者有言’，是皆明露申述古圣遗言。”

[5]费：帛书整理小组：“费，疑当作曊。”《说文解字》：“曊，目不明也。”此句世传本作“明道若昧”。昧，昏暗。郭店竹简本作“明道如孛”，似可如是解：明有通意。《广雅·释诂一》：“明，通也。”孛有草木茂盛意。“孛”通“茀”，《说文解字》：“茀，道多草不可行。”《国语·周语中》“道茀不可行”，韦昭注：“草秽塞路为茀。”“明道如孛”意为通如塞。

[6]夷：平坦。类：不平。此二句郭店竹简本为“夷道如类，进道如退”。

[7]上：高。谷：深。

[8]辱：参见第二十八章注[5]。

[9]建：通“健”，刚健。偷：怠惰。俞樾《老子平议》：“建当读为健。……健德若偷，言刚健之德，反若偷惰也。”

[10]质：《广雅·释诂四》：“定也。”真：郭店竹简本作“贞”，正。渝：变。成语有“坚贞不渝”。

[11]隅：棱角。

[12]曼：无，没有。帛书甲本残，帛书乙本作“免”，西汉竹书本作“勉”，世传本作“晚”。从与“大器曼成”并列的“大方无隅”“大音希声”“大象无形”来看，讲“晚成”则误。据郭店竹简本。

[13]希声：寂静无声。

[14]褒：大。《淮南子·主术训》“是故得道者不为丑饰，不为伪善，一人被之而不褒，万人蒙之而不褊”，高诱注：“褒，大也。”西汉竹书本作“殷”。《庄子·山木》“翼殷不逝”，陆德明《经典释文》引司马云：“殷，大也。”世传本作“隐”。《楚辞·九叹·远逝》“佩苍龙之蚴虬兮，带隐虹之逶蛇”，王逸注：“隐，大也。”

[15]“道”独立而不改，故曰“善始且善成”。此句世传本多作“善贷且成”。以上三句郭店竹简本无。

解读

“道”为“全”，不可能用平常的“名”来限定它，只能通过一些含混的形容和模糊的描述来“悟”它。所以《老子》常常说一些“惚兮恍兮”“窈兮冥兮”“寂兮寥兮”“渊兮”“湛兮”“似万物之宗”“象帝之先”“谷神”“玄牝”等等在常人看来稀奇古怪的话。对《老子》的这些话，人们的反映是不同的。有的体悟较深，能从《老子》对“道”的这些形容和描述中体悟到人不可能达到像“道”那样的“全”，因而只是“豫兮”“犹兮”“严兮”地行于大化流行之中。这样的人可称之为“上士”。有些人虽然也有所体悟——如前面讲过的杨子，正因为对“可以南，可以北”有所体悟，才会“见逵路而哭”——但是对此不知所措，实际上还没有真正彻悟。这样的人可称之为“中士”。再有相当多的人，听了《老子》那些稀奇古怪的话，觉得不合乎常理，所以大笑之，这种人《老子》称之为“下士”。

下士闻“道”之所以会大笑，是因为他们总是以知“德”的方式去知“道”。“道”是超验的，用经验的方式去把握，必然会觉得荒诞不经。《老子》引用古语说明一旦涉及“道”，涉及“大”（第二十五章中讲“强为之名曰大”），经验便失效了。按常理讲，明就是明，昧就是昧，进就是进，退就是退，夷就是夷，类就是类，但是这首先需要有确定的参照，“道”是独立无对的，没有任何参照，因而也就不能确定其明与昧、进与退、夷与类。按常理讲，方必有隅，器必有成，音必有声，象必有形，但是这只局限于经验范围，一旦涉及超经验的“大”，这些看法便不能成立。有边才有隅，大方是无外的，所以，无边也无隅；有成必有未成，大器无未成之时而常存，所以也就无成。因此，不能按常理去闻“道”。按常理闻“道”而不觉得好笑，那“道”也就不是“道”了。李白《上李邕》：“世人见我恒殊调，闻余大言皆冷笑。”在世人（下士）眼中，《老子》所言不合常理，是殊调，所以闻之而大笑，“弗大笑，不足以为道矣”。

第 四 十 一 章[1]

返也者，道之动也；[2] 弱也者，道之用也。[3] 天下之物生于有、生于无。[4]

道生一，[5] 一生二，[6] 二生三，[7] 三生万物。万物负阴而抱阳，[8] 冲气以为和。[9]

┃校释┃

[1]此章“返也者”至“生于无”在世传本为第四十章，据帛书本后移。“道生一”至“冲气以为和”，郭店竹简本无，世传本在第四十二章，现依据帛书本移入此章，使意思连贯。

[2]返：返归、往返、重复。世传本多作“反”。

[3]弱：郭店竹简本写作“溺”。《郭店楚简·太一生水》：“天道贵弱，削成者以益生者，伐于强，责于坚……”第七十七章中讲“天之道，损有余而益不足”。此处之“弱”即“削成者以益生者”“损有余而益不足”之意。用：功用。

[4]之：世传本多作“万”。生于无：帛书本及世传本都作“有生于无”，据郭店竹简本。

[5]生：化生、显现、展现。参见第二章注[3]。

[6]二：在此指“阴”与“阳”，即后面所讲“负阴而抱阳”。

[7]三：在此指“和”，即后面所讲“冲气以为和”。

[8]负：背负。抱：怀抱。“万物负阴而抱阳”意指阴、阳就蕴含于万物之中。

[9]冲：交荡、涌摇。和：阴阳耦合。

解读

在第二十五章中《老子》说“有脜混成”，“混成”是一种无序状态。在《老子》的“逻辑”中，这种无序状态是“在先”的。在这一章中，《老子》讲“道生一，一生二，二生三，三生万物”，这是一个从无序到有序的过程。在第十四章中，《老子》说“寻寻兮不可名也，复归于无物”，这又是一个从有序到无序的过程。“道”之“动”就体现为这无序和有序的交错往复，所以说“返也者，道之动也”。

第七十七章中讲“天之道，损有余而益不足”。在《老子》看来，“道”的一个重要功用，即在于通过“损有余而益不足”维持万物之间的和谐与平衡，所以说“弱也者，道之用也”。

第十一章中讲“有之以为利，无之以为用”。“有”是事物生成的“质料”，“无”使事物具有自己的“形式”，使事物的“生成”成为现实。事物的生成既有赖于“有”，也有赖于“无”，所以说“天下之物生于有、生于无”。这一句帛书本及世传本皆为“天下之物生于有，有生于无”。这可能是在传抄过程中先变成“又生于无”，因古字“有”通“又”，故讹为“有生于无”。多一“有”字，便把“有”与“无”的并列关系改变了。“有生于无”与《老子》所讲的“有无相生”是不一致的。王弼在注解这句话时说“天下之物，皆以有为生。有之所始，以无为本”，成为魏晋之际玄学“贵无论”的一个核心观点，对后世注《老子》产生了很大的影响，但这已不是《老子》的意思。一定要把《老子》之“无”与王弼之“无”区别开。

裴頠《崇有论》讲“总混群本，宗极之道”，通玄先生《道体论》讲“混无别混，即物为混”，“道”和万物是合一的，“道不离物，物不离道；道外无物，物外无道”（张君相《道德真经集解》）。合而言之为“道”，分而言之为万物。所以，“道生一，一生二，二生三，三生万物”，并非说“道”生出万物，而是说“道”展现为万物。

《庄子·田子方》“有待也而死，有待也而生”，郭象注说：“待隐谓之死，待显谓之生。”《大戴礼记·本命篇》讲“化于阴阳象形而发谓之生”。“道生一，一生二，二生三，三生万物”之“生”是待显之“生”，是“象形而发”之“生”。所以一、二、三、万物都只是从不同的角度展现“道”，而不是在“道”之“外”别有一、二、三、万物。第二十八章中讲“朴散则为器”，“器”是“朴”之“散”，不是在“朴”之“外”别有“器”，因此有“大制无割”之说。

第二十五章中讲“有脜混成”，第十四章中讲“故混而为一”，这也就是所谓“道生一”。《吕氏春秋·大乐》说“道”“不可为形，不可为名，强为之名，谓之太一”。《管子·心术上》说“道”是“其大无外，其小无内”。“道”之“一”即“无外”“无内”之“太一”。

在第二章中，《老子》通过一系列“相反相成”的事情说明对立面的相互依存构成了矛盾的统一。统一体包含着矛盾双方，所以是“全”，也可以说是“恒”。“恒道”之“全”不仅仅是说“道”包罗无遗，无所不备，更重要的是说“道”也是对立面的统一。在中国古代，人们多用“阴”和“阳”来表示对立的两个方面。阴阳不是独立于万物的两种东西，而是无数矛盾对立的共同性质，《老子》称之为“气”。阴阳之“气”蕴涵于万物之中，所以说“万物负阴而抱阳”，不是离了万物别有阴阳。前面说“道”和万物是合一的，从万物讲是“万物负阴而抱阳”，从“道”讲是“一阴一阳之谓道”（《易传·系辞上》）。“混而为一”的“一”展现为“负阴抱阳”“一阴一阳”的“二”，所以说“一生二”。

“万物负阴而抱阳”“一阴一阳之谓道”不能理解为是阴和阳各为一半或是一面，阴阳双方是纠缠在一起的。阴阳双方互蕴互涵，相摩相荡的过程即“冲气以为和”。这个“和”是阴阳合一的展现，所以说“二生三”。这个“三”实际上还是那个“一”，但是与“一”又有所不同，“一”强调的是“惚兮恍兮”“窈兮冥兮”，“三”强调的是“有象”“有物”“有情”“有信”。“三”是包含着阴阳相“冲”的“一”，之所以不只是讲“一”，还要讲“三”，就是要体现那“冲”。没有“冲”就没有物，所以说“三生万物”。

万物包括在人看来所有“在场”和“不在场”之“物”。《老子》说“出生，入死”（第五十章），即出为生（显）、入为死（隐）。任何具体之“物”都有个出入、显隐，有个上场、下场。不在场指未上场和已下场的。对具体之“物”而言，有未上场和已下场，对“道”来说，所有的“物”都“在”。具体之“物”的上场、下场是不停地变化的，“道”的存在是“独立而不改”的。“道”与万物的关系是：总混群本，混而为一——一生二，二生三，三生万物——万物旁作，各复其根，复归于无物。从“混”讲，“道”是一团“动”，从“一”讲，“道”不改。

这一章应注意理解“冲”和“生”。

第四十二章

人之所恶，唯孤、寡、不榖，[1]而王公以自名也。物或损之而益，益之而损。[2]故人之所教，亦我而教人。[3]故强梁者不得其死，[4]吾将以为教父。[5]

校释

[1]世传本在此前有“道生一，一生二，二生三，三生万物。万物负阴而抱阳，冲气以为和”。据帛书本移至前章。人之所恶：帛书甲本作“天下之所恶”。孤、寡、不榖：见第三十九章注[11]。

[2]物：事情。损：减少、抑制等。益：增加、助长等。

[3]而：以。此二句世传各本多异，王弼本作“人之所教，我亦教之”。

[4]强梁：勇悍倔强。此句帛书乙本残，帛书甲本作“故强梁者不得死”，据世传本。

[5]教：据世传本。上所施下所效。帛书本、西汉竹书本、傅奕本作“学”，同“斅”（xiào），也是上施下效的意思。父（fǔ）：始。此章郭店竹简本无。

| 解读 |

这一章世传本分两部分，前一部分讲“道”和万物的关系，根据帛书本《老子》移至上一章，把后一部分作为单独的一章。

《周易》中有“谦”卦，《易传·象传》说“谦谦君子，卑以自牧也”。天子、诸侯常常以孤、寡、不穀自称，就是“卑以自牧”。世人常讲卑职、拙文、鄙人等等，也是表示谦卑，不自高自大。当然，孤、寡、不穀也好，卑职、拙文也好，都只是表面上的一种表示，真正的谦下是要体现在行为之中的。封建社会的君主一方面以孤、寡、不穀自称，另一方面又认为“溥天之下，莫非王土；率土之滨，莫非王臣”（《诗·小雅·北山》），可见其所谓谦下是不真诚的。

《孟子·公孙丑》章有“揠苗助长”的故事，讲宋国有一个人嫌自己田里的禾苗长得太慢，便动手把禾苗都拔高了一节，结果，田里的苗都枯萎了。这便是“益之而损”。《庄子·应帝王》中讲南海之帝倏和北海之帝忽为报答中央之帝混沌的款待，帮助混沌凿耳目七窍，一天凿一窍，七天凿成七窍，混沌也被凿死了。这也是“益之而损”。

《周易》中有“损”卦和“益”卦。《易传·系辞下》说：“损以远害，益以兴利。”《老子》比较重视“损以远害”。《庄子·天下》说老聃是“人皆取先，己独取后”，“人皆取实，己独取虚”，“人皆求福，己独曲全”，为的是“苟免于咎”。在第二十九章解读中曾提到西晋陆机说“经始权其多福，虑终取其少祸”（《五等论》）。“权其多福”与“取其少祸”是两种不同的思路，前者注重眼前的利益，后者着眼长远的结局。由于人的认识能力和实践能力的局限性，由于事物联系和变化的复杂性，由于福与祸、功与过、是与非、治与乱、善与恶等等的不对称性，人的“易犯过失”的可能性远远大于“可臻完善”的期望，所以，开始的求福往往变成结果的取祸，这也可以说是“益之而损”。反过来，因取其少祸而得益是“损之而益”。“福莫大于无祸，祸莫大于求福”（吕坤《呻吟语》卷六）。

《老子》主张通过“损”达到无为。第四十八章中讲，“为道者日损。损之又损，以至于无为”。“损”就是要损去违反自然的人为。像“揠苗助长”“混沌凿窍”都是违反自然的，都要“损”去，直到“损”至没有违反自然的行为，即“以至于无为”。至于“无为”则“无不为”，这也就是“损之而益”。违反自然而恣意妄为，以求满足自己不断膨胀的欲望，《老子》称之为“益生”，“益生”会有祸殃（参见第五十五章中所讲“益生曰祥”）。强梁就是要“益生”，而结果是“不得其死”——不能使生命过程自然终结。这也可以说是“益之而损”。《老子》以“强梁者不得其死”作为使人觉悟的开端，目的就是要使人们懂得“损之而益，益之而损”的道理。五代谭峭说，“病在于增不在于损”，“自古及今，未有亡于俭者也”（《化书·俭化》）。王守仁说，“精神、道德、言动，大率以收敛为主”（《传习录》）。二人之言都强调“损”。

第四十三章

天下之至柔，驰骋于天下之至坚。[1]无有入于无间。[2]

吾是以知无为之有益也。

不言之教，无为之益，天下希能及之矣。[3]

校释

[1]驰骋：奔驰、纵横自如。

[2]有：专执、执着。入：达到。间：阻隔。

[3]希：少。此章郭店竹简本无。

解读

水是天下之至柔，然而水的力量却可以冲决任何坚硬的东西。滴水穿石、惊涛裂岸，都显示出水的力量。杜甫《瞿塘怀古》云："西南万壑注，勍敌两崖开。地与山根裂，江从月窟来。"立于三峡夔门，不能不感叹"天下之至柔，驰骋于天下之至坚"的至理。水能驰骋于天下之至坚，除了具有一定的势能外，最主要的是水能不执常形而随物赋形，遇方则方，遇圆则圆，或横无际涯，或涓流入微，所以能无所不到。这就是“无有入于无间”。只有不执，才能通达，才能无所不到。《老子》由此“悟”到了“无为之益”，即顺应自然，无执无为，如此则能畅游于大道之中而无窒碍。

《老子》说：“吾言甚易知也，甚易行也。而人莫之能知也，莫之能行也。”（第七十章）自然无为的道理本不难理解，也不难实行，只是由于人们竞奔于“占有”的跑道上，企图跑到“无限”或不断地接近“无限”，因此对“无为之益”不以为然，所以《老子》说“天下希能及之矣”。

第四十四章

名与身孰亲？[1]身与货孰多？[2]得与亡孰病？[3]

甚爱必大费，[4]厚藏必多亡。[5]

故知足不辱，[6]知止不殆，[7]可以长久。

校释

[1]名：声名、名誉。身：生命、自我。亲：珍爱。此句意为，名与身哪个更值得珍爱？

[2]多：重视。此句意为，身与货哪个更值得重视？

[3]得：在此指求取名利。《吕氏春秋·顺说》“臣弗得也”，高诱注：“得，犹取也。”亡：在此指丧失自我。病：忧虑。此句意为，求取名利与丧失自我哪个更令人忧虑？苏辙《老子解》：“不得者以亡为病，及其既得而患失，则病又有甚于亡者，惟齐有无、均得丧，而后无病也。”

[4]甚：过分。爱：喜好。费：劳心费神。此句意为，过分喜好必然会极度劳心费神。

[5]此句世传本作“多藏必厚亡”，“厚”亦“多”。藏：储

藏、占有。

[6]辱：挫。《孙膑兵法·十阵》：“或击其迂，或辱其锐。”《老子》也讲“挫其锐”（见第四、五十六章）。《庄子·天下》“锐则挫矣”，郭象注：“进躁无崖为锐。”“知足”则不会“进躁无崖”，故不受挫。

[7]殆：困乏、衰败。《庄子·养生主》“吾生也有涯，而知也无涯，以有涯随无涯，殆已”，郭象注：“以有限之性寻无极之知，安得而不困哉！”

解读

人生是以生命为核心的一个构成过程，人生的意义在一系列的构成中展开。在展开的过程中形成“我”。“我”的出现在人生中具有重要的意义，不出现“我”则人与物无异。“我”不是“你”，也不是“他”，“我”的价值就在于其不可替代性。如果“我”可用他物替代，“我”的价值也就失去了，也就没有“我”了。“百万富翁”是可替代的，“达官贵人”是可替代的，唯有“我”不可替代，是无价的。《韩非子·显学》中曾讲有“轻物重生”之士“不以天下大利易其胫一毛”，这里的“生”即指“我”。因为“我”是不可替代的，所以即使以天下之大利也不可伤“我”一毫。“重生”所重实际上是“我”的价值。《吕氏春秋·审为》中说，当有人要以砍头换帽子，以杀身换衣服时，人们一定会认为这人不正常，因为这人不知“轻”“重”。可见对于孰轻孰重，一般的人似乎都明白。但是，当其涉及“我”与名利的关系时，人们却未必都那么清醒。第二十六章解读中曾引《庄子·骈拇》中的话：“自三代以下者，天下莫不以物易其性矣：小人则以身殉利，士则以身殉名，大夫则以身殉家，圣人则以身殉天下。故此数子者，事业不同，名声异号，其伤性以身为殉，一也。”“以物易性”“以身为殉”与《吕氏春秋》中所讲“断首以易冠，杀身以易衣”同出一辙。所以，《老子》提醒人们深思：“名与身孰亲？身与货孰多？得与亡孰病？”

“我”的丧失往往是因为不知足、不知止。所谓不知足就是一味地追求外在名利的占有，所谓不知止就是不明白自己的“处境”而“以有涯随无涯”。《庄子·大宗师》：“知天之所为，知人之所为者，至矣。”“知人之所为”也就是要知道人能做到什么，要“止”于人所能为。“上德不德”是“知止”，“下德不失德”是“不知止”。人的许多挫折和困乏都是由于不知足、不知止而产生的。第四十六章中讲“罪莫厚乎甚欲，咎莫憯乎欲得，祸莫大乎不知足”。因倾慕富贵而焦虑，因占有名利而失去“我”，可以说是最大的过失和不幸。只有“知足”“知止”才能消解焦虑，保持本然真性，不致失去“我”。所以《老子》说“知足不辱，知止不殆，可以长久”。

第 四 十 五 章

大成若缺，其用不敝；[1] 大盈若冲，[2] 其用不穷。

大直若诎，[3] 大巧若拙，大赢若炳。[4]

躁胜寒，[5] 静胜热。[6] 清静为天下定。[7]

校释

[1]大成：最完满。缺：破缺。敝：衰竭。王弼《老子注》："随物而成，不为一象，故若缺也。"

[2]冲：空虚。王弼《老子注》："随物而与，无所爱矜，故若冲也。"

[3]诎：同屈，弯曲。王弼《老子注》："随物而直，直不在一，故若屈也。"

[4]大赢若炳：高明《帛书老子校注》："'炳'假借为'肭'，'赢'指赢余，'肭'谓亏损或不足。'赢肭'本来就是一个复音词，也谓'盈不足'是我国古代计算盈亏问题的一种算术方法。……'大赢如肭'，犹谓最大的赢余如若亏损。"此句西汉竹书本作"大盛如绌"，世传本作"大辩若讷"。以上三句郭店竹

简本作“大巧若拙，大成若诎，大直若屈”。

[5]躁：急动。寒：郭店竹简本作“滄”。胜：克制。河上公《老子道德经章句》：“胜，极也。”

[6]静：郭店竹简本作“清”。

[7]为：则、而。定：安定。此句帛书本作“清静可以为天下正”，世传本多做“清静为天下正”，严遵本作“能静能清为天下正”，郭店竹简本作“清清为天下定”。裘锡圭说，简文“清清”似当读为“清静”。从裘说。

解读

在第四十章解读中我们讲过一旦涉及“大”，经验便失效了，便不能再按常识去理解。在这一章中《老子》又讲到“大”，其意图同样是要人们跳出经验的圈子，体悟“道”的玄妙。

《老子》在第四十一章中讲：“道生一，一生二，二生三，三生万物。”“一”本身是“静”的，可是其中已经蕴含着“二”，“二”是阴阳两种势力的交荡，所以“二”体现出“动”。阴阳交荡而达到“和”，形成对立统一体，即“三”。这个“三”实际上还是那个“一”，所以“三”又表现为“静”，但是，是包含着“动”的“静”，由此而“生”万物。“万物旁作”表现出“动”，但是又蕴涵着“静”——“天道员员，各复其根。归根曰静”（第十六章）。可见“动”“静”始终交错存在于全过程中，所以，《老子》既讲“静”也讲“动”。中国传统文化认为阳主动，阴主静，躁、热为阳，静、寒为阴，《老子》说“万物负阴而抱阳，冲气以为和”（第四十一章），强调的是阴阳、动静的和谐。“一”无“二”则寒，所以“二”胜“一”；“二”无“三”

则热，所以“三”胜“二”。这就是“躁胜寒，静胜热”。

虽然说一、二、三、万物都是“道”的不同展现，但是，《老子》还是把“逻辑”起点放在了“道生一”，把“逻辑”终点放在了“归根曰静”。所以，在动静问题上，《老子》更强调“静”，讲“静为躁君”（第二十六章），认为静是动之所归。就人的行为来说，《老子》主张无为，“无为”是“应”，“应”即“静”，所以也主张清静。徐大椿《道德经注》：“天下纷纷纭纭，若我亦用智术以相逐，则愈乱而不可理矣。惟以清静处之，则无为而自化，亦如静之胜热矣。”躁动会使心失去主宰，“驰骋田猎使人心发狂”（第十二章）就是躁动失重的表现。清静才能稳重，“天下之交也，牝恒以静胜牡”（第六十一章），显示了“静”的优越，所以说“清静为天下定”。

第四十六章

天下有道，却走马以粪。[1]天下无道，戎马生于郊。[2]

罪莫厚乎甚欲，[3]咎莫憯乎欲得，[4]祸莫大乎不知足。[5]

故知足之为足，此恒足矣。[6]

校释

[1]道：在此指好的政治局面。却：返回。走马：疾驰奔跑的马，在此指战马。粪：施肥，在此指耕种。

[2]戎马：战马。郊：两国相交处，在此指战地。以上四句郭店竹简本无。

[3]罪：过错、过失。厚：重。甚：过分。

[4]咎：过失。欲得：贪得。

[5]祸：损害、危害。以上三句帛书本作“罪莫大于可欲，祸莫大于不知足，咎莫憯于欲得”。世传本或作“祸莫大于不知足，咎莫大于欲得”。从郭店竹简本。

[6]知足之为足：《韩非子·喻老》同，帛书本残，世传本作“知足之足”，据郭店竹简本。恒足：全足。世传本作“常足”。

解读

这一章前两句讲反对战争，希望和平，与第三十章中所讲“师之所处，荆棘生之”，第三十一章中所讲“兵者不祥之器”意思相同。历史上有的人认为《老子》是一部兵书，如果从兵法的角度去读《老子》这部书，的确可以从中引出许多“兵书”式的理解。然而，《老子》毕竟不是讲兵法，倒是反复地讲反对战争，所以才说“善者果而已，不以取强”（第三十章）。实际上，不是《老子》是兵书，而是以读兵书的观念去读《老子》，从而把《老子》“读”成了兵书。同样，用其他的观念去读《老子》，还会“读”出各种各样的《老子》来。德国哲学家叔本华曾说书好比一面镜子，一头驴子照进去不会看出一个美女来。如果不做贬义的理解，那么叔本华这句话正反映出读者对文本的影响。更何况《老子》五千言惚兮恍兮，微妙玄达，深不可识，做出各种解释也就不足为奇了。人们常说有一千个读者就有一千个哈姆雷特，同样可以说有一千个读者就会有一千种《老子》。但是，《老子》反对战争的观点讲得还是比较明确的。

王弼注说：“天下有道，知足知止，无求于外，各修其内而已，故却走马以治田粪也。贪欲无厌，不修其内，各求于外，故戎马生于郊也。”导致战争的一个重要原因就是人们为了各自利益的争夺，所以《老子》接着又讲“知足”。在《老子》中多次讲到“知足”（参见第三十三、第四十四等章）。

人的需要的满足是生活幸福的重要条件，饥寒交迫是没有幸福可言的，所以，追求需要的满足是人生活中既重要又正当的内容。按照美国心理学家亚伯拉罕·马斯洛的划分，人的需要大体上可分为由于缺乏产生的需要和存在价值的需要两大部分。前者依次包括生理需要、安全需要、爱的需要、尊重需要等等，其层次逐级递增，一级比一级高。后者主要是为了实现自我，是最高层次的需要。

马斯洛认为，只有低层次的需要得到基本满足，才有可能出现较高层次的需要。需要层次越低，对于维持生存就越迫切，层次越高，对于人生意义的价值就越大。在缺乏性的需要中，生理需要的限度比较明确，肚子吃饱后就满足了食欲，性能量发泄后就满足了性欲，而其他需要的限度就不很明确，很大程度上取决于人心理的确认。同样的处境，有的人会产生焦虑，有的人则不产生焦虑，有的人会觉得受尊重，有的人会觉得受冷落。至于存在价值的需要，则是一个延续的过程。对于需要的满足方式也是不同的，有的通过“物”的活动，如生理的、社会的方式来满足，有的通过“心”的活动来满足。由于“物”对人的生存具有非常重要的意义，人们往往容易把满足各种需要都与“物”的活动联系起来，如试图通过财富或权力来获得“友谊”和“尊重”，通过财富的占有来表征“自我实现”等等。如果把需要的限度定位于足够大，甚至趋于“无限”，同时又把满足各种需要都与“物”的获得联系起来，那就会出现《老子》所说的甚欲、欲得、不知足等等情况。由此往往会引发焦虑、痛苦和危害。所以《老子》说要“知足之为足”。就是说，只有知“足”，即知道什么是“足”、怎么样“足”，对需要限度的定位以及满足需要的相应途径有正确的认识，才能使各种需要得到相应的满足，即“恒足”。

实际上，除了生理需要之外，其他需要的满足都不是孤立的。

满足较低层次的需要，为较高层次需要的满足提供条件，而较高层次需要的满足，又反过来使较低层次需要的满足更加充实。人生的幸福和愉快就体现在各种需要满足的和谐之中。在第十二章解读中曾讲到“孔颜之乐”。孔子和颜渊有“乐”，首先是他们的生存需要得到基本满足。颜渊有“一箪食，一瓢饮”，还有“陋巷”可居，孔子也可“饭疏食饮水”，这是“孔颜之乐”的必要条件。但是，“孔颜之乐”更重要的是他们的自我实现的需求得到满足，即做自己愿意做的事，做到“从心所欲不逾矩”。《老子》讲“上德不德，是以有德”（第三十八章），讲“无为而无不为”（第四十八章），也是自我实现的一种形式，要达到这样的境界也需要有一定的物质基础，所以《老子》强调要“实其腹”，要“强其骨”（第三章）。

按照马斯洛的理论，高级需要的满足能引起更深刻的幸福感、宁静感，以及内心生活的丰富感。马斯洛指出，那些两种需要（即较低级的需要和较高级的需要）都满足过的人们，通常认为高级需要比低级需要具有更大的价值。他们愿意为高级需要的满足牺牲更多的东西，而且更容易忍受低级需要满足的丧失（见《自我实现的人》，三联书店，1987年，第159—165页）。孔子说：“富而可求也，虽执鞭之士，吾亦为之。如不可求，从吾所好。”（《论语·述而》）“不可求”包含不能为了获得财富而损害自我，不能为了获得财富去迫使自己干不愿意干的事。“从吾所好”就是随自己的意趣生活。陶渊明任彭泽令，因不愿为五斗米折腰而辞官回家，作《归去来辞》，其中讲到他由于心为形所役使而感到惆怅和悲哀（“既自以心为形役，奚惆怅而独悲”），表达了要随自己的心意去生活的意愿（“寓形宇内复几时，曷不委心任去留”）。孔子和陶渊明可能会为此丧失一些低级需要的满足，但是他们得到更高需要的满足，更高需要的满足能够消解对较低需要的过分追求。这就是“知足之为足”。最有价值的需要得到满足，较低层次需要的吸引力将降低，所以说“此恒足矣”。

第四十七章

不出于户，以知天下；[1] 不窥于牖，以知天道。[2] 其出弥远，其知弥少。[3]

是以圣人弗行而知，弗见而名，[4] 弗为而成。

校释

[1]出：离开。以：而。河上公《老子道德经章句》：“圣人不出户以知天下者，以己身知人身，以己家知人家，所以见天下也。”

[2]窥：探头观看。知：世传本作“见”。天道：自然之道。

[3]成克巩《御定道德经注》：“天地不可以形尽。足之所至，见其形耳，虽远，岂能尽乎？”

[4]名：西汉竹书本作“命”，世传本或作“明”。此章郭店竹简本无。

解读

在第一章解读中我们曾讲到过“杨子见逵路而哭之，为其可以南可以北”。《老子》对“道”的体悟或许也受“逵路”（四通八达之“大”路）的启发，所以才用“道”这个字。面对四通八达的“大”路而不知该怎样择路而行时，便有可能发出“道可道也，非恒道也”的感叹。可以说，不论在什么地方，当面对众多选择的可能而难做取舍时，都有可能发出这样的感叹。这是体悟“道”的关键所在。对“道”的体悟在“四达之衢”而不在“一达之道”，在“环中”而不在“圆周”。一旦“离开”“四达之衢”而“行”于“一达之道”，便与悟“道”无缘了。“出户”“窥牖”皆喻“离开”“四达之衢”而“行”于“一达之道”，所以说“不出于户，以知天下；不窥于牖，以知天道”。即保持知“全”的敞开性。帕斯卡尔说宇宙是一个“处处都是球心，没有哪里是球面”的“球”（见《思想录》，商务印书馆，1985年，第29页），如是，则人始终处于“球心”，具有“应无穷”的态势，只是由于人们忘记了自己的“处境”，执意要求得一个“持久的最后据点”，所以，只知疾步行走，不知驻足体味，把自己“限定”在设定的“一达”之“道（路）”上，越来越远离“四达之衢”，远离“应无穷”的态势，因此，也就越来越难以知“全”，越来越难以悟“道”。这就是“其出弥远，其知弥少”。

“少”是相对知“全”而言的，不是相对知“偏”而言。事实上，随着人们向“外”探求的扩展，相对于每一“偏”的“知”可以“弥多”，这些“知”自有其用。既不能以“偏”概“全”，以知“偏”代替知“全”的意义；也不能以“全”盖“偏”，以知“全”抹杀知“偏”的重要性。所以《老子》说要“既得其母，以知其子；既知其子，复守其母”（第五十二章）。在“守其母”的前提下“知其子”，则可避免“弥远”“弥少”之病，在所“出”之任何一点保持“应无穷”的态势。

对“道”的体悟的最终目的，是要通过悟“道”而晓得人不可能“全”。《庄子·天下》说“选则不遍”，而人不能不“选”，故不能不“偏”。人在任何时候都面临着南则不能北、东则不能西的尴尬局面，人的任何选择和行为都是“德（得）”与“失”并存的，得其一而失其余。既然如此，人就得认可自己的“偏”。人所能做的是虽“偏”而不“执”“偏”，不执着于“持久的最后据点”，应当下之“境遇”，顺自然之“舟流”，“纵一苇之所如，凌万顷之茫然”（苏轼《赤壁赋》），在“德（得）”与“失”的过程中无所不往，所到皆岸。《老子》说圣人“弗为而成”，“弗为”即“自然”，“所到皆岸”则“常成”。

第四十八章

为学者日益，[1]为道者日损。[2]损之又损，以至于无为。无为而无不为。[3]

取天下，恒无事。[4]及其有事也，不足以取天下。[5]

校释

[1]学：《说苑·建本》：“学，所以益才也。”日益：指知识、技能等天天增加。河上公《老子道德经章句》：“学谓政教礼乐之学也。日益者，情欲文饰日以益多。”徐大椿《道德经注》：“博闻广见之谓学。学在于外，故为学必日有所取益。”此句郭店竹简本作“学者日益”，世传本作“为学日益”。

[2]为道者：犹如第二十一章中所讲“孔德之容，唯道是从”。日损：即“去甚、去泰、去奢”（第二十九章），使欲望不断减少。河上公《老子道德经章句》：“日损者，情欲文饰日以消损。”此句帛书甲本残，帛书乙本作“闻道者日损”，世传本作“为道日损”。

[3]无为而无不为：帛书本缺损，高明《帛书老子校注》中讲

《老子》没有“无为而无不为”的说法，据郭店竹简本知高说误。

[4]取：治理。恒：全、都。无事：也就是“无为”。此二句世传本作“取天下常以无事”。

[5]本章最后四句郭店竹简本无。

解读

在第三十八章解读中我们讲过在人的内心有一种与生俱有的克服局限的冲动，这种冲动表现为对无限的追求。无限有“无限”与无“限”之分。“上德不德”是要实现无“限”，“下德不失德”是力图达到“无限”。这一章中所讲的“为学者”与“为道者”的区别也类似于“下德”与“上德”的区别。

“为学者日益”就是指“为学者”想要通过不断增加知识和提高技能的水平，以提高人支配外物的能力，增加人所占有的财富，从而摆脱外物的制约。这是当今社会中占主导地位的观念。这种观念基于这样的前提，即人的生活的幸福与人的支配力（对物的支配与对人的支配）的大小相关。这种观念以“现在”为参照，认为过去的人生活不如现在的人幸福，现在的人生活不如将来的人幸福，其原因就在于不同时代人们的“力”大小不同，后人的“力”总要比前人的“力”大。但是，这样的前提是经不住追问的。因为，第一，过去、现在、将来的对比带有很大的设定成分，即，实际上都是现在的人站在现在的参照系中对过去和将来幸福度的一种设定。考虑到过去之前还有过去，一直可以追溯到人的“起点”，将来之后还有将来，一直可以延续到人的“终点”，而每一代人都可以“现在人”的身份做这样的设定，那么，现在人的幸福度并不见得比过去的人更强，将来人的幸福度也不见得比现在的人更强。王羲之说“后之视今，亦由今之视昔”（《兰亭集序》），同样，今之视后，亦由昔之视今。第二，这种设定忽视了个体感受的不可传递性。如果考虑到每一代人对生活的感受都是从“零”开始的，那么，每一代人对幸福的心理感受的区别并不如想象的那么大。谁能断定现在的人就一定比孔子、颜回更“乐”？对个体来说，虽然其感受具有一定的连续性，但是同时感受也有适应性，所以幸福度的变化也不像想象的那么明显。《说苑·杂言》讲“入兰芝之室，久而不闻其香”；“入鲍鱼之肆，久而不闻其臭”。撇开其中包含的价值评价，仅就感受而言，兰芝之室与鲍鱼之肆的区别只在短暂，而不在长久。也许正是这一点导致人们不断地追求变、变、变！

“为道者”也是要摆脱局限，但是，他不是通过人与“限”的冲突来实现摆脱局限的目的，而是要通过人与“限”的相容来实现无“限”。所以，他不断地“损”去那些导致人与“限”冲突的东西，直到使“限”失去其作用。这就是“损之又损，以至于无为”。“至于无为”即与“限”没有冲突，“无不为”即无“限”。当然，以“为道”为主导思想并不绝对排除“为学”，而只是要“损”去引起与“限”不相容的东西，如甚欲、贪得等等。如果“为学”不导致与“限”的冲突，那么，“为道”与“为学”是可以兼容的，甚至“为学”还可能有助于“为道”。譬如，陆希声说：“夫为学者博闻多识以通于理，故日益；为道者秉要执本以简于事，故日损。夫理明则事定，故学之日益实资道之日损也。”（《道德真经传》）英国学者李约瑟说：“能够实现‘无为’，这就意味着要通过基本上是科学的观察而取法自然。”（《中国科学技术史》第2卷，科学出版社、上海古籍出版社，1990年，第79页。）再譬如，科学技术水平和生产力水平的“日益”有助于以消耗尽量小的力量、尽量少的资源满足人们的生存需求，有助于将人们为了生存需求的工作日尽量地缩短。但是，这需要转变人们的观念。根据弗洛姆的思想，就是要把占有的观念转化为生存的观念，这样才能使“为学”与“为道”相容。如果是以追求不断增加占有为目的的“为学”，那与“为道”是格格不入的。

在第三十三章的解读中我们曾说有两种不同的思路，一种思路是要通过不断增加（即“日益”）分子来增加分数的“值”，另一种思路是要通过不断减少（即“日损”）分母来增加分数的“值”，“为学”和“为道”的分别也可以从这两种不同的思路来讲。从理论上讲，这两种思路并不矛盾，但是，实际上人们往往更愿意通过增加财富（即分子）来满足不断增加的欲望（即分母），而欲望的增加越发刺激人更快地增加财富，形成“正反馈”式的循环。在这种循环中人们并没有增加幸福，反而因此减少了人活动的“自由度”，这就是“益之而损”（第四十二章）。幸福在很大程度上是一种感受，是欲望和占有财富之间的和谐，《老子》主张通过“损”来达到“和”，增加人活动的“自由度”，这叫“损之而益”（第四十二章）。“损”比“益”更难，也更需要力量，所以《老子》说“胜人者，有力也；自胜者，强也”（第三十三章）。人们往往认为《老子》以及道家的学说缺乏力度，这是对道家学说的误解。

《老子》主张应尽最大的可能让百姓按自己的意愿去生活，主张不要把统治者的意志强加给百姓。第四十九章中讲“圣人恒无心，以百姓之心为心”。统治者的事情在于协调百姓的意愿，“为天下浑心”（第四十九章），而不是指手画脚。这就是“无事”。指教百姓应当这样、应当那样是“有事”，“有事”则不足以治理天下。

这一章的重点是要正确理解《老子》所讲的“为学”和“为道”。

第四十九章

圣人恒无心，以百姓之心为心。[1]善者善之，不善者亦善之，德善也；信者信之，不信者亦信之，德信也。[2]圣人之在天下也，翕翕焉为天下浑心。[3]百姓皆注其耳目焉，[4]圣人皆孩之。[5]

校释

[1]恒无心：没有任何自己的意图和谋划。以百姓之心为心：顺从于百姓的意愿。《礼记·大学》中有“民之所好好之，民之所恶恶之”。此二句世传本作“圣人无常心，以百姓心为心”。

[2]帛书原文为“不善者亦善之”，“不信者亦信之”。从文意上看，似应为“不善者不善之”，“不信者不信之”，但无可靠的证据，今存疑于此。注释与解读则按“不善之”“不信之”解。善：喜爱、赞许。信：信任。德：得。如果按“亦”字解，那么，善：和善。信：诚信。此数句世传本作“善者吾善之，不善者吾亦善之，德善；信者吾信之，不信者吾亦信之，德信”。

[3]翕翕：无所偏执。浑：混合、调和。《庄子·则阳》：“大人合并而为公。”“浑心”世传本作“浑其心”。

[4]注：注意于。《管子·君臣下》“君人者上注，臣人者下注。上注者纪天时、务民力；下注者发地利、足财用也”，尹知章注：“‘上注’谓注意于上天，‘下注’谓注意于下地。”“注其耳目”意指注意于各自的见识和了解。帛书甲本作“属耳目”，属意于视听见闻。王弼本无此句，但是其有注曰“各用聪明”。

[5]孩：通“赅”（见《康熙字典》）。《庄子·齐物论》“百骸九窍六藏，赅而存焉”，《经典释文》：“司马云：备也。……简文云：兼也。”西汉竹书本作“晐”，《说文解字》：“晐，兼晐也。”《广雅·释言》：“晐，包也。”《玉篇》：“晐，兼也。”《广韵》：“晐，备也。”傅奕本作“咳”，当读作gāi。咳、赅皆通侅，故咳亦通赅。此章郭店竹简本无。

解读

这一章讲圣人与百姓的关系。《老子》认为，理想的统治者是自然无为的圣人，他没有任何自己的意图和谋划，从不指手画脚让百姓按他的意志去做，而完全顺从百姓的意愿。百姓喜爱的，他就任百姓去做，百姓不喜爱的，他绝不强迫百姓去做。百姓信任的，他就任用，百姓不信任的，他便不任用。这就是“以百姓之心为心”。所以能得到百姓的赞许和信任。圣人总是无偏无执地协调百姓的意愿。百姓都从自己的角度看问题，圣人则汇集各种见闻，调和各种意愿，这就是“为天下浑心”。

以上所述是这一章的大意，意思很明白，只是由于后来的注家拘泥于文字（如拘泥于“亦”），使文意变得迂曲难解。《老子》的这个思想曾多处讲到过，如第二章中讲“圣人居无为之事，行不言之教”；第十七章中讲“太上，下知有之”；第四十八章中讲

“取天下，恒无事”；第五十七章中讲“我无为而民自化，我好静而民自正，我无事而民自富，我欲不欲而民自朴”；第六十六章中讲“其在民上也，民弗厚也；其在民前也，民弗害也。天下乐进而弗厌”。前后照应来看，这一章的意思就更明白了。

这一章应着重理解“以百姓之心为心”和“翕翕焉为天下浑心”两句话。

第五十章

出生，入死。[1]生之徒十有三，[2]死之徒十有三，[3]而民生生，[4]动皆之死地十有三。[5]夫何故也？以其生生。[6]盖闻善摄生者，[7]陵行不避兕虎，[8]入军不被甲兵。[9]兕无所投其角，虎无所措其爪，兵无所容其刃。夫何故也？以其无死地焉。[10]

校释

[1]出生：出为生。入死：入为死。《庄子·大宗师》："古之真人，不知说生，不知恶死；其出不欣，其入不距。"

[2]生之徒：寿终正寝的人。吴澄《道德真经注》："凡不以忧思嗜欲损寿，不以风寒暑湿致疾，能远刑诛兵争压溺之祸者，生之徒也。"十有三：十分之三。

[3]死之徒：死于非命的人。

[4]生生：过度求生，人为延长生命。

[5]之死地：自己走向死路。高延第："动而之死者，谓得天本

厚，可以久生，而不自保持，自蹈死地。”以上两句世传本作“人之生，动之死地亦十有三”。

[6]此句世传本作“以其生生之厚”。

[7]摄生：养生。

[8]陵：大土山。兕：犀牛。此句世传本作“陆行不遇兕虎”。

[9]被：遭受。《韩非子·解老》作“备”。甲兵：兵器。帛书乙本、西汉竹书本作“兵革”。

[10]无死地：没有伤害自然生命的领域。此章郭店竹简本无。

解读

这一章《老子》通过生死讲自然无为。

人的生命是一个自然过程，生命体的自然生长是完成生命过程的最佳途径。所谓“最佳”是指生命体在正常生活环境中的充分实现，《老子》把这叫作“生之徒”，说这样的人有十分之三。但是，在人的一生中难免出现各种意外的事情，如生病、遭遇各种天灾人祸等等，使生命过程不能自然完成。《老子》把属于这种情况的叫作“死之徒”，说这样的人也有十分之三。这里所谓的十分之三并不是统计意义上的精确结果，《老子》只是借此而说明有相当的一部分人是属于这种情况的。尤其是在《老子》所处的时代，社会动荡，战争频仍，医疗条件远不及今天，死于非命的人一定不少。“死之徒”固然不少，但是，更多的人还是应该能够完成其生命体的自然过程的，应当属于“生之徒”。然而，其中有一部分人不满足于生命过程的自然完成，想通过人为的力量改变生命的自然状态，结果因奉养过度而妨碍了生命过程的自然完成，自己走向死路。康德经常提到一个人的墓志铭，这个人是由于服用了过量的预防药而死的，在他的墓碑上写着：某某先生本来是健康的，但他希望自己更健康，所以他现在躺在这里。用《老子》的话说，这叫“益生”。“益生”即“生生”。“益生曰祥”（第五十五章），“祥”指凶灾。司马光说：“用邪求益，宜其凶也。”（《温公易说》卷一）“生生”就是用邪求益，因此导致凶。到最后，真正的“生之徒”也就只有少数了。《老子》的意思主要是强调不要以人为干扰自然，否则，只能是事与愿违，适得其反。《庄子·应帝王》中所讲“混沌凿窍”的故事就说明“益生曰祥”。所以要“常因自然而不益生也”（《庄子·德充符》）。

《老子》在第四十二章中说“强梁者不得其死”，在第五十五章中说“益生曰祥”，从反面和正面说明了自然无为对生命的意义。第二十九章中讲“去甚、去泰、去奢”，甚、泰、奢都指过分，“自然”没有过分，过分都是针对人为讲的。《老子》强调自然，反对过分。

《老子》在第七十六章中说“坚强者死之徒也，柔弱者生之徒也”。这一章中所讲“善摄生者”的种种情状，只是在形象地强调说明要自然、要柔弱、要顺应，不要强悍，这样便不会自讨灭亡。不能把《老子》的话当真理解为虎兕不伤，刀枪不入。《庄子·秋水》：“至德者，火弗能热，水弗能溺，寒暑弗能害，禽兽弗能贼。非谓其薄之也，言察乎安危，宁于祸福，谨于去就，莫之能害也。”后世道教求长生不死，修炼刀枪不入，与《老子》的思想差别很大。

第五十一章

道生之而德畜之，[1]物形之而势成之。[2]是以万物尊道而贵德。[3]道之尊也，德之贵也，夫莫之爵也，[4]而恒自然也。[5]

道生之，德畜之：[6]长之育之[7]，亭之毒之[8]，养之覆之。[9]

生而弗有也，[10]为而弗恃也，[11]长而弗宰也。[12]此之谓玄德。[13]

校释

[1]生：化生。之：指具体事物。畜：养育。

[2]物：各种区别。形：显现。势：情势。帛书本作“器”，从世传本。

[3]尊、贵：都指尊重、敬重之意。

[4]爵：封爵、授爵。世传本或作“命”。

[5]恒（gèng）：完全。世传本作“常”。

[6]此二句帛书本作“道生之畜之”，从世传本。

[7]育：帛书乙本残，帛书甲本作“遂”，从世传本。长、育在此都是抚养、抚育的意思。

[8]亭、毒：在此都是安定的意思。蒋锡昌《老子校诂》：“《文选·谢灵运〈初去郡〉》诗注引《苍颉篇》：‘亭，定也。’《广雅·释诂》：‘毒，安也。’亭之毒之犹云定之安之也。”此句世传本或作“成之熟之”。

[9]养：保养。覆：保护。

[10]有：占有。

[11]为：给予。恃：矜恃。

[12]长：抚育。宰：宰制、主宰。

[13]玄德：见第十章注[14]。此章郭店竹简本无。

解读

裴頠《崇有论》说“总混群本，宗极之道”。“道”是“群本”之总混，万物是“道”之展现，“道”“生”万物，所以说“道生之”。“德”是一事物的规定性，一事物之所以为该事物，就在于有其“德”，失去其“德”，该事物也就不复为该事物了，事物的存在要靠“德”的“养育”，所以说“德畜之”。第二十一章中讲“惚兮恍兮，中有象兮；恍兮惚兮，中有物兮”。“道生之”实际上是万物之间各种区别的显现，这就是所谓的“物形之”。“道”为“全”，是自足的，“德”是“偏”，是不自足的。任何具体物都不能只靠自身而存在，必须要凭借外在的条件，这就叫“偏无自足，故凭乎外资”（《崇有论》）。外在的条件与自身的需要相符合就是适宜的，这叫“资有攸合，所谓宜也”（同上）。事物总是在“选择”适宜其存在的条件，这就是情势（《崇有论》："择乎厥宜，所谓情也"）。所以，"德畜之"实际上是事物之间的情势使然，这就是"势成之"。"道生之而德畜之"与"物形之而势成之"是从不同的角度说同一回事。

万物的生成、发育都是"道生之""德畜之"的具体化，这表明了"道"与"德"的重要性，所以要"尊道而贵德"。"尊道"强调了对全体的关注，"贵德"突出了对个体的确认。只"尊道"而不"贵德"，不能显示"道"的丰富性，只"贵德"而不"尊道"，不能显示万物的统一性，所以，要"道""德"并重。

"道"化生万物、"德"养育万物都是自然而然的变化过程，因此"道之尊""德之贵"都是自然的表现，而不是人为地捧戴，所以说"莫之爵"而"恒自然"。以人为的"爵"来表示对"道"与"德"的尊重是"有以为"，而不是"无以为"（参见第三十八章），实际上是对"爵"的尊重，而不是对"道"与"德"的尊重。"道"与"德"不需要借"爵"来彰显自己。

第二十一章中讲"孔德之容，唯道是从"，第二十五章中讲"人法地，地法天，天法道，道法自然"。如果能像"道"那样自然无为，生而弗有，为而弗恃，长而弗宰，有德而不执其德，就成为"玄德"。王弼说："凡言玄德，皆有德而不知其主，出乎幽冥。"（《老子注》）达到"玄德"则"同乎大顺"（《庄子·天地》）。

第五十二章

天下有始，以为天下母。[1]既得其母，以知其子；[2]既知其子，复守其母。没身不殆。[3]

塞其兑，闭其门，[4]终身不危；[5]启其兑，济其事，[6]终身不逨。[7]

见小曰明，[8]守柔曰强。用其光，复归其明。[9]无遗身殃，[10]是谓袭常。[11]

校释

[1]第一章中讲“无名，万物之始也；有名，万物之母也”。“天下有始”“天下母”皆体现“道”。

[2]知：识别，显现。子：指万物。

[3]没（mò）身：终身。以上七句郭店竹简本无。

[4]兑、门：皆指人身上的孔窍，如耳、目、鼻、口等等。在此喻指向外追求的欲望。王弼《老子注》：“兑，事欲之所由生；门，事欲之所由从也。”此二句郭店竹简本作“闭其兑，塞其门”。

[5]危：郭店竹简本作“⿱丕山”。“危”字可写作“⿱人山”“⿱亻山”等等，象人在山上。郭店竹简整理小组认作“⿱丕山”，似有误。帛书本作“堇”，甲骨文、金文像人在火上之形。古文字中“山”与“火”形似易混。无论人在山上，或人在火上，都表示危险。世传本写作“勤”，可能是传抄时由“堇”而误，失《老子》原意。“危”此指忧惧、焦虑等。

[6]济：增加、增益。郭店竹简本作“赛”，“赛”同“塞”，实、满之意。

[7]逨（lái）：至也。“终身不逨”指终身达不到。又，“逨”疑为“逨”，同“迹”。《说文解字》：“迹，步处也。”不逨，也指不至。帛书甲本残，帛书乙本作“棘”，可能音转形误。世传本作“救”，由“棘”再误。西汉竹书本作“来”，注释者：“‘逨’、‘来’通用，‘棘’为‘来’之讹，隶书‘来’、‘求’形近易混，疑‘来’先讹为‘求’，再变为‘救’。”

[8]见小：知微、知几。明：明察，明哲。《韩非子·难四》说“知微之谓明”。

[9]《孟子·尽心上》“日月有明，容光必照焉”，朱熹注：“明者光之体；光者明之用。”陆希声《道德真经传》：“明者内景谓体也，光者外照谓用也。”

[10]遗（wèi）：给。“无遗身殃”指不给自己增加祸患。

[11]袭：符合、因顺。世传本或作“习”，通“袭”。常：第十六章中讲“复命，常也”，第五十五章中讲“和曰常”。以上六句郭店竹简本无。

解读

这一章首先讲“道”与万物的关系。第一章中讲：“无名，万物之始也；有名，万物之母也。”从“无名”的角度讲是“始”，从“有名”的角度讲是“母”，“始”所强调的是“混”，“母”所强调的是“生”，二者从不同的角度体现“道”。第二十五章中讲：“有𦬁混成，先天地生。……可以为天下母。”第四十一章中讲：“道生一，一生二，二生三，三生万物。”相对于任何万物而言，“道”具有“逻辑”的在先性，因此是先“得其母”，然后万物得以区别和显现，所以说“既得其母，以知其子”。这也就是“道……生万物”。万物既得以区别和显现，又要“复归于朴”（第二十八章），“复归于无物”（第十四章），所以说“既知其子，复守其母”。只讲“母”不讲“子”，不能显示“道”的丰富性，只讲“子”不讲“母”，不能体现“道”的唯一性（第二十五章中讲“独立而不改”），所以王弼说要“守母以存子”（《老子指略》）。第十六章中讲：“万物旁作，居以须复也。”正是万物的“作”与“复”构成“道”之“动”（第四十一章中讲“返也者，道之动也”），构成“道”之“无限”，这就叫“没身不殆”（世传本第二十五章中有“周行而不殆”）。

其次讲不人为地扩张欲望。个体的存在是不自足的，要凭借“外资”才能存在。人对外物的依赖和需求便是人的需要。人的欲望是因需要而产生的对某种事物的渴望。一般来说，需要决定欲望，需要越迫切欲望越强烈。但是，由于受人的意识能动性的影响，欲望也会反过来影响需要，人可以从主观上控制欲望，使欲望少于或多于需要，这样，需要会因欲望而发生变化。当欲望少于需要时为节欲，这时需要会相应减缩。当欲望多于需要时为纵欲，这时需要会随之增添。需要是由于缺乏而产生的，缺乏的消除也就是需要的满足。满足需要是人幸福愉悦的必要条件，需要得不到满足，人会产生紧张和焦虑，所以人要设法消除缺乏，满足需要。缺乏可分为自然的缺乏和人为的缺乏。自然的缺乏，需要决定欲望，缺乏消除，需要得到满足，欲望也相应地减弱。人为的缺乏，欲望引导需要，缺乏消除，需要得到满足，欲望会进一步加强，导致新的缺乏，人为地增添出许多需要。由于需要越多实现满足的难度越大，所以人为增添出的需要对于人的幸福和愉悦不仅不是必需的，反而往往会给人带来更多的烦恼和焦虑。《老子》主张要“塞其兑，闭其门”，也就是要收敛欲望，不因欲望而人为地增添需要。收敛欲望不等于彻底消除欲望，只要有需要便一定会有欲望，而人是必定要有需要的。收敛欲望只是说要由内在真实的需要（Needs）决定欲望，而不是由欲望（Wants）人为地设定出外在的虚假“需要”。这样，便可以免除许多无谓的忧惧和焦虑。这也就是《老子》所说的“终身不危”。“启其兑，济其事”是人为地扩张欲望，人为地扩张欲望必然导致需要永无止足之时，这就叫作“终身不速”。“终身不速”则常“危”（忧惧、焦虑）。第四十二章中讲“物或损之而益，益之而损”，“塞其兑，闭其门，终身不危”是“损之而益”；“启其兑，济其事，终身不速”是“益之而损”。第四十八章中讲“为道者日损”，“日损”就是要不断地“损”去人为的欲念，“去甚、去泰、去奢”（第二十九章），以保持自然的和谐。

《老子》接着说，“见小曰明，守柔曰强”。“见小”就是要看到细微的变化，就欲望来说，就是要注意到人为欲念的萌发，以保持其欲望的收敛状态。因为人的欲念一旦冲出“兑”“门”，将会不断膨胀而难以制约。《韩非子·喻老》：“昔者纣为象箸而箕子怖。以为象箸必不加于土铏，必将犀玉之杯。象箸玉杯必不羹菽藿，则必旄象豹胎。旄象豹胎必不衣短褐而食于茅屋之下，则锦衣九重，广室高台。吾畏其卒，故怖其始。居五年，纣为肉圃，设炮烙，登糟丘，临酒池，纣遂以亡。”箕子能从筷子这样一件细小的事情看到商纣王最后的结局，是因为他认识到难以遏制的贪欲将会冲毁一切。韩非说：“箕子见象箸以知天下之祸，故曰‘见小曰明’。”（同上）

所以要“守柔”。守柔就是要保持应和。由自然的缺乏引起的欲望是“应”，满足这种欲望是“和”。《老子》说“实其腹”“强其骨”（第三章），就是强调要满足这样的欲望。人为地扩张欲望是“益生”，“益生”会有灾殃（第五十五章）。所以《老子》又强调要“虚其心”“弱其志”（第三章），要“为腹而不为目”（第十二章）。认清什么欲望应当满足，什么欲望应当收敛，就是“用其光，复归其明”。这样才能“无遗身殃”。《老子》把这叫作“袭常”。第五十五章中讲“和曰常”。“袭常”就是要符合于“和”，即保持欲望、需要以及满足需要的必要性、可能性之间的和谐。

第五十三章

使我挈有知也：[1] 行于大道，唯迤是畏。[2]

大道甚夷，[3] 民甚好径。[4] 朝甚除，[5] 田甚芜，[6] 仓甚虚。服文采，[7] 带利剑，厌饮食，[8] 货财有余，是谓盗、夸。[9] 非道也哉！

校释

[1]使：假使。挈（jiá）：帛书乙本作“介”，世传本作“介然”。《广雅·释诂三》：“挈，独也。”王念孙疏证：“物无偶曰特，兽无偶曰介。挈亦介也，语之转耳。”吴澄《道德真经注》：“介，音戛。”

[2]迤（yǐ）：斜、邪。西汉竹书本作“蛇”。世传本作“施”。王念孙：“施读为迤。迤，邪也。言行于大道之中，唯惧其入于邪道也。”

[3]大道：《韩非子·解老》：“所谓大道也者，端道也。”夷：平坦。

[4]径：崎岖偏邪的小路。河上公《老子道德经章句》：“径，邪不平正也。”

[5]朝（zhāo）：在此泛指好时光。除（zhù）：（光阴）过去。《诗·唐风·蟋蟀》"今我不乐，日月其除"，郑玄笺："今不自乐，日月且过去，不复暇为之。""朝甚除"意为失去了很多好时光。（参见郭世铭：《老子究竟说什么》，华文出版社，1999年，第234—236页。）

[6]芜：荒芜。古人以农为本，"田甚芜"指荒废了正事，如"师之所处，荆棘生之"（第三十章），"戎马生于郊"（第四十六章）。

[7]文采：华美的衣服。

[8]厌：沉溺。《集韵·感韵》："厌，沉溺意。"

[9]盗：非法获取。《春秋穀梁传·定公八年》："非其所取而取之，谓之盗。"夸：奢侈。《说文解字》："夸，奢也。"《广雅·释诂一》"夸，娙也"，王念孙疏证："夸、淫皆过度之意。"《韩非子·解老》作"盗竽"，"竽也者，五声之长者也"，盗竽指邪恶之首。此章郭店竹简本无。

解读

在第十二章中，《老子》强调要"为腹而不为目"。"腹"与"目"表示人类生活两种不同的需要。"目"表示外在的欲求，"腹"表示内在的需要。人类生存的基本需要是简单的，而人们却人为地设置了许多复杂的需要，并且误以为只有满足了这些人为设置的复杂需要，才能得到幸福和欢乐。因此，终日为之竞奔不已。其结果是造成人们占有欲的不断扩张，使人越来越丧失了自己的本然真性，而人为设置的复杂需要并未像人们所希望的那样得到满足。实际上，过度复杂的人为需要对于人的幸福与快乐并不是必要的，许多人为的需要如果没有的话，人们也许会更愉快些。人为地设置复杂的需求，然后再尽力去满足它，既难以得到幸福和欢乐，更丧失了人的本真。《老子》把这种求幸福的途径看作“邪径”。由于人们更容易接受通过“益”而不是通过“损”来求幸福，所以《老子》说“大道甚夷，民甚好径”。在《老子》看来，“服文采，带利剑，厌饮食，货财有余”都是奢侈，是“夸”。为了自己的私欲而占有多于生存需求的财富，就是不正当的获取，是“盗”。在盗、夸观念的支配下，人们致力于占有和攀比，挥霍大地的储藏，侵夺他人（包括后人）的生存资源，这都是邪径。所以《老子》说要“去甚、去泰、去奢”（第二十九章）。去甚、去泰、去奢即去除那些既过度复杂又并非必要的欲求。

有一个故事，讲一个旅行者在河边看到一个渔父坐在阳光下打盹，便走上前去，问他为何不下河捕鱼。渔父说他已经捕了今天应捕的五条鱼。旅行者问他为何不多捕些，每天多捕些鱼，不久就可以拥有一条小船，然后就可以捕更多的鱼，这样又可以买一条大渔船，有了大渔船，捕的鱼更多了，不久就可以开一家水产公司。渔父听了这些话后问：再以后呢？旅行者回答：再以后你就可以安安稳稳地坐在太阳底下打盹了。渔父说：我现在已经在太阳底下打盹了。在旅行者看来，渔父实在是虚度人生，但正是渔父拥有了那些处于忙碌中的人所追求的东西，那些想通过忙碌而实现在太阳底下安心打盹的人，或许一辈子也做不到这一点。那么，究竟是谁浪费了时光，荒废了正业呢？英国的威廉·奥康讲“切勿浪费较多东西去做用较少的东西同样可以做好的事情”（转引自赵敦华：《西方哲学简史》，北京大学出版社，2000年，第250页）。通过一番忙碌，即使实现了“在太阳底下安心打盹”的愿望，也不符合奥康的“经济原则”。

第五十四章

善建者不拔，[1]善抱者不脱，[2]子孙以祭祀不绝。[3]

修之身，其德乃真；[4]修之家，其德有余；[5]修之乡，其德乃长；[6]修之邦，其德乃丰；[7]修之天下，其德乃博。[8]

以身观身，[9]以家观家，以乡观乡，以邦观邦，以天下观天下。

吾何以知天下之然哉？以此。

| 校释 |

[1]建：建立、树立。拔：把草木连根拽出，在此借指倾倒。

[2]脱：脱落。此句从世传本，帛书甲、乙本皆残，郭店竹简本作“善保者不兑”。

[3]祭祀：祀神供祖的仪式，在此借指后嗣。绝：断绝。世传本作“辍”。

[4]修：行。《国语·晋语五》“晋为盟主而不修天罚”，韦昭

注：“修，行也。”“修之身”指行之于身。真：纯朴自然。

[5]余：宽裕。

[6]长（zhàng）：多、兴旺。

[7]丰：茂盛、昌盛。

[8]博：博大、广博。西汉竹书本作“薄”，世传本多作“普”，傅奕本作“溥”。

[9]观：观察、审察。

解读

这一章所讲的“建”“抱”指建德、抱德。

稳定与不稳定是系统对一定偏差的应答特性。如果一个系统经过偏差的干扰后能通过负反馈恢复到原来的状态，那么这个系统便是稳态的；如果一个系统一旦出现非常微小的偏差，便通过正反馈把偏差放大，越来越远离原来的状态，那么这个系统便是非稳态的。比如，一个三棱锥体，如果以面放在平面上，那么当受到某种干扰（如振动）后，虽然可能会产生暂时的偏离，但是却能够恢复到原来的状态，因而是稳态的；而如果以锥尖放在平面上，若没有外部的干扰，它也会一直在平面上保持静止不动，但是只要有非常微小的一点干扰，它便会越来越远离原来的状态，并再也不能自动恢复到原来的状态，所以是非稳态的。要使所立之锥体不倾倒，就要使其处于稳定状态，即要以锥体的面着地，而不是以棱或尖支撑。埃及金字塔的坚固与其稳态结构很有关系。

锥体以面着地固然稳定，但是，其对外界的反应却是不敏感的，往往是迫而不动，感而不应，从建德的角度看，其显得僵硬死板。以锥尖着地，其对外界反应极敏感，但是又极不稳定，从建德的角度看，其最易失重。就建德而言，最能体现“善建者不拔”的是“不倒翁”。不倒翁以球面着地，其与平面的接触部位只是一个点，所以对外界反应敏感，同时，由于其内在重心稳定，所以又能保持自身的稳态，常立不倒。不倒翁是“善建者”。

民间有“狗熊掰棒子”的故事。讲一只狗熊掰玉米棒子，掰一个棒子，往腋下一夹，便去掰第二个，然后再往腋下一夹，此时所夹的第一个棒子便掉地上了。然后再掰第三个……这样不断掰，不断夹，最后腋下还是只有一个玉米棒子。狗熊掰玉米棒子的动机可另做分析（至少有“谋生”和“乐生”之别），仅就其行为的结果看，狗熊当属于“善抱者”。王弼注“善抱者不脱”这句话时说：“不贪于多，齐其所能，故不脱也。”狗熊客观上无法贪多，而又始终抱有棒子，所以说“不脱”。假如有一个“聪明”的狗熊想要把所掰的玉米棒子都抱住，那最后可能会全脱落在地。再有更“聪明”些的也许会用一只筐子来装所掰的棒子，但是装得多了会被压垮，而棒子是装不完的。

不倒翁以一点为支撑，应对无穷，很有点《庄子》所言“得其环中”的味道。它把灵活性与自立不拔的稳固性有机地结合在一起，既不执“我”，又不失“我”，是可变与不变的统一。狗熊掰棒子，虽然腋下棒子常变，但是总夹着一个棒子，这是其不变。狗熊在变与不变中展开其掰棒子之“德”。正是由于不倒翁和狗熊能较好地结合变与不变，所以才能不拔、不脱。由此可以受到启发，即维持变与不变之间必要的张力，应成为人及其社会立“德”的一个准则。依此准则立身则可保持其纯真自然，依此准则立家则家道宽裕，依此准则立乡则乡兴旺，以此准则立邦则邦昌盛，以此准则立天下则天下丰足。这样才能不断延续，所以《老子》说“子孙以祭祀不绝”。

“以身观身，以家观家，以乡观乡，以邦观邦，以天下观天下”可以解释为不可用一个尺度衡量不同的事物。《管子·牧民》说：“以家为乡，乡不可为也；以乡为国，国不可为也；以国为天下，天下不可为也。以家为家，以乡为乡，以国为国，以天下为天下。”虽然《老子》的观点与《管子》不尽相同，《管子》侧重于“为”，《老子》侧重于“观”，但是就强调尺度的多样性来说，二者是一致的。

这一章当体味“善建者”“善抱者”。

第五十五章

含德之厚者，比于赤子。[1] 蜂虿虺蛇弗螫，[2] 攫鸟猛兽弗搏。[3] 骨弱筋柔而握固，未知牝牡之会而朘怒，[4] 精之至也。[5] 终日号而不嗄，[6] 和之至也。[7]

和曰常，[8] 知和曰明。[9] 益生曰祥，[10] 心使气曰强。[11]

物壮则老，谓之不道。[12] 不道早已。[13]

| 校释 |

[1]赤子：婴儿、幼儿。《老子指归》：“赤子之为物也，知而未发，通而未达，能而未动，巧而居拙。”范应元《老子道德经古本集注》：“赤子者，婴儿未咳之时，以譬一毫无私欲伪情也。”

[2]虿（chài）：蝎子一类的毒虫。虺（huǐ）蛇：一种毒蛇。

[3]攫鸟：凶猛的鸟。搏：捕捉。以上两句世传本多有不同，可参阅蒋锡昌《老子校诂》。

[4]牝：雌性。牡：雄性。朘（zuī）：男孩的生殖器。怒：奋

起。此句郭店竹简本作“未知牝牡之合然怒”；世传各本多异，王弼本作“未知牝牡之合而全作”。

[5]精之至：精诚之至。《庄子·渔父》：“真者，精诚之至也。”

[6]号（háo）：大声哭。嚘（yōu）：气逆。《黄帝内经素问·举痛论》说“怒则气逆”。世传本多作“嗄”（shà），声音嘶哑。

[7]和：平和、和谐。

[8]常：正常状态。此句世传本作“知和曰常”。

[9]此句郭店竹简本、帛书甲本和西汉竹书本如此。帛书乙本和世传本作“知常曰明”。

[10]益：增。“益生”指贪生。祥：灾殃。《左传·昭公十八年》“将有大祥”，杜预注：“祥，变异之气。”王弼《老子注》：“生不可益，益之则夭也。”

[11]心使气：任气。强：逞强。

[12]物壮则老：在此指由健壮转为衰弱。不道：不合自然。参见第三十章注[9]、[10]。

[13]此句郭店竹简本无。

解读

《老子》认为婴儿（还有水）最能体现出自然无为的道理，常借用婴儿来比喻有“道”。在第十章中说“抟气致柔，能婴儿乎”，在第二十章中说“若婴儿未咳”，在第二十八章中说“复归于婴儿”，在这一章中又说“含德之厚者，比于赤子”。《老子》在这一章中对婴儿之“德”做了描述：婴儿并不有意抓握东西，但是他却能把东西握得很牢。婴儿并不知道男女交媾之事，但是其生殖器却会不时勃起。婴儿整日哭号，但是并不气逆或嘶哑。这些现象都是自然的体现，不夹杂丝毫人为的因素，所以显得纯真可爱。一旦夹杂了外在的功利目的，人的纯真也就失去了。纵欲之怒，任气之号，不会有婴儿的那种生机与平和，不会有婴儿的那种纯真与可爱。

婴儿的自然行为是由于其旺盛的生命力和自然的心理状态。随着生命机体的延续，生命力会自然减弱，不能永远像婴儿那样充沛，这也是一种自然的结果。如果企图通过人为的途径一直保持像婴儿那样的生命力，叫作“益生”，叫作“心使气”，那是违反自然的，不仅对生命无益，反而有害，所以《老子》说“益生曰祥”，说“物壮则老”。“物壮则老”犹言“壮物则老”。“益生曰祥”和“物壮则老”都是由于不合自然，所以说“是谓不道”。

所以，所谓“复归于婴儿”绝不是说要保持或者恢复婴儿的自然生理状态，而是说要“不失其赤子之心”（《孟子·离娄下》），在精神上保持婴儿式的自然和敞开，保持婴儿式的精诚和平和，使生命处于和谐状态，包括生命机体的和谐（如“力所能及”）、身心的和谐（如“当下心安”）、个体与境域的和谐（如“与物同体”）等等。“和”是幸福的前提，深刻地认识这一点，就不会因外在的利欲伤害内在的纯和，这就是知“和”，“知和曰明”。

这一章应注意体会“和”。

第五十六章

知之者弗言，言之者弗知。[1]

塞其兑，闭其门。[2]和其光，同其尘，挫其锐，解其纷。[3]是谓玄同。[4]

故不可得而亲，亦不可得而疏；不可得而利，亦不可得而害；不可得而贵，亦不可得而贱。故为天下贵。

校释

[1]知：领会、省悟。

[2]此二句郭店竹简本作“闭其兑，塞其门”。见第五十二章注[4]。

[3]此四句世传本顺序与帛书本异。见第四章注。

[4]玄同：吴澄《道德真经注》：“与世齐同，妙不可测，故曰玄同。”薛蕙《老子集解》：“玄同者，大同于物，深不可识也。”

解读

人的“知”可大致分为可言说的与不可言说的两种。从“情”与“理”上看，关于“理”的“知”大致可以言说，科学理论属于这一类；关于“情”的“知”则往往难以说清。辛弃疾《丑奴儿·书博山道中壁》：“少年不识愁滋味，爱上层楼。爱上层楼，为赋新词强说愁。而今识尽愁滋味，欲说还休。欲说还休，却道天凉好个秋。”少年说“愁”，基本上是强说“愁”之理，缺乏真实感受，所以其“愁”非说愁，而真正有了愁的感受，则是“欲说还休”。“欲说还休”不是不想说，而是觉得难以说清，所以不如不说。从“形”与“神”上看，关于“形”的“知”大致可以言说，作品的文本似乎可以属于这一类；关于“神”的“知”则难以言说，所以“诗无达诂”。弗罗姆说：“人们可以长达几页地谈论蒙娜丽莎的微笑，但却不能把画上的微笑变成语言，之所以如此，是因为它是如此地‘充满神秘’。”（《占有或存在》，国际文化出版公司，1989年，第77页。）艺术欣赏中经常讲“形似”“神似”，“形似”可以说，“神似”不可说，如果说把“神似”讲清了，那么必定不是真正的“神似”。这就是所谓只可意会，不可言传。用佛教中的话说，是“如人饮水，冷暖自知”。之所以会有这样的区别，是因为“理”和“形”可以通过一定的可操作的程序分析，得出相对精确的结果，而“情”和“神”则总是“澄之不清，淆之不浊”（《后汉书·黄宪传》），朦胧恍惚，难辨难分。或者可以概括地说，外在的认知是可以说的，内在的体验或体悟是不可说或难以说的。《老子》所说“知之者弗言”，就是指不言那不可说的，尤其是不言“道”。《庄子·寓言》讲：“不言则齐。齐与言不齐，言与齐不齐也。故曰无言。”与“言”相对之“齐”即

"全"，"全"不可言，言则不"全"。"道"为"全"，所以，体悟"道"的人无意把"道"说清楚，而刻意要把"道"说清楚的人，实际上并没有真正地体悟"道"。这就是"知之者弗言，言之者弗知"。

维特根斯坦说："一个人对于不能谈的事情就应当沉默。"（《逻辑哲学论》，商务印书馆，1962年，第97页。）海德格尔说："为了能沉默，此在必须有东西可说。"（《存在与时间》，三联书店，1987年，第201页。）"弗言"并非一言不发。苏辙说："道非言说，亦不离言说。"（《老子解》）对不可言说的"道"，《老子》说了许多诸如"绵绵若存"（第六章）、"似万物之宗"（第四章）以及"恍兮惚兮"（第二十一章）、"窈兮冥兮"（第二十一章）、"寂兮寥兮（第二十五章）"等等的话，企图使人们由此而体悟"道"。这些说出来的并不是说"道"，所以这些话对于"道"来说还是"弗言"，用《庄子》的话讲，这是"其口虽言，其心未尝言"（《庄子·则阳》）。

"道"为"全"，无所不备，人是一偏，自然地在"道"中，与"道"自然地合一。这一点，人与他物没有区别。人与他物的不同之处在于，他物不执于彼此之间的分别，而人由于有"我"的意识，往往执于分别主客彼此，由此而产生了主体与客体之间的对立。在第四十四章解读中曾讲过"我"的出现在人生中具有重要意义，没有"我"的意识则人与动物无异。但是，如果一味地执"我"，将会激化主客体之间的对立，导致尖锐冲突。在冲突中，人的力量是无法与造化之力相抗衡的。"把地球举起来"的口号固然豪迈，但是地球还是地球，人之所为，奈地球何？《尸子·君治》讲："鱼失水则死，水失鱼犹为水也。"无鱼之水犹且为水，而无水之鱼则不存矣。所以，问题的关键不是鱼如何设法与水分离，而是如何悠游于水。和光、同尘、挫锐、解纷都是旨在破除对“我”的一味执着，消解物我的对立紧张，悠游于大“道”之中。悠游于大“道”之中即是“玄同”。“玄同”不同于原初自然的合一，其中包含着“我”的意识。

第四十四章解读中讲不失“我”，在这一章解读中又讲不执“我”，二者并不矛盾。《庄子·天下》讲“独与天地精神往来，而不敖倪于万物”。“独与天地精神往来”即不失“我”，“不敖倪于万物”即不执“我”，二者是一致的。

第二十三章中讲要“同于德”“同于失”。能既同于德（得）也同于失，才是“上德”“孔德”“玄德”“恒德”。具有“恒德”的人，不执于一偏，不定于一隅，无所不可，所到皆岸，所以“不可得而亲，亦不可得而疏；不可得而利，亦不可得而害；不可得而贵，亦不可得而贱”。他超越了亲疏、利害、贵贱（及是非、善恶、美丑）等等一系列的对立，进入到“同于道”的境界，“故为天下贵”。

这一章要注意体味“玄同”。

第五十七章

以正之邦，[1] 以奇用兵，[2] 以无事取天下。[3]

吾何以知其然也哉？[4] 夫天下多忌讳，而民弥叛；[5] 民多利器，[6] 而邦滋昏；[7] 人多知，而奇物滋起；[8] 法物滋章，[9] 盗贼多有。

是以圣人之言曰：我无为而民自化，[10] 我好静而民自正，我无事而民自富，我欲不欲而民自朴。[11]

校释

[1]正：常法、准则。吴澄《道德真经注》："正者，法制禁令，正其不正。"之：世传本作"治"，郭店竹简本、帛书本、西汉竹书本皆作"之"，当为"止"，或许因形近而误。止，节止、辖制。《易·节》"苦节，不可贞"，孔颖达疏："节者，制度之名，节止之义。"节止即以制度控制。《论语·为政》："道之以政，齐之以刑，民免而无耻；道之以德，齐之以礼，有耻且格。"仲长统《昌言》："情无所止，礼为之俭；欲无所齐，法为

之防。”“以正止邦”即“齐之以刑”“齐之以礼”，“礼为之俭”“法为之防”。

[2]奇：奇谋、奇略。吴澄《道德真经注》：“奇者，权谋诡诈，谲而不正。”

[3]参见第二十九章注[1]、第四十八章注[4]。

[4]世传本此后多有“以此”两字。

[5]忌讳：禁忌、禁令。叛：逃遁、背离。世传本及帛书本作“贫”，据郭店竹简本。

[6]利器：精良的工具。林希逸《老子鬳斋口义》：“利器，人世便利之用也。”《论语·卫灵公》：“工欲善其事，必先利其器。”

[7]滋：更加。昏：迷乱。《庄子·天地》：“有机械者必有机事，有机事者必有机心。”此句帛书乙本残，帛书甲本作“而邦家滋昏”，世传本作“国家滋昏”，据郭店竹简本。

[8]知：智谋。世传本作“伎巧”。奇物：邪事。西汉竹书本作“苛物”，注释者：“《说文·艸部》：‘苛，小草也’，段注：‘引申为凡琐碎之称’。”

[9]河上公《老子道德经章句》：“法物，好物也。珍好之物滋生彰著，则农事废，饥寒并至，故盗贼多有也。”西汉竹书本注释者：“帛书《二三子问》有‘德义广大，法物备具’之言，‘法物’当泛指统治者用以规范、教化百姓之物，包括与政令、礼乐、制度相关之物。”此句世传本或作“法令滋彰”。

[10]自化：自然顺化。

[11]欲不欲：世传本作“无欲”。以上几句，郭店竹简本及世传本顺序多有不同。

解读

第二十九章中讲："将欲取天下而为之，吾见其弗得已。夫天下神器也，非可为者也。为者败之，执者失之。"第四十八章中讲："取天下，恒无事。及其有事也，不足以取天下。"在这一章中又一次讲"取天下"，可见《老子》对这个问题的重视。

战争是敌对双方的较量，目的是取胜，临敌合变，出奇制胜，是兵家之法宝，故用兵贵"奇"。管理邦国则不能用奇诡之术，而要有确定的法则、规范，这就是"以正之（止）邦"。法则、规范是设定的，不是自然的，在《老子》看来都是"事"。《老子》认为对这些"事"应该尽量地"损"，以至于无事、无为，这样则"民莫之令而自均焉"（第三十二章），天下由此而"治"。

孔子说："道之以政，齐之以刑，民免而无耻；道之以德，齐之以礼，有耻且格。"（《论语·为政》）这是两种不同的治理社会的方法，一种是法家式的，一种是儒家式的，二者之间有明显的对立。但是，二者又有一个重要的共同点，就是都想用设定的规范和准则"塑造"社会。这是一种"积极"之"治"。而《老子》则主张"消极"之"治"。在《老子》看来，社会控制的力度过强，密度过大，往往会导致人的行为与外在规范之间的紧张和冲突，如"天下多忌讳，而民弥叛"；而"积极"的倡导又会导致更多违反规范的行为，如"人多知，而奇物滋起；法物滋章，盗贼多有"。所以，《老子》强调"不敢、弗（无）为"（第三章）。"不敢"是社会控制的底线，密度最小，力度最弱；"无为"是人的行为的底线，"积极"因素最少。在《老子》看来，如果能做到这两点，人的行为与外在规范的冲突将减到最低程度，人们会觉得轻松自在，社会也因此和谐安宁。这就是"以无事取天下"。

《老子》“不敢”“无为”的主张是难以行得通的。春秋时期称霸诸侯所采纳的正是“积极进取”的主张，连儒家的德化礼教也被挤到后台，更何况无为无事?

然而，这只说明事情的一个方面。从另一个方面看，“进取”并未能使人生活得更幸福愉快些。在几千年的奋斗中，人类固然在某些方面取得成绩，但是人们对幸福的感受却不见得比前人更深切。当今社会中大多数人的物质生活要远比孔子“饭疏食饮水”和颜回“箪食瓢饮”优越，但是，又有多少人能感受到“孔颜之乐”呢？人类应该进一步思考“发展”与“和谐”对幸福的意义。在某种意义上可以说，人类现在更需要“不敢”“无为”。当然，需要重申的是“无为”并不是无所事事，“不敢”也不是无能为力（参见第七十三章）。

此章要特别玩味《老子》所说的“我无为而民自化，我好静而民自正，我无事而民自富，我欲不欲而民自朴”。

第五十八章

其政闷闷，[1]其民淳淳；[2]其政察察，[3]其民缺缺。[4]

祸兮福之所倚，福兮祸之所伏。[5]孰知其极？[6]其无正也。[7]正复为奇，[8]善复为妖。[9]人之迷也，其日固久矣。

是以方而不割，[10]廉而不刺，[11]直而不肆，[12]光而不耀。[13]

校释

[1]闷闷：淡淡，不经意。林希逸《老子鬳斋口义》："闷闷者，不作聪明也。"西汉竹书本作"昏昏"。

[2]淳淳：质朴、敦厚。帛书甲本残，帛书乙本作"屯屯"，西汉竹书本作"蠢蠢"。

[3]察察：苛察、烦细。蒋锡昌《老子校诂》："察察，严刻急疾貌。"《吕氏春秋·贵公》："处大官者，不欲小察，不欲小智。"西汉竹书本作"计计"。

[4]缺缺：疏薄、伪诈。蒋锡昌："缺缺，机诈满面貌。"此句帛书乙本残，帛书甲本作"其邦夬夬"。

[5]倚：靠近。伏：潜伏。

[6]极：边界、转折点。

[7]正：准则。"无正"指没有确定的标准。

[8]正复为奇：《孙子兵法·势篇》："战势不过奇正，奇正之变，不可胜穷也。"

[9]善：正常。妖：异常、反常。

[10]方：方正有边。不割：不伤害人。此句世传本作"是以圣人方而不割"。

[11]廉：有棱角。刺：《说文解字》："刺，直伤也。"世传本作"刿"。

[12]肆：伸张、扩展。

[13]耀：放光。此章郭店竹简本无。

解读

这一章前两句仍接着上一章讲无为之治。政繁则扰民，所以《老子》总是主张要把"政"简到最低限度。在上一章中《老子》讲"我无为而民自化，我好静而民自正，我无事而民自富，我欲不欲而民自朴"，第三十二章中讲"民莫之令而自均焉"，都是强调在社会生活中要尽量避免"政"的干预。

"物极则反"是贯穿《老子》整个思想的一个原则。能否把握这个"极"呢？在《老子》看来，似乎没有一个有效的方法可以把握那开始走向反面的"极"。因为祸中有福，福中有祸；正中有奇，奇中有正；善中有妖，妖中有善，如此等等。相互对立的双方总是相互渗透，相互贯通。你认为还是“正”，而实际已经走向了“奇”；你觉得尚属“正常”，而实际已经变为“反常”了。那种认为福与祸、正与奇、善与妖两极对立，泾渭分明，只要能把握住“极”便可求福得福、为正即正的看法是一种迷误。所以，问题的关键不在于如何把福与祸、正与奇、善与妖辨别清楚，而在于尽量减少人为因素的干预，因为人无法确定其人为的干预究竟会促使矛盾向哪方面转化。或求福而得祸，或因祸而得福，“正复为奇，善复为妖”。可能从局部看是促使矛盾向“有利”的方面转化，而从全面看则是不利的；从短期看似乎“有利”，从长远看则或许是有害的。第五十五章中讲“益生曰祥”，就是因为人为因素的影响使矛盾转向不利的一面。所以，人应该为“客”而不为“主”，“有其能而不尽其用”（魏源《老子本义》），“知雄守雌”，“方而不割，廉而不刺，直而不肆，光而不耀”。

《老子》所讲的是“方而不割”，不是“圆而不割”；是“廉而不刺”，不是“秃而不刺”；是“直而不肆”，不是“屈而不肆”；是“光而不耀”，不是“暗而不耀”。方、廉、直、光体现了“知其雄”，不割、不刺、不肆、不耀体现了“守其雌”。“知其雄”始能“应”，“守其雌”则不“敢”。“知雄守雌”才能既自然无为，又应物变化。

《老子》“祸兮福之所倚，福兮祸之所伏”思想的深刻之处还在于，它揭示了祸福总是一体的，没有纯粹的祸，也没有纯粹的福。“最好的东西不是独来的，它伴了所有的东西同来”（泰戈尔《飞鸟集》）。这从根本上否定了“日臻完善”的可能，否定了获得纯粹幸福的企图。

这一章河上公章题为“顺化”。

第五十九章

治人事天莫若啬。[1]夫唯啬，是以早服；[2]早服是谓重积德；[3]重积德则无不克；[4]无不克则莫知其极；[5]莫知其极可以有国；[6]有国之母可以长久。[7]

是谓深根固柢、长生久视之道也。[8]

校释

[1]治与事可互训（见《尔雅·释诂下》郝懿行疏）。治人：人为之举。事天：自然之事。啬：爱惜、节俭、收敛。苏辙《老子解》："夫啬者，有而不用者也。"陆希声《道德真经传》："啬也者，俭约之至也。"《庄子·天下》讲老聃"以约为纪"。

[2]服：通"备"。郭店竹简本作"备"。"早服"指早有准备。

[3]重（chóng）：重复。"重积德"指不断蕴蓄适应能力。

[4]克：能。《诗·大雅·荡》"靡不有初，鲜克有终"，郑玄笺："克，能也。"

[5]莫知其极：指不可确定其极限。“极”郭店竹简本作“亘”，也指“极”的意思。

[6]有国：理国。蔡邕《文烈侯杨公碑》：“以为《尚书》帝王之要政，有国之大本也。”

[7]之：以。母：王弼《老子注》说“国之所以安谓之母”，在此指“啬”。句意为理国以啬可以长久。

[8]柢：根。视：生存。《吕氏春秋·重己》“无贤不肖，莫不欲长生久视”，高诱注：“视，活也。”道：在此指道理。

解读

《老子》认为，无论人为之举，还是自然之事，“啬”都是最好的行为准则。“啬”的根本精神是要尽量减少不必要的付出和耗费。在《老子》看来，人们生活中的许多烦恼和焦虑，往往与不“啬”有关，“甚爱必大费”（第四十四章）。过分地追名逐利，必然会劳心费神，由此而引发烦恼、焦虑。为了满足贪欲，过多地耗费财物，由此而导致各种危机。如果人们能不为追逐名利而耗费精力，不为满足贪欲而耗费财物，那将会省却许多不必要的烦扰，省却许多不必要的忧虑。所以《老子》说“治人事天莫若啬”。

“啬”的精神是尽量少事，但是，并不是不做事。少事的宗旨是“应”。“啬”可以使人保持较强的适应性。因为欲望的人为扩张会把人越来越限定在一元价值的单向度路上，失去人的敞开性和可能性，这样人的适应力将大为减弱。只有收敛，才能保持其各种可能的向度。《老子》讲“复归于朴”“复归于婴儿”（第二十八章），讲“为道者日损”（第四十八章）等等，都是要保持敞开性和可能状态，“得其环中，以应无穷”。

具有应对各种境遇的能力也就是“早服”，即早有准备。就此而言，也可以说“啬”就是“积德”。在此所讲的“积德”，不是“下德不失德”（第三十八章）那样的“积德”，即不是通过积累、占有扩展其“德”（得），而是由于“损”、由于“啬”，增强了应对境遇的能力。这也可以说是“损之而益”（第四十二章）。能应对各种境遇而无所不可，也就达到了无“限”，所以说“重积德则无不克；无不克则莫知其极”。

就治理国家来说，“啬”可以使其具备应付各种事态的能力，所以《老子》把“啬”看作治理国家的根本。能抓住这个根本，则可以“深根固柢、长生久视”。谭峭说：“自古及今，未有亡于俭者也。”（《化书·俭化》）

第六十章

治大国若烹小鲜。[1]

以道莅天下，[2]其鬼不神；[3]非其鬼不神也，其神不伤人也；[4]非其神不伤人也，圣人亦弗伤也。[5]夫两不相伤，[6]故德交归焉。[7]

校释

[1]烹：烧煮。小鲜：小鱼。苏辙《老子解》：“烹小鲜者不可挠，治大国者不可烦。烦则人劳，挠则鱼烂。”

[2]莅：治理。

[3]鬼：祖先。《论语·为政》“非其鬼而祭之，谄也”，何晏集解引郑玄曰：“人神曰鬼。非其祖考而祭之者，是谄求福。”特指天子诸侯贵族已不在庙、坛、墠中享祭的远祖。不神：不灵。

[4]非：不是。伤：妨碍。

[5]非：不但。此二句世传本作“非其神不伤人，圣人亦不伤人”。

[6]两不相伤：指鬼神和圣人都不妨碍人们的活动。

[7]德：恩德。交：合并。归（kuì）：通“馈”，给予。“德交归焉”指百姓受鬼神和圣人的双重恩德。此章郭店竹简本无。

丨解读丨

烹小鱼不能过多地翻动，否则就会把小鱼弄烂。《老子》认为，治理一个国家也像烹小鱼一样，不能多扰动，否则就会搞乱了。第五十七章中讲“天下多忌讳，而民弥叛”，第五十八章中讲“其政察察，其民缺缺”，政令繁复多变，则百姓不知所从，所以治理国家要遵循简政的原则，不能过多地干扰人们的行动。《韩非子·解老》说：“治大国而数变法则民苦之，是以有道之君贵静，不重变法。”这也就是《老子》所说的“清静为天下定”（第四十五章）。

在《老子》之前，人们都不同程度地认为人的行为要受鬼神的支配。如《礼记·表记》说“殷人尊神，率民以事神，先鬼而后礼”。周人虽然比殷商重视人事，但是仍然不敢轻视鬼神的影响。在《左传》中，还有“鬼神非人实亲，惟德是依”（《僖公五年》）的话，虽然强调了“德”，但是最后的裁决权仍然在鬼神。《老子》则强调“人法地，地法天，天法道，道法自然”（第二十五章），强调“孔德之容，唯道是从”（第二十一章），认为只要能取法和依从“道”来治理天下，远祖（鬼神）就不会对社会有什么妨碍。不仅远祖（鬼神）不妨碍人们的活动，就是（当下的）圣人也不妨碍人们的活动。鬼神和圣人都不妨碍人们的活动，百姓也就领受了鬼神和圣人的双重恩德。鬼神和圣人的“恩德”仅仅在于“不伤人”。人们多从“有为”的角度评价统治者或管理者，讲“无功即过”，而如果从“无为”的角度看问题，却是“无过即功”。“无功即过”的前提是“可臻完善性”，其价值尺度是“多做功”；“无过即功”的前提是“易犯过失性”，其价值尺度是“少耗能”。谁能保证其所作所为是功而不是过呢？历史是有“记忆”的，对历史进程中的过不可能抹掉重来，在“历史记忆”面前，“实践标准”显得有点苍白，所以要“慎动”。

在第四章中，《老子》说“道”在“帝”之先（“象帝之先”），在这一章中，《老子》又架空了鬼神和圣人。《老子》虽然经常讲“圣人”如何如何，但是关涉治理社会的问题时，他往往只赋予“圣人”象征的意义，如说“太上，下知有之”（第十七章），说“圣人恒无心，以百姓之心为心”（第四十九章）等等。所以，《老子》的理想社会是人民自己“治理”的社会。第五十七章中讲“我无为而民自化，我好静而民自正，我无事而民自富，我欲不欲而民自朴”，“自”字值得玩味。

这一章要着重领会“治大国若烹小鲜”的含义。

第六十一章

大邦者，下流也，天下之牝也。[1]

天下之交也，牝恒以静胜牡。[2]为其静也，故宜为下。[3]

大邦以下小邦，[4]则取小邦；[5]小邦以下大邦，则取于大邦。故或下以取，或下而取。[6]

故大邦者不过欲兼畜人，[7]小邦者不过欲入事人。[8]夫皆得其欲，[9]大者宜为下。

校释

[1]下流：河流的下游。西汉竹书本作“下游”。牝：河上公《老子道德经章句》：“牝者，阴类也。”

[2]交：雌雄交合。王弼《老子注》：“雄躁动贪欲，雌常以静，故能胜雄也。”恒：世传本作“常”。

[3]宜：适宜。以上世传各本多异，王弼本作“大国者下流，天下之交，天下之牝。牝常以静胜牡，以静为下”。

[4]下：谦让，居人之下。

[5]取：通“聚”。

[6]或下以取：以谦下聚人。或下而取：由弱小而被聚。

[7]兼畜：统领。

[8]入事：参与。

[9]此句世传本作“夫两者各得其所欲”。此章郭店竹简本无。

解读

《老子》成书于春秋战国时期，这是中国历史上变动最剧烈的时期之一。诸强争霸，列国竞雄，社会动荡不安。从所谓“发展”的角度来看，这或许有一定的“积极”意义。但是，从“和谐”的角度来看，毕竟不能说是好事。《老子》是主张“和谐”的，主张大家都相安无事。《老子》认为，天下的不“和”主要是强者所为，一般情况下，弱者不会主动干犯强者，社会的动荡往往因强者而起，因而天下的安宁需要强者的平静与谦下。谦下是一种德行，强者只有谦下，才会受到尊重，达到团聚他人的目的。孟子说“以力服人者，非心服也，力不赡也；以德服人者，中心悦而心诚服也”（《孟子·公孙丑上》）。只有依靠德行才能团聚人，使人心悦诚服。这样，强者团聚弱者，弱者也可依托强者，强弱各得其所，相安无事。

显然，《老子》的主张中有很浓的妥协意味和幻想色彩。在列强横行霸道的时代，讲妥协无疑是不合时宜的。一个民族、一个国家，只有敢于在强暴面前不屈服、不妥协，才是有希望的。但是，从另一个角度讲，如果人们能静下心来反思一下，则可以看到在妥协之中也包含着合理的因素。很多以武力对抗不能解决的问题，在彼此的妥协中能得到一定程度的解决。在当今社会，和平和民主是时代的主题，这需要有一种宽容的氛围，通过对话、沟通、谅解、妥协来解决问题，这样才能“皆得其欲”。否则，对任何一方都不会有益。在这个意义上，可以说谦让比干戈更有力，可以说“柔之胜刚”（第七十八章）。在此所谓的“柔之胜刚”不是说柔的一方胜刚的一方，而是说柔的方式胜刚的方式。双方（或多方）做出一些妥协，对双方（或多方）都有利。《易·讼》卦辞说“讼”是“中吉终凶”。在社会生活中，人与人、国与国之间难免争讼之事，如果能经过妥协和调解而中止则吉；要是一意把争讼坚持到底，其结果便是凶。也就是说，把争讼坚持到底，没有最终的胜利者。所以，最好是通过双方的谦让和妥协中止争讼。当然最理想的状况还是没有争讼，因为“和大怨，必有余怨”（第七十九章）。

需要说明的是，《老子》的观点与现代社会的妥协精神有很大的差异。现代社会的妥协是建立在平等基础上的，“和平共处”等原则充分体现了这一点，而在《老子》的思想中缺乏平等精神。但是，《老子》主张通过妥协而“皆得其欲”的观点，还是可以给人一定的启示。

有些注《老子》者认为，《老子》的这种观点是希望社会永远停留在分散割据状态，不符合历史发展的方向。割据是一种武力对抗的局面，《老子》反对武力，必不赞成割据。《老子》所主张的是“小国寡民”，“邻邦相望，鸡犬之声相闻，民之老死不相往来”（第八十章）的社会状态，而不是割据状态。而分散还是合并，与历史的演进并无必然联系，没有“非如此不可”的必然性。从文化生态的角度看，合并有利于各种文化的融合，分散则有利于保持文化的多样性，孰优孰劣，没有绝对的标准，关键在于和谐，在于保持合与分之间必要的张力。

第六十二章

道者，万物之注也，[1]善人之宝也，不善人之所保也。[2]

美言可以市，[3]尊行可以加人。[4]人之不善，何弃之有？

故立天子，置三卿，[5]虽有拱璧，[6]以先驷马，[7]不若坐而进此。[8]

古之所以贵此者何也？[9]不谓求以得有，罪以免欤！[10]故为天下贵。

校释

[1]注：聚。世传本作“奥”，藏的意思。

[2]善人、不善人：参见第二十七章注[9]。宝：珍宝。保：依附。“宝”和“所保”的区别在于“宝”是“自为”的，“所保”是“自在”的。

[3]美言：《庄子·齐物论》有“大言炎炎”，陆德明《经典释文》说：炎炎，同是非也，美盛貌。美言即为大言。第八十一章

中讲“美言不信”，即没有确定所指，没有烦言碎辞。市：本指集中进行交易的场所，在此指聚集各种人和物。《易传·系辞下》说“日中为市，致天下之民，聚天下之货”。

[4]尊行：指法“道”、从“道”、自然、无为等。加：帛书本作“贺”，“贺”亦“加”。“尊行可以加人”意思是尊行可以增益人。可参见第二十七章。

[5]三卿：司徒、司马、司空。

[6]拱：双手拱抱。璧：美玉。璧以双手拱抱，乃言其大。

[7]以：与、及。先：楼宇烈：“‘先’借为‘骁’字。‘骁’，《说文》：‘马众多貌’。”（《王弼集校释》，中华书局，1980年，第164页。）高明《帛书老子校注》：“‘先’字当为‘骁’。”驷马：驾一辆车的马。古代四匹马驾一辆车，叫一乘。

[8]坐而进此：无为自然而进于“道”。此句世传本作“不如坐进此道”。

[9]此句世传本作“古之所以贵此道者何”。

[10]不谓：不是因为。罪：祸殃、灾祸。此二句意思是，不是因为可以求得，而是能够免除灾祸。此章郭店竹简本无。

解读

这一章讲体“道”，即“自然无为”比任何财富都更珍贵。自然无为的珍贵之处，不在于要“求以得有”，而在于其可以免除灾祸。“求以得有”依据的是加法原则，其目的在于求得最大的幸福；“罪以免”依据的是减法原则，其目的在于尽量避免痛苦。这是两种不同的思路。《老子》讲“不谓求以得有，罪以免欤”，这也就是《庄子·天下》中所讲的“人皆求福，己独曲全”，“苟免于咎”。这与卡尔·波普以“最小痛苦原则”取代“最大幸福原则”的主张“同构”。《文子·符言》中也讲：“道不可以劝就利者，而可以安神避害。”不能把“不谓求以得有”理解为有追求就能得到。

这一章主要理解“不谓求以得有，罪以免欤”。

第六十三章

为无为，事无事，味无味。[1]

大小多少，[2]报怨以德。

图难乎其易也，为大乎其细也。[3]天下之难作于易,天下之大作于细。[4]是以圣人终不为大，故能成其大。

夫轻诺必寡信，多易必多难。是以圣人犹难之，[5]故终于无难。[6]

| 校释 |

[1]味：辨别滋味。味是对前面所讲为和事的比喻说明。味觉是物体刺激味蕾时所产生的感觉，味蕾没有受到刺激也就没有辨别滋味的现象，味蕾不会自己产生味觉，即无味。

[2]“大小多少……多易必多难”郭店竹简本作“大小之多易必多难”，中间无“报怨以德……轻诺必寡信”一段，廖名春认为应当是“大，小之；【多，少之。报怨以德。图难乎其易也，为大乎其细也。天下之难事必作于易，天下之大事必作于细。是以圣人终

不为大，故能成其大。夫轻诺必寡信，】多易必多难”。（《郭店楚简老子校释》，清华大学出版社，2013年，第156页。）

[3]图：计议、考虑。为：成为，做。

[4]作：始、发生。此二句世传本作“天下难事必作于易，天下大事必作于细”。

[5]犹：疑惧。难（nàn）：谨慎。“犹难之”即谨而行之。参见第十五、四十章。

[6]难（nán）：困难。

| 解读 |

第四十章中讲“上士闻道，堇能行于其中”，真正地体味“道”就会认识到人不可能达到“无限”，只能小心谨慎地“行”于“恒道”，不执不滞，守中应物，以求无“限”。所以，无为、无事不是一无所为、一无所事，而是应物而为、应物而事。王充说“所谓无为者，不先物而为也”（《论衡·自然篇》），“不先物而为”即不恣意妄为。程颢讲“廓然而大公，物来而顺应”（《定性书》），“大公”则不执不滞，“顺应”即有感而应。“应”就是“为”，就是“事”，感而应则其“为”即“无为”之“为”，其“事”即“无事”之“事”。总之，《老子》主张的是“为”而“无为”，“事”而“无事”，就如同“味”而“无味”一样。

程颢《定性书》又讲：“圣人之喜，以物之当喜；圣人之怒，以物之当怒。是圣人之喜怒，不系于心而系于物也。”“系于物”即是顺应。孔子说颜渊“不迁怒”，不迁怒也就是“怒”只系于当“怒”之事。“怨”也是如此。“报怨”不系于心而系于物，就是“报怨以德”。“德”在此不应理解为恩德，而应理解为顺应而行。《庄子·庚桑楚》有“动以不得已之谓德”。《论语·宪问》中讲“以直报怨”，“直”即正直、不偏。朱熹解释说：“于其所怨者，爱憎取舍，一以至公而无私，所谓直也。”“以直报怨”是“廓然而大公”，“报怨以德”则是“物来而顺应”。“德”与“直”本有相通之意，《老子》与孔子也有相近之处，只是《老子》更重不执，孔子更重不偏，所以，《老子》强调无为，孔子强调中行。

事物的变化都有一个由小到大、由易到难的过程，即“天下之难作于易，天下之大作于细”。然而，简易细微处也最容易使人掉以轻心，不以为意，等到事情变得复杂了，难处理了，才感到无处下手，力不胜任。这就是“多易必多难”。所以《老子》说要“图难乎其易也，为大乎其细也”，解决难事要从易时开始，处理大事要从小处入手。司马光说：“夫事未有不生于微而成于著。圣人之虑远，故能谨其微而治之；众人之识近，故必待其著而后救之。治其微则用力寡而功多，救其著则竭力而不能及也。”（《资治通鉴》卷一）“谨其微而治之”也可以说是“不为大”，“力寡而功多”可以说是“成其大”。

第六十四章

其安也，易持也。[1]其未兆也，易谋也。[2]其脆也，易泮也。[3]其微也，易散也。[4]为之于其未有也，治之于其未乱也。合抱之木，生于毫末；[5]九层之台，起于累土；[6]千里之行，[7]始于足下。

为之者败之，执之者失之。是以圣人无为，故无败；无执，故无失。临事之纪：[8]慎终如始。此无败事矣。人之败也，恒于其且成也败之。[9]

是以圣人欲不欲，[10]不贵难得之货；学不学，[11]复众之所过。[12]能辅万物之自然，[13]而弗敢为。[14]

校释

[1]安：稳定。持：保持。

[2]未兆：变化尚未显现。谋：谋虑。《易传·象传》：“君子以作事谋始。”

[3]脆：容易折断、容易破碎。泮：或作判、破，破裂。

[4]微：郭店竹简本作“几”。散：分散。

[5]毫末：细小的萌芽。

[6]起：帛书本作“作”。累（lěi）：堆积。

[7]此句郭店竹简本残，帛书本、西汉竹书本作“百仞之高”，此据世传本。

[8]临事：处事。纪：原则。此句郭店竹简本甲如此，郭店竹简本丙及帛书本、世传本皆无此句。

[9]且：将要、接近、几乎。这一段据郭店竹简本丙。郭店竹简本甲无“人之败也，恒于其且成也败之”。帛书本作“民之从事也，恒于其成而败之，故慎终如始，则无败事矣”。世传本与帛书本基本相同，“恒”作“常”，“其”作“几”。

[10]欲不欲：句式与“为无为，事无事，味无味”相同，意为“欲”而“不欲”。

[11]学（xiào）：通“斅”，郭店竹简本甲作“教”，斅、教皆效、法之意。《大戴礼记·卫将军文子》“好从善而斅往”，王聘珍解诂：“斅，效也。”《广雅·释诂三》“教，效也”，王念孙疏证：“《太平御览》引《春秋·元命苞》云‘天垂文象人行其事谓之教。’教之为言效也，言上为而下效也。”第二十五章中讲“人法地，地法天，天法道，道法自然”，皆“天垂文象人行其事”之谓。“学不学”意为“学”而“不学”。

[12]复：遏止。《淮南子·时则训》“规之为度也，转而不复，员而不垸”，高诱注：“复，遏也。”过：失度、过分。“复众之所过”亦即“去甚、去泰、去奢”。此句帛书本及世传本皆作“复众人之所过”。

[13]能：世传本作“以”。辅：辅助。此句郭店竹简本甲作“是

故圣人能辅万物之自然”。

[14]为：人为造作。敢：郭店竹简本甲作“能”。

| 解读 |

这一章的内容郭店竹简本分作三处，其中有两处文字基本相同，但是文意有别。根据郭店竹简本，这一章主要讲两个问题。第一部分从“其安也，易持也”到“千里之行，始于足下”，主要围绕“为之于其未有也，治之于其未乱也”，讲凡事皆从小开始，这与上一章“图难乎其易也，为大乎其细也”是一致的。

第二部分从“为之者败之”到“而弗敢为”，在郭店竹简本甲和丙分别出现。甲本中无“人之败也，恒于其且成也败之”两句，丙本则有，使文意生变。根据郭店竹简本甲，这一部分的“慎终如始”应该是指保持始点的可能状态，而丙本加了“人之败也，恒于其且成也败之”，使“慎终如始”的意思变为要谨慎终点，文意区别甚大。今原文依丙本，以存资料之全，解读则依据郭店竹简本甲。

人的初始状态是一种可能状态，可能状态是自由状态。在第一章解读中我们说过“恒道”体现了人与“四达之衢”的关系，“可道”体现了人与“一达之道”的关系。当人处于“四达之衢”时，即是一种可能状态，而一旦由“四达之衢”变成“一达之道”，人只能走向唯一的方向时，便失去了可能状态，也就没有了自由。所以，《老子》认为，人应保持处于“四达之衢”（“恒道”）的初始状态，而不应执着于“一达之道”（“可道”）的既成状态和最终目标。只有保持初始的可能状态，才能有生机，才能避免“失”和“败”。保持初始状态不是静止不动，像杨子那样“见逵路而哭”却并不选择，如果是这样的话，那可能状态也就失去了意义。保持初始状态是要把行为的每一点都作为始点，向各种可能敞开，这就叫“慎终如始”，用人们常讲的话叫“从零开始”。《老子》把这看作是处事的一个原则。第五十五章中讲“含德之厚者，比于赤子”，其中隐含的意思之一，就是婴儿表现出更多的可能性，所谓“复归于婴儿”（第二十八章），也可以说就是保持“从零开始”的态势。

“从零开始”即不占有（过去）、不执着（未来），处于一种应和当下的状态。应和当下则无所不宜，从零开始则无所不可，这样，在不断地“得（德）”与“失”的过程中展开无“限”。

要做到从零开始，应和当下，需要保持自然状态。人为地扩张欲望，盲目地效法他人，最容易把人限制在单向度的路上。比如重视难得之货以及潮流、时尚等等就往往会使人失去自由选择方向的可能性。所以《老子》说要“欲不欲”“学不学”。人要生存，不可能彻底无“欲”，不可能完全不“学”，如果其“欲”其“学”皆出于自然，那么就是“欲”而“不欲”，“学”而“不学”。嵇康说：“不虑而欲，性之动也；识而后感，智之用也。性动者，遇物而当，足则无余；智用者，从感而求，倦而不已。”（《答难养生论》）出于“性之动”的欲（或学）是“遇物而当，足则无余”，不失度，不过分；出于“智之用”的学（或欲），则是“从感而求，倦而不已”，没有限度。讲“不欲”“不学”就是要遏止出于“智之用”的欲和学，而并不否定出于“性之动”的欲和学。

“复众之所过”事实上是在辅助“自然”，也就是《老子》所说的“配天”（第六十八章）。“配天”不是人为造作，所以说“能辅万物之自然，而弗敢为”。

第六十五章

古之为道者，[1]非以明民也，[2]将以愚之也。[3]

民之难治也，以其知也。[4]故以知知邦，邦之贼也；[5]以不知知邦，[6]邦之德也。[7]

恒知此两者，[8]亦稽式也。[9]恒知稽式，是谓玄德。[10]玄德深矣、远矣，与物反矣。[11]乃至大顺。[12]

校释

[1]为道：取法于“道”。此句世传本作“古之善为道者”。

[2]明民：河上公《老子道德经章句》：“不以道教民明智巧诈也。”王弼《老子注》：“明谓多见巧诈，蔽其朴也。”第十九章中讲“绝智弃辩”“绝巧弃利”“绝伪弃虑”。以上二句帛书甲本作“故曰为道者非以明民也”。

[3]愚：纯朴、敦厚。王弼《老子注》：“愚谓无知守真，顺自然也。”范应元《老子道德经古本集注》：“所谓愚之者，非欺也，但因其自然，不以穿凿私意导之也。”

[4]知：同“智”，谋虑、智巧、伪诈等。此句世传本作“以其智多”。

[5]“知邦”之“知”：为。世传本作“以智治国”。贼：祸害。

[6]此句世传本作“不以智治国”。

[7]德：福。世传本作“福”。以上四句“邦”字世传本皆作“国”。

[8]知：识别、辨别。两者：指“明民”和“愚之”。世传本无“恒”字。

[9]稽式：法式、模式。西汉竹书本作“楷式”。

[10]玄德：参见第十章注[14]。“恒”世传本作“常”。

[11]与物反矣：与一般事物的“德”相反。

[12]顺：有顺应之意，也有适合、顺利之意。“大顺”指无所不可、无所不宜。《庄子·天地》：“其合缗缗，若愚若昏，是谓玄德，同乎大顺。”此句世传本作“然后乃知大顺”。此章郭店竹简本无。

解读

第四十八章中讲“为学者日益”，“为道者日损”。这一章所讲的“明民”与“愚之”同“为学”与“为道”的看法是一致的。《老子》认为，治理社会的关键，主要不在于提高人们的知识和技能的水平，而在于保持人们纯真质朴的本性。如果离开纯真质朴的本性，那么知识就会成为产生机谋巧诈的土壤，成为进犯他人的力量。这是社会难以治理的一个原因。所以《老子》说“以知（智）知邦，邦之贼也”。只有以纯真质朴为立国之本，才能国泰民安。所以说“以不知（智）知邦，邦之德也”。

“为学”与“为道”，“明民”与“愚之”，表示了两种不同的思路、方法和模式。这两种模式在治理社会中都起一定的作用。“为学”或“明之”对所谓的社会“发展”起的作用较大，而“为道”或“愚之”对于社会的“和谐”意义更为重要。《老子》主张和谐重于发展，所以他突出“为道”和“愚之”的作用。但是，《老子》并不完全反对“知”，他多次讲到了“知”，强调“知”的重要性。譬如，讲“知常，明也。不知常，妄。妄作，凶”（第十六章），讲“知和曰明”（第五十五章），讲“名亦既有，夫亦将知止。知止所以不殆”（第三十二章），讲“知足之为足，此恒足矣”（第四十六章），讲“不出于户，以知天下；不窥于牖，以知天道”（第四十七章）等等，知常、知和、知足、知止、知天下、知天道都是“知”。他也要求百姓有所“知”，譬如说“使夫知不敢、弗为而已”（第三章）。《老子》所绝弃的是“智”而不是“知”。所以，“以不知（智）知邦”不是说绝对“不知”，而是说不把“知”变成“智”，即“不智”。按照《老子》的“逻辑”，“不智”即“大智”，“大智若愚”，所以“以不知（智）知邦”也可以说是以“愚”知邦。但是这“愚”不是冥顽不灵之“愚”，而是蕴蓄着“知”的“愚”，是“若愚”。第五十二章中讲：“既得其母，以知其子；既知其子，复守其母。”“知其子”为“知”，“守其母”为“愚”，“守其母”不同于“得其母”，“守母存子”也不是“得母失子”。要保持“母”与“子”、“愚”与“知”之间的张力，在“愚”的背景下“知”，得“知”守“愚”。

把握好“愚”与“知”的张力，也就是“玄德”。“玄德”与一般事物的“德”是不同的。一般事物的“德”大致可以用“是”来界说，譬如说“商品是为交换而生产的劳动产品”，就是用

“是”把“商品”和“为交换而生产的劳动产品”联系起来，以此界说“商品”。而“玄德”则不能简单地用“是”来界说，往往是用“大……若……”或“大……无……”的句式来描述和形容，如“大成若缺”“大盈若冲”“大直若诎”“大巧若拙”“大白如辱”“大方无隅”“大器曼成”“大音希声”“大象无形”“大制无割”等等。这在形式逻辑的定义规则中是不允许的。在这一方面，“玄德”与“道”相似。经验的内容一旦涉及超经验的“大”便失去其效用，所以《老子》说“玄德深矣、远矣，与物反矣。乃至大顺”。“至大顺”也就是“玄达”。

“非以明民”“将以愚之”往往被理解为是愚民政策，这是由于未能很好地理解《老子》哲学中的“愚”。在《老子》的哲学中，“愚”不是指愚蠢、愚昧等状况，而是一种境界。这是在读《老子》时应注意区别的。

读这一章时要注意理解“玄德深矣、远矣，与物反矣。乃至大顺”。

第六十六章

江海所以为百谷王，[1]以其能为百谷下，[2]是以能为百谷王。

圣人之在民前也，以身后之；其在民上也，以言下之。[3]其在民上也，民弗厚也；其在民前也，民弗害也。[4]天下乐进而弗厌。[5]

以其不争也，故天下莫能与之争。[6]

校释

[1]此句据郭店竹简本，帛书本和世传本皆作“江海所以能为百谷王者”。王（wàng）：归往。《说文解字》：“王，天下所归往也。”《春秋穀梁传·庄公三年》：“王者，民之所归往也。”《文子·自然》说“江海近于道”。

[2]此句据郭店竹简本，帛书本及世传本作“以其善下之”。

[3]此句据郭店竹简本，与帛书本、世传本多有差异，关键字的不同：“在民前”“在民上”，帛书本、世传本作“欲先民”“欲上民”，且顺序相反；“以身后之”“以言下之”，帛书本作“必

以其身后之”“必以其言下之”，世传本无“其”字。郭店竹简本与帛书本、世传本的两种表述的区别是微妙的。郭店竹简本的表述可理解为：因为以身后之，所以在民前；因为以言下之，所以在民上。帛书本、世传本的表述则可理解为：如果想要在民上，必须以言下之；如果想要在民前，必须以身后之。吴澄《道德真经注》：“圣人谦让盛德，非有心于上人先人为之，读者不以辞害意可也。”

[4] 此句据郭店竹简本，帛书甲本作“故居前而民弗害也，居上而民弗重也”，帛书乙本顺序相反，世传本作“是以圣人处上而民不重，处前而民不害”。厚：重。高亨《老子正诂》：“‘重’犹‘累’也。……言民不以为累也。”

[5]进：推重、褒扬。帛书本及世传本作“推”。厌：倦厌。

[6]此二句世传本与郭店竹简本同，帛书本作“非以其无争与？故天下莫能与争”。

解读

第八章中讲“水善利万物而不争，居众人之所恶，故几于道”。第三十二章中讲“譬道之在天下也，犹小谷之与江海”。这一章则说“江海所以为百谷王，以其能为百谷下，是以能为百谷王”。结合这几处对水的表述，可以看出《老子》极推崇水甘居于下和不争的特点。水之居下与不争是自然无为的，不是欲上而居下，欲争而不争，体味水的道理时一定要注意这一点。

第十七章中讲“太上，下知有之”。“下知有之”主要强调两点：第一，执政者或统治者不给人民造成重压感；第二，执政者或统治者不指手画脚。这样，百姓只知道有执政者在，但是感觉不到其任何影响，所以其在民上而民弗厚，在民前而民弗害。这样的执政者实际上只具有象征的意义，而真正管理社会的是百姓自己。

《老子》以水比圣人，其言下之意即圣人也是应“利万物而不争，居众人之所恶”，这样，则“天下乐进而弗厌”，“天下莫能与之争”，即与天下无争。

第 六 十 七 章[1]

天下皆谓我大，大而不肖。[2]夫唯不肖，故能大。[3]若肖，久矣其细也夫。[4]

我有三宝，持而宝之。[5]一曰慈，[6]二曰俭，[7]三曰不敢为天下先。

夫慈，故能勇；[8]俭，故能广；[9]不敢为天下先，故能成器长。[10]

今舍其慈，且勇；[11]舍其俭，且广；舍其后，且先，则死矣。

夫慈，以战则胜，以守则固。天将建之，[12]如以慈垣之。[13]

校释

[1]帛书本在对应世传本第六十六章和第六十七章之间有世传本第八十章、第八十一章的内容，据世传本章序将其移后，以便与世传本对应。

[2]肖：相似、相像。此二句世传本作“天下皆谓我道大，似不

肖”。

[3]此二句帛书乙本如此。帛书甲本、西汉竹书本作“夫唯大，故不肖”。世传本作“夫唯大，故似不肖”。

[4]细：微小。此二句帛书甲本作“若肖，细久矣”。

[5]此二句帛书本作“我恒有三葆之”，西汉竹书本作“我恒有三宝”。此据傅奕本。

[6]慈：柔慈，柔和。

[7]俭：节制、收敛。

[8]勇：强健有力。

[9]广：本意是四周没有墙壁的大屋，在此意谓敞开，所通宏远。

[10]器：物。长：主掌。“成器长”指做物的主人，而不为物所役。《庄子·山木》有“物物而不物于物”。此句帛书甲本作“故能为成事长”。

[11]勇：王弼《老子注》：“且犹取也。”

[12]建：通“健”，强健有力。《易传·象传》说“天行健”。此句世传本作“天将救之”。

[13]如：则。垣：本意指“墙”，有筑墙围绕的意思。在此指用“慈”把“建”圈围起来或说在“慈”的范围内而“建”。此句世传本作“以慈卫之”。第六十七章之后各章，郭店竹简本皆无。

解读

第二十五章中讲“道大，天大，地大，王亦大。国中有四大，而王居一焉”，这一章一开头就讲“天下皆谓我大”，可知这是以“王”或“圣人”的口气讲的。

在第二十五章解读中说过“大”有确定之“大”与不确定之“大”的分别。“道”之“大”是不确定的，天地之“大”是确定的。由于圣人具有“孔德”（第二十一章中讲“孔德之容，唯道是从”），所以，他能像“道”那样没有确定的规定性，是不确定之“大”。只不过“道”之不确定是无所不备之“无限”，“王”之不确定是无所不可之无“限”，所以《老子》说：“大而不肖。”“不肖”即是说无“限”不像“无限”。正因为“不肖”，即只求无“限”，不求“无限”，才能做到无“限”。如果妄求“无限”，那就始终只能是“有限”。这就是“夫唯不肖，故能大。若肖，久矣其细也夫”。第三十八章中讲“上德不德，是以有德；下德不失德，是以无德”，也是说这个道理。

第三十四章中讲“圣人之能成大也，以其不为大也，故能成大”，第六十三章中讲“圣人终不为大，故能成其大”。“为大”就是要通过“益”的途径来不断地扩大自己。但是，无论其怎样扩大，与“无穷大”（∞）相比始终是“无穷小”（ε）。所以，其自以为“大”只是一种狂妄。圣人不是通过外延式的“益”来扩大自己，而是通过内敛式的“损”，使人保持可能状态，向各种可能敞开而成为无“限”。所以《老子》说：“我有三宝，持而宝之。一曰慈，二曰俭，三曰不敢为天下先。”在慈、俭、不为先的前提下，可以勇、广、成器长。勇、广、成器长都体现了“大”，体现了无“限”。这就是“终不为大，故能成其大”。

“勇”从“力”从“甬”。段玉裁《说文解字注》说“凡从甬声之字皆兴起之意”。所以“勇”的字面含义是力之兴起，无力则无勇。但是，力之兴起要以柔慈为本，否则力将会成为进犯之力。人类社会中强凌弱、众暴寡的现象都是由于有“力”而无“慈”，所以其“勇”成为“敢”之“勇”。《老子》说“勇于敢则杀”

（第七十三章），“杀”也就是“死”，所以说“舍其慈，且勇，……则死矣”。因此，具有柔慈之德是非常重要的。《老子》说：“天将建之，如以慈垣之。”强健有力要控制在“慈”的范围之内，即“以慈垣之”。第二十八章中讲“知其雄，守其雌”，“天将建之”是“知雄”，“以慈垣之”是“守雌”。超出“慈”的范围，则不可以“勇”。在“慈”之范围内的“勇”为“不敢”之“勇”。《老子》说，“勇于不敢则活”（第七十三章）。

《老子》说“治人事天莫若啬”（第五十九章）。“啬”也就是俭约。只有俭，才能保持充分的敞开，才能保持其各种可能的向度，所通宏远。《庄子·天下》说老子“以约为纪”，也就是以俭约为准则。

所谓“不敢为天下先”是说要“应和”而不是“设定”。只有应和境遇，才能展现器物之“用”，才能“物物而不物于物”，执于先在的“设定”往往会为物所役。根据“定义”，钉耙是“碎土、平土的农具”，那猪八戒手中的“钉耙”是什么呢？如果必须按“定义”使用器物，可能猪八戒手中就不会有“称手”的兵器了。只有应和境遇，才能有“称手”之“器”，才能“成器长”。

第六十八章

善为士者不武，[1] 善战者不怒，[2] 善胜敌者弗与，[3] 善用人者为之下。

是谓不争之德，是谓用人，[4] 是谓配天。[5] 古之极也。[6]

校释

[1]士：兵士。也可泛指有力量的人。不武：不尚武力。

[2]怒：气势很盛。

[3]与：交接。“弗与”指不对斗。

[4]此句世传本作“是谓用人之力”。

[5]配：合。

[6]古之极：自古之极则。

解读

本章开头几句概括起来就是讲“不争之德”。《老子》一书中多次讲到“不争”：第三章中讲“不尚贤，使民不争”；第八章中讲“水善利万物而不争”，“夫唯不争，故无尤”；第二十二章中讲“夫唯不争，故莫能与之争”；第六十六章中讲“以其不争也，故天下莫能与之争”；直到全书的最后一句话（按世传本《老子》的顺序），还是讲“人之道”应该是“为而弗争”。可见《老子》对“不争之德”的重视。

在第三章解读中说过，所谓“不争”只是否定名利之争、占有之争、贪欲之争，并不否认人为了维持正常生存所做的努力。为了维持正常的生存，人需要付出一定的努力，为了“复归于婴儿”“复归于朴”（第二十八章），更需要付出努力，这叫“用人”。“用人”不是要用以扩张贪欲、争名夺利、占有财富，而是要合于天道。第七十三章中讲“天之道，不争而善胜”，具有“不争之德”，始与天道相合，这就叫“配天”。

这一章要着重理解“用人”和“配天”。

第六十九章

用兵有言曰："吾不敢为主而为客，[1]不敢进寸而退尺。"

是谓行无行，[2]攘无臂，[3]执无兵。[4]乃无敌矣。[5]

祸莫大于无敌，[6]无敌近亡吾宝矣。[7]故抗兵相若，[8]则哀者胜矣。[9]

校释

[1]主：战争中主动进攻的一方。客：战争中被动应战的一方。河上公《老子道德经章句》："主，先也。不敢先举兵。客者，和而不倡，用兵当承天而后动。"苏辙《老子解》："主，造事者也。客，应敌者也。"巴雷特认为，海德格尔建议保持被动性而不是主动性（《非理性的人》，商务印书馆，1995年，第230页）。

[2]行（xíng）：出动、出行，在此指出兵。行（háng）：行列、阵势。"无行（háng）"指没有行阵。古代打仗以列阵为始，没有行阵说明没有战斗。"行（xíng）无行（háng）"指虽然出兵，但是

却不打仗。

[3]攘无臂：指虽捋衣袖，却没有伸臂。攘臂，捋起衣袖，伸出胳膊。

[4]兵：兵器。“执无兵”指虽有执持之势，却不实握兵器。

[5]敌：对。王弼《老子注》：“言无有与之抗也。”此句并上句世传本作“扔无敌，执无兵”。

[6]无敌：无视敌人。世传本作“轻敌”。

[7]近：世传本作“几”，近、几互通。宝：即第六十七章中所讲的慈、俭、不敢为天下先“三宝”。

[8]抗兵相若：两军相当。此句帛书甲本作“称兵相若”。

[9]哀：有爱惜的意思，有“慈”的意思。成克巩《御定道德经注》：“哀者，若哀戚而不以用兵为喜。”第三十一章中讲用兵“以丧礼居之”，“以悲哀莅之”。第六十七章中讲“夫慈，以战则胜，以守则固”。

解读

林希逸说“此章全是借战事以喻道”（《老子鬳斋口义》），虽然不很恰当，但是也不可只理解为是讲用兵之事。“不敢为主而为客”这句话的表层含义指不做进攻的一方，只做应战的一方，而其深层意义则是强调“应”，即强调人的行为应该是对境遇的应和，是不得已而为之。《文子·九守》中讲：“感而应，迫而动，不得已而往。”《庄子·庚桑楚》中讲：“不得已之类，圣人之道。”“不敢进寸而退尺”的深层意义是强调“啬”，即强调人要收敛节制，而不是不断扩张自己的欲望。苏辙说：“进者，有意于争者也；退者，无意于争者也。”（《老子解》）《老子》重视

"不争之德"（第六十八章），所以也重视"退"。

《庄子·天下》在讲老聃时引用了《老子》第二十八章的"知其雄，守其雌，为天下溪"和"知其白，守其辱，为天下谷"的话，认为这体现了老聃的特征。在《老子》一书中确实经常体现出这一特征来。如讲"方而不割，廉而不刺，直而不肆，光而不耀"（第五十八章），方、廉、直、光体现了"知其雄"，不割、不刺、不肆、不耀体现了"守其雌"。讲"天将建之，如以慈垣之"（第六十七章），强健有力体现了"知其雄"，垣以柔慈体现了"守其雌"。讲"化而欲作，将镇之以无名之朴"（第三十七章），"化而欲作"体现了"知其雄"，"镇之以无名之朴"体现了"守其雌"。这一章中讲"行无行，攘无臂，执无兵"也体现了这一特征。行、攘、执体现了"知其雄"，无行、无臂、无兵体现了"守其雌"。就"不敢为主而为客"讲，"不敢为主"体现了"守其雌"，即只是"应"。应就不是不应，不应也就谈不上"为客"，所以"为客"又体现出"知其雄"的一面。"知其雄"要以"守其雌"为前提，离开"守其雌"而轻敌冒进、肆无忌惮，将会带来失败的结果。所以《老子》说"抗兵相若，则哀者胜矣"。"哀"有"慈"的因素，"慈，故能勇"，所以"哀者胜"。

第七十章

吾言甚易知也，甚易行也。而人莫之能知也，[1]莫之能行也。

言有宗，事有君。[2]

夫唯无知也，[3]是以不我知。[4]知者希，则我贵矣。[5]是以圣人被褐而怀玉。[6]

校释

[1]人：帛书乙本和世传本作“天下”。

[2]宗：宗旨。君：根本。此二句帛书甲本作“言有君，事有宗”。

[3]无知：别人不理解。

[4]不我知：不知我。

[5]希：少。贵：难得。此二句世传本多作“知我者希，则我者贵”。

[6]被（pī）：同“披”。褐：粗布做的衣服，是平民的或大众化的服装。“被褐而怀玉”指外表平常而内中高尚。

解读

英国思想家罗素说，“哲学大师们的中心思想本质上都是非常简单的”（见麦基编《思想家》，三联书店，1987年，第52页）。《老子》的中心思想就非常简单，即“无为而无不为”（第四十八章）。司马谈说：“道家无为，又曰无不为。”（《史记·太史公自序》）王弼说：“《老子》之书其几乎！可一言而蔽之，噫！崇本息末而已矣。”（《老子指略》）在《老子》第三十八章的注中，王弼又说“本在无为”。也就是说，王弼认为《老子》一书所推崇的就是“无为”。“无为”就是《老子》的言宗事君。

“无为”的观点在《老子》以及道家思想中具有特别重要的意义，但是《老子》为什么要强调“无为”，为什么要讲“无为而无不为”呢？这涉及《老子》思想的中心问题，即“全”与“偏”的关系问题。

《老子》思想的逻辑结构是“道”（“无限”、全）—德（有限、偏）—玄德（无“限”、全）。“无为而无不为”就是要臻于“玄德”，实现无“限”。

《老子》思想的基本原则是“对反互补”，“守中应物”。如“知雄守雌”“知白守辱”“知子守母”等等都体现了“对反互补”。在“对反互补”中保持“必要的张力”，在“守中应物”中实现“无为而无不为”。

因此，相对世人过分的“正”的意向，《老子》的思想表现出较多的“负”的色彩。《老子》强调“无为”“无事”“不盈”“不争”“损之又损”等等，表现出与世人相反的取舍。第二十章中讲“我欲独异于人”，所以“众人皆有余，我独遗”，“众人皆有以，我独顽以鄙”，“俗人昭昭，我独若昏兮”，“俗人察察，我独闷闷兮”。《庄子·天下》讲老聃是“人皆取先，己独取后”，“人皆取实，己独取虚”，“人皆求福，己独曲全”，这些都体现出与世人相反的取舍意向。《老子》对“负”的强调是为了与世人的“正”形成张力，“挫其锐”，“弱其志”，用《老子》的话讲，这叫作“复众之所过”（第六十四章）。但是，《老子》并不偏执于“负”的一面，不能因为《老子》思想有较多“负”的色彩而认定《老子》偏执于“负”的一面。

由于要体现“负”的意向，所以，在语言的表述中《老子》多用无、不、弗、非等否定词以及一些其他的否定表述形式，如去、绝、损、弃等等。这似乎增加了了解《老子》之言的难度。但是，如果能够把握住《老子》思想的主旨，那么《老子》之言还是“易知”的。践行《老子》的主张也很简易，最根本的一点就是尽量少“事”，为“客”而不为“主”，所作所为皆出于“不得已”，这都不难。所以，《老子》说：“吾言甚易知也，甚易行也。”司马谈说道家“指约而易操，事少而功多”（《史记·太史公自序》）。“指约”即主旨简单，就是无为，应而不唱，推而后行，所以易操；“事少”才能过失少，无过即功，所以功多。

但是，由于世人偏执于“正”的思路，企图通过增益原则求得最大的幸福，因此迷惑于虚假的需求和欲望，追求于外在的积累和占有，对《老子》的主张不以为然，不能正确看待《老子》思想的价值，更无意践行，所以《老子》又说：“人莫之能知也，莫之能行也。”

《老子》的思想由于不合“时尚”和“潮流”而难以为世人所认同，而不合“时尚”和“潮流”却正是《老子》思想的价值所在。章学诚说：“风尚所趋，必有其弊。君子立言以救弊，归之中正而已矣。”（《文史通义·说林》）《老子》正是立言救弊。而且《老子》也没有想要使自己的主张成为“时尚”和“潮流”，如果成了时尚、潮流，那《老子》思想也就失去其价值了。所以《老子》说：“知者希，则我贵矣。”

辛弃疾《青玉案·东风夜放花千树》中有“众里寻他千百度，蓦然回首，那人却在、灯火阑珊处”之句，《老子》思想的价值正在那“灯火阑珊处”。当人们“蓦然回首”时，会惊喜地发现，在《老子》思想的简朴之中包含着最珍贵的东西——和平安乐，这正是人们孜孜以求的。这可以说是“被褐而怀玉”的一种含义。

“被褐而怀玉”更主要的是说人的境界。河上公注说：“被褐者，薄外；怀玉者，厚内。”王弼注说：“被褐者同其尘，怀玉者宝其真也。圣人之所以难知，以其同尘而不殊，怀玉而不渝，故难知而为贵也。”意思颇近《庄子·天下》中所讲“独与天地精神往来，而不敖倪于万物”。苏辙说被褐怀玉者“外与人同而中独异耳”（《老子解》）。“不敖倪于万物”则“外与人同”，“独与天地精神往来”则“中独异也”。“被褐而怀玉”是一种很高的境界。

第七十一章

知不知，[1] 尚矣；[2] 不知知，[3] 病矣。[4] 是以圣人之不病也，以其病病也，[5] 是以不病。

校释

[1]知：识别、区别。《吕氏春秋·有始》“天地合和，生之大经也。以寒暑日月昼夜知之”，高诱注：“知，犹别也。”“知不知”指由知到不知。

[2]尚：高、高明。世传本作“上”。

[3]不知知：由不知到知。帛书甲本作“不知不知”。

[4]病：弊病。世传本在此句后有“夫唯病病，是以不病”。

[5]病病：前一个“病”为动词，忧虑。后一个“病”为名词。

解读

在第二十八章解读中曾讲到“复”是《老子》思想的一个基本框架。如“无物—有物—无物”（第十四章中有“复归于无物”），“愚—智—愚”（第二十八章中有“复归于朴”），“得其母—知其子—复守其母”（第五十二章）以及“用其光”—“复归其明”（第五十二章）等等。对于“知”来说，其基本框架就是“不知—知—不知”。第一章中讲：“无名，万物之始也；有名，万物之母也。”“名”是用以辨别事物的（《春秋穀梁传·隐公三年》“其不名何也”注：“夫名者，所以相别尔”），“无名”强调“混”，“有名”强调“分”。《管子·心术下》：“凡物载名而来，圣人因而财（裁）之。”“载名而来”指事物本来具有的差别，“因而财（裁）之”即根据事物本来具有的差别而以“名”别之，这就是“知”。第三十二章中讲“始制有名”，第五十二章中讲“天下有始，以为天下母。既得其母，以知其子”，都指这从“不知”到“知”的过程。但是，事物之间不仅有区别，更有纵横交错的广泛联系，构成联系之网。区别是在联系的背景下显现出来的，不能只注意区别而把事物与联系之网割裂开来。离开“母”，“子”是不能存活的，所以不仅是要“既得其母，以知其子”，而且要“既知其子，复守其母”；不仅要“始制有名”，而且要“名亦既有，夫亦将知止”（第三十二章），要“镇之以无名之朴”（第三十七章）。第十六章中讲：“不知常，妄。妄作，凶。”“知常”也就是要知“复”，不知“复”就是“妄”，“妄作，凶”。执于“不知—知”就是“妄作”，是“病”。对于人类来说，这“病”有日益加重的趋势，这是令人忧虑的。要消除这病，就要从“知”复归于“不知”，即“知—不知”。这“不知”是包含着“知”的“不知”，用《老子》的话讲，这叫“大制无割”（第二十八章）。

在这一章，《老子》为了突出“复”的重要性，把“知不知”放在“不知知”之前，如果把语序变换一下，“复”的框架结构会更明显，即“不知—知—不知”。

在前面我们说过，对《老子》之言不可以一种解释尽其意，这在本章中体现得更为突出。这一章言至简而意颇深，可以有多种不同的理解，譬如，“知不知”可理解为能够知却不去知，是能之而不为；“不知知”可理解为不能知却强去知，是为之而不能。不可执着于一种理解。

第七十二章

民之不畏威，则大威将至矣。[1]

毋狭其所居，[2]毋厌其所生。[3]夫唯弗厌，是以不厌。[4]

是以圣人自知而不自见也，[5]自爱而不自贵也。[6]故去彼而取此。[7]

校释

[1]不畏威：不畏惧威压。大威：更大的威力或者可怕的事情。世传本无“将”字。

[2]狭：世传本或作“狎”，同“狭”，挤迫。居：日常生活。

[3]厌（yà）：阻塞。生：生路。

[4]不厌（yàn）：不嫌弃。

[5]见（xiàn）：显示、显露。第三十三章中讲“自知者，明也”，第二十二章中讲“不自见，故明”。

[6]自贵：抬高自己。

[7]去：离开。彼：指自见、自贵。取（qū）：趋向。此：指自

知、自爱。

┃解读┃

第十七章中讲："太上，下知有之；其次，亲誉之；其次，畏之；其次，侮之。"这一章可以说是对第十七章的进一步展开。

孟子说"以力服人者，非心服也，力不赡也"（《孟子·公孙丑上》）。统治者以威力慑服百姓，只能使百姓在表面上畏惧，而内心并不顺服。这种状况就是《老子》所说的"畏之"。《吕氏春秋·荡兵》说："威也者，力也。民之有威力，性也。"在百姓中间始终蕴藏着巨大的威力，这种威力就像空气一样，平时并不觉得其有多大的力量，但是当其受压达到一定限度时便会冲破压迫，爆发出来。这时，百姓将不再屈服于统治者的威压，而对统治者的压迫进行反抗，对统治者的威力表示轻蔑。这就是"侮之"。这是一种足以使统治者胆战心惊的力量。所以《老子》说"民之不畏威，则大威将至矣"。百姓对统治者的反抗源于统治者对百姓的压迫，压迫越大反抗越强，所以《老子》认为要尽量避免对百姓产生压力。"毋狭其所居，毋厌其所生"就是强调这一点。这样，在民上而民不感劳累，在民前而民不觉妨碍，百姓自在，社会安宁，百姓对执政者只是"知有之"，当然也就不会厌弃，这就是"夫唯弗厌，是以不厌"。

"毋狭其所居，毋厌其所生"说的是执政者怎样对待老百姓，"自知而不自见""自爱而不自贵"是说执政者自身的修养。"自见""自贵"是"狭其居""厌其生"的重要原因之一，应深切体会。

第七十三章

勇于敢则杀，[1]勇于不敢则活。此两者，或利或害。

天之所恶，孰知其故？[2]

天之道，不争而善胜，[3]不言而善应，弗召而自来，繟然而善谋。[4]

天网恢恢，[5]疏而不失。[6]

校释

[1]于：而。敢：冒犯、进犯。杀：死。

[2]世传本在此后多有“是以圣人犹难之”。

[3]争：争斗。帛书甲本残，帛书乙本作“战”。此据世传本。

[4]繟（chǎn）：舒缓、坦然。世传本或作“坦”。西汉竹书本作“默”。

[5]天网：自然的联系。恢恢：广大。

[6]疏：稀疏。失：漏失。

| 解读 |

孔子说："知者不惑，仁者不忧，勇者不惧。"（《论语·子罕》）后来，儒家学者把智、仁、勇称之为"三达德"，可知"勇"在中国传统文化中的地位。在第六十七章解读中曾分析过"勇"字，说"勇"的含义是力之兴起。《易传·象传》讲"天行健，君子以自强不息"，"自强不息"就体现出一种力度。在孔子对"勇"的论述中，最有代表性的是"见义不为无勇也"一句（《论语·为政》），这句话后来被演变为"见义勇为"。这可以说是儒家论"勇"的宗旨。孟子分"勇"为"大勇"和"小勇"。如北宫黝之勇、孟施舍之勇皆为小勇，大勇则有如孔子弟子曾参所说之勇：反躬自问，如果理不直气不壮，那么即使平民百姓也不能冒犯；但是，如果正义在我，那么即使前面有千军万马也会勇往直前（见《孟子·公孙丑上》）。荀子说："义之所在，不倾于权，不顾其利，举国而与之不为改视，重死，持义而不桡，是士君子之勇也。"（《荀子·荣辱》）《左传·哀公十六年》有"率义之谓勇"，可以说是对儒家所倡之"勇"的概括。也就是说，要用"力"做正义的事，做应该做的事。

道家也主张要有力，主张要"勇"。第二十章解读中分析《老子》的"独"时曾引易卜生的话：世界上最强有力的人就是那个最孤独的人。《老子》强调的"独"就体现出巨大的力量。《庄子·秋水》讲："知穷之有命，知通之有时，临大难而不惧者，圣人之勇也。"陶渊明《形影神》诗中讲："纵浪大化中，不喜亦不惧，应尽便须尽，无复独多虑。"这就是"知穷之有命，知通之有时，临大难而不惧"，体现出巨大的力量。道家之"勇"可以概括为"顺化之勇"。

在第六十七章中《老子》说“慈，故能勇”，“舍其慈，且勇……死矣”。“勇”必须要以“慈”为本，如果舍“慈”而取“勇”，那么“勇”将会成为“敢”之“勇”，即成为进犯别人的力量。所以《老子》在这一章中再次强调要“勇于不敢”。只有“勇于不敢”，才能真正成就“勇”。《庄子》说“大勇不忮”，“勇忮而不成”（《庄子·齐物论》）。“忮”指强悍、凶狠。强悍凶狠不能真正成为“勇”。

儒家所倡之“勇”与道家所倡之“勇”虽然有区别，但是二者有一个共同之处，就是都不主张把“力”向外“涌”，不主张征服，而主张要把“力”体现在自身的生存过程中。“力”向外“涌”往往会“勇于敢”，“力”蕴于内则是“勇于不敢”。《庄子·秋水》讲：“水行不避蛟龙者，渔父之勇也；陆行不避兕虎者，猎夫之勇也；白刃交于前，视死若生者，烈士之勇也。”渔父之勇、猎夫之勇、烈士之勇是职业之勇或事业之勇，是小勇。圣人之勇是做人之勇，是大勇。大勇“勇于不敢”。

“勇于敢则杀，勇于不敢则活”，同是“力”之“涌”，因“涌”之方向不同而“或利或害”，可不慎欤?

第七十四章

若民恒且不畏死，[1] 奈何以杀惧之也。[2]

使民恒且畏死，[3] 而为畸者吾得而杀之，[4] 夫孰敢矣？

若民恒且必畏死，[5] 则恒有司杀者。[6]

夫代司杀者杀，是代大匠斲。[7] 夫代大匠斲，则希不伤其手矣。

校释

[1]若：如果。恒且（gèng jū）：扬雄《方言》卷二云“荆扬之间凡言广大者谓之恒慨”。“慨”在此当为“既”，帛书甲本“既得其母，以知其子”，“既”写作“■”。且、既皆有全、都之意。“恒且”或与“恒慨”同，犹言“广泛”“全都”？后来避汉文帝讳，易“恒”为“常”，使文意大变。此句帛书甲本残缺，世传本作“民不畏死”。此据帛书乙本。

[2]奈何：怎么能。杀：致死，在此泛指严刑峻法。世传本作“死”。惧：恐吓。

[3]使：假若。此句帛书甲本作“若民恒是死”，世传本作“若使民常畏死”。此据帛书乙本。

[4]畸：偏邪、不正。在此指不守法。得：捕获。此句帛书甲本作“则而为者吾将得而杀之”，世传本作“而为奇者吾得执而杀之”。

[5]若：假如。此句世传本无。

[6]恒有：到处都有。司：主管、掌管。苏辙《老子解》：“司杀者，天也。”此句世传本作“常有司杀者杀”。

[7]斲：砍、削。

解读

这一章主要讲对于治理社会来说，严刑峻法不足取。《老子》用三句话来分析这个问题。第一，“若民恒且不畏死，奈何以杀惧之也”。这句话的意思是，如果百姓都不怕死，怎么能用严刑峻法来恐吓呢？第二，“使民恒且畏死，而为畸者吾得而杀之，夫孰敢矣”。《老子》用这一句话证明“民不畏死”。假如百姓都害怕被杀，那么把那些“不守法”的抓起来杀掉，其他人还敢违法吗？而事实上总有人在“闹事”“不守法”，说明百姓不是都“畏死”的。第三，“若民恒且必畏死，则恒有司杀者”。退一步讲，假如百姓都害怕死，那么也不需要统治者制定严刑峻法来使百姓害怕，因为“天网恢恢，疏而不失”（第七十三章），在自然的联系之网中，随处都有“司杀者”，诸如“强梁者不得其死”（第四十二章）、“坚强者死之徒”（第七十六章）等等即说明这一点。这些“司杀者”足以起到维持秩序的作用。所以，统治者不必代替自然的“司杀者”去执行“杀”的任务。否则就会像拙工代替大匠砍削木头一样，很少有不伤手指头的。这样，《老子》就从民不畏死和民畏死两方面说明严刑峻法对于治理社会来说不足取。

这一章中值得深思的是不可“代大匠斲”。

第七十五章

人之饥也，以其上食税之多也，[1]是以饥。百姓之不治也，[2]以其上之有以为也，[3]是以不治。民之轻死，[4]以其求生之厚也，[5]是以轻死。

夫唯无以生为者，[6]是贤贵生。[7]

校释

[1]人：世传本作“民”。食税：享受税赋。

[2]治：心绪安宁平静。世传本作“民之难治”。

[3]有以为：有所彰显或标榜。世传本作“有为”。成克巩《御定道德经注》：“有为，过用智术也。过用智术则巧于相避。”

[4]轻死：轻视生命。

[5]生：财产、财业。《诗·邶风·谷风》“既生既育，比予于毒”，郑玄笺：“生谓财业也。”《国语·周语下》“若积聚既丧，又鲜其继，生何以殖”，韦昭注：“生，财也。”厚：丰厚、富厚。“求生之厚”指谋求丰厚的财业。

[6]无以生为：不以占有财富为目的。

[7]贤：器重。贵：重视。此句世传本作“是贤于贵生”。

解读

《礼记·檀弓下》载：孔子过泰山侧，有妇人哭于墓者而哀。夫子式（以手扶轼）而听之，使子路问之，曰：“子之哭也，壹（的确）似重有忧者。”而曰：“然！昔者吾舅（丈夫之父）死于虎，吾夫又死焉，今吾子又死焉。”夫子曰：“何为不去也？”曰：“无苛政。”夫子曰：“小子识（记住）之：苛政猛于虎也！”柳宗元《捕蛇者说》中也讲到“赋敛之毒，有甚是蛇者乎”。统治者的横征暴敛，繁苛政令，使百姓难以为生，才会起来进行反抗。所以《老子》告诫统治者“毋狭其所居，毋厌其所生”（第七十二章），这样，百姓“甘其食，美其服，乐其俗，安其居”（第八十章），统治者也不会被“侮之”。否则的话，将会是“民之不畏威，则大威将至”（第七十二章）。

第三章中讲：“不尚贤，使民不争；不贵难得之货，使民不为盗；不见可欲，使民不乱。”百姓心绪不静的原因之一就是执政者对某种价值的标榜，如“尚贤”“贵难得之货”以及彰见各种可以引起人们贪欲的事情，这些都属于“有以为”。王弼注说：“民之所以僻，治之所以乱，皆由上，不由其下也。”章学诚说：“世俗风尚，必有所偏，达人显贵之所主持，聪明才俊之所奔赴，其中流弊必不在小。”（《上钱辛楣宫詹书》）达人显贵之所主持即统治者的倡导，聪明才俊之所奔赴即趋利者的趋附。所以《老子》说：“我无为而民自化，我好静而民自正，我无事而民自富，我欲不欲而民自朴。”（第五十七章）

第七十六章

人之生也柔弱，其死也筋肕坚强。[1] 万物草木之生也柔脆，其死也枯槁。[2]

故曰：坚强者死之徒也，柔弱者生之徒也。[3]

是以，兵强则不胜，[4] 木强则兵。[5]

故强大居下，柔弱居上。[6]

| 校释 |

[1]柔弱：柔软。肕（rèn）：坚肉。坚强：在此指僵硬。此句世传本作“其死也坚强”。

[2]柔脆：也指柔软。枯槁：干枯。

[3]徒：类属。此句帛书甲本作“柔弱微细生之徒也”。此据傅奕本。

[4]兵：兵器。强：强硬、僵硬。胜：优越。

[5]兵：《吕氏春秋·侈乐》“若冰之于炎日，反以自兵”，高诱注：“兵，灾也。”劳健：“木之摧折与自焚，皆可谓之兵。”帛书甲本作“恒”，帛书乙本作“竞”，世传本或作“共”，或作

“拱”，或作“折”等。此据王弼本。

[6]此句帛书甲本作“柔弱微细居上”。此据帛书乙本。

丨解读丨

生命总是从柔软开始，以僵硬告终。《老子》从人类和万物草木的生存现象中得出“坚强者死之徒”“柔弱者生之徒”的结论。柔软则具有较大的可塑性，也具有较强的适应性，像婴儿、像幼苗等等。越僵硬则可塑性越小，适应性越弱，像老人、像枯木等等。所以，《老子》这句话的深层含义是说不可僵执，要柔软，柔软才能保持可能状态，才能适应各种生存境遇。若固执则僵硬，僵硬则难以很好地适应不断变化的境遇而至死地。《老子》讲“上善若水”（第八章）、讲“复归于婴儿”（第二十八章）、讲“慎终如始”（第六十四章）等等，都是强调要柔软，要保持可能状态。只有保持可能状态，才能有生机。

在这一章中要注意对“柔弱”和“坚强”的理解，不能拘泥于字的表面含义，要注意到字在语境中的深层含义。柔弱主要讲应变，坚强则讲僵硬、僵化。无论什么事情，一旦僵化，也就没有生机了。这就是“坚强者死之徒”的含义。

《吕氏春秋·不二》说“老聃贵柔”，“贵柔”是《老子》和道家的重要特征。

第七十七章

天之道犹张弓也：[1]高者抑之，下者举之；[2]有余者损之，不足者补之。[3]故天之道，损有余而益不足。[4]人之道则不然，损不足而奉有余。[5]

孰能有余而有以取奉于天者乎？[6]唯有道者乎！

是以，圣人为而弗有，成功而弗居也。[7]若此其不欲见贤也。[8]

校释

[1]天之道：自然之道。张弓：张弓射箭。

[2]抑：向下；举：向上。此言张弓瞄准的动作。

[3]此句言张弓力量的损补。抑举损补的目的皆在于取其相称。

[4]《郭店楚简·太一生水》：“天道贵弱，削成者以益生者。”

[5]人之道：人类社会中的行为。奉：给予、供应。河上公《老子道德经章句》：“世俗之人，损贫以奉富，夺弱以益强也。”

[6]“有以”之“有”：又。取奉：取法奉行。此句世传本作“孰能有余以奉天下”。《易传·象传》：“君子以裒多益寡，称物平施。”

[7]有、居：在此都指占有的意思。此二句世传本作“圣人为而不恃，功成而不处”。

[8]见（xiàn）：显示。此句世传本作“其不欲见贤”，西汉竹书本作“其欲不见贤也”。

解读

在这一章中，《老子》对“天之道”和“人之道”做了对比。

控制论、系统论中讲反馈，指把系统输出再回输到原系统中的过程。反馈分为正反馈和负反馈。所谓正反馈是指在回输过程中对系统输出时出现的偏离现象进行放大，使系统越来越远离原来的状态；所谓负反馈是指在回输过程中对系统输出时出现的偏离现象进行纠正，使系统维持相对稳定的状态。

借用“反馈”这个术语，可以说《老子》所说的“天之道”是“负反馈”式的。如张弓射箭时“高者抑之，下者举之”，就是一种负反馈式的应答。“天之道”就像张弓射箭，“损有余而益不足”，据此可以维持系统的稳定与协调。

《老子》所说的“人之道”是“正反馈”式的。“损不足而奉有余”就是一种正反馈式的应答。正反馈式的应答，有可能使系统有序化，可是同时也容易导致系统的不稳定，甚至崩溃。《老子》重视社会的和谐，所以希望“人之道”也能像“天之道”那样“损有余而益不足”，他问到“孰能有余而有以取奉于天者乎”？也就是希望转变正反馈式的应答方式，在“有余”和“不足”之间保持平衡，以使社会能保持稳定与和谐。《老子》认为，只有“有道者”才能做到这样。当然，《老子》并不是要维持一种僵硬的稳定状态，如果那样的话，就成了“死之徒”了。《老子》主张的是“善建者不拔”（第五十四章）的稳定，即在灵动中维持和谐。

第十六章中讲：“万物旁作，……各复其根。”“万物旁作”可以说是从无序到有序，“各复其根”可以说是从有序到无序。第三十七章中讲：“化而欲作，将镇之以无名之朴。”“化而欲作”可以说是从无序到有序，“镇之以无名之朴”可以说是从有序到无序。“作”使“系统”充满生机，“复”使“系统”保持稳定。《老子》讲“知其雄，守其雌”，“知其白，守其辱”（第二十八章），讲“天将建（健）之，如以慈垣之”（第六十七章），主张在“守雌”的前提下“知雄”，在“守辱”的背景中“知白”，在“慈”的范围内“健”，也是要实现“雄”与“雌”“白”与“辱”“健”与“慈”的协调，只有这样，才能使社会既充满生机，又和谐稳定。

第七十八章

天下莫柔弱于水，而攻坚强者莫之能胜也，以其无以易之也。[1]

柔之胜刚，弱之胜强，天下莫弗知也，而莫能行也。

故圣人之言云：受邦之垢，[2] 是谓社稷之主；受邦之不祥，[3] 是谓天下之王。

正言若反。[4]

校释

[1]无以易之：无可变易。成克巩《御定道德经注》："无以易之谓虽曲折万变而无易水之柔也。"

[2]垢：污秽。"受邦之垢"意指心胸宽阔，能承受各种秽恶之事。

[3]不祥：灾祸。"受邦之不祥"意指意志坚强，能承受各种不幸之事。

[4]正言若反：正面的说得好像反面，肯定的说得好像否定。高

延第《老子证义》：“此语并发明上下篇玄言之旨。”

丨解读丨

这一章的观点在前面大都有过相近的论述。第四十三章中讲“天下之至柔，驰骋于天下之至坚”，这一章接着讲“天下莫柔弱于水，而攻坚强者莫之能胜也”。第七十章中讲“吾言甚易知也，甚易行也”，这一章接着讲“柔之胜刚，弱之胜强，天下莫弗知也，而莫能行也”。第八章中讲水“居众人之所恶”，第六十六章中讲“江海所以为百谷王，以其能为百谷下，是以能为百谷王”，这一章接着讲“受邦之垢，是谓社稷之主；受邦之不祥，是谓天下之王”。这些观点概括起来，就是强调要“柔”。但是，这种“柔”不是软弱无力，而是在“柔”中蕴涵着巨大的力量，故能“驰骋于天下之至坚”。这是《老子》处世论的一大特点。

这一章中比较重要的内容是“正言若反”。所谓“正”言若“反”，就是从反面来表述正面，用否定来表述肯定。在《老子》书中有许多这样的形式，如：讲“明道如费”“进道如退”“夷道如类”“上德如谷”“广德如不足”“建德如偷”（第四十章），其中明道、进道、夷道、上德、广德、建德等是“正”，但是却说成如费、退、类、谷、不足、偷等“反”。讲“大成若缺”“大盈若冲”“大直若诎”“大巧若拙”“大赢若炳”（第四十五章），也是以缺、冲、诎、拙、炳等“反”来言大成、大盈、大直、大巧、大赢等“正”，即从否定的方面来表述肯定。还有像“大方无隅”“大器曼成”“大音希声”“大象无形”（第四十章），也是通过无隅、曼成、希声、无形来说大方、大器、大音、大象。这就是“正言若反”。

在先秦思想史中，“相反相成”“物极则反”等观点在其他的思想体系（如《周易》）中也多有体现，而“正言若反”则是《老子》独特的立言准则。《老子》的“正言若反”不只是个语言问题，《老子》以这样的言说方式揭示着无“限”，揭示着“玄德”。譬如，《老子》说“大成若缺”，王弼注说：“随物而成，不为一象，故若缺也。”《老子》说“大直若诎（屈）”，王弼注说：“随物而直，直不在一，故若屈也。”《老子》说“夷道如类”，王弼注说：“因物之性，不执平以割物。”其中都体现着“玄德”应而不执的特性。

第七十九章

和大怨，[1]必有余怨，焉可以为善？
是以圣人执左契，[2]而不以责于人。[3]
故有德司契，[4]无德司彻。[5]
夫天道无亲，[6]恒与善人。[7]

校释

[1]和：和解、协调。怨：埋怨、怨恨。

[2]契：券契、契约、合同。古代契分左右两半，契约双方各执其一，用时将两半合对以作征信。此句帛书甲本作“圣右契”，帛书乙本和世传本作“圣人执左契”。《礼记·曲礼上》“献粟者执右契”，郑玄注：“契，券要也，右为尊。”崔述说：“三代以上固以上右为常。故礼，宾由西阶，主人由阼阶，西在右，东在左也。”唐代张彦远《法书要录·古文》：“凡文书相约束皆曰契。……刻木剖而分之，君执其左，臣执其右。”是“右”为“尊”，“左”为“主”，甲、乙本所重不同，但是并不矛盾，甲本所讲的是“尊”右契，乙本所讲是“执”左契。从语境看，以“执左契”较当。张松如《老子说解》：“左契为负债人所立，交

债权人收执；右契为债权人所立，交负债人收执。”

[3]责：责求、责取。

[4]司契：契约为双方（或多方）所共立，体现了双方（或多方）的意愿。此指履行契约，遵守协议。

[5]司彻：“彻”是周代的赋税制度。税赋为单方面所规定，“司彻”此指以自己的规定要求他人。王弼注“司彻”为“司人之过”，河上公注为“司人所失”。据此，“司彻”又可理解为以自己意愿定夺他人过失。

[6]无亲：不偏爱。

[7]恒：世传本作“常”。与：偕、伴随。《周书·蔡仲之命》：“皇天无亲，惟德是辅。”可以与《老子》思想做比较。善人：见第二十七章注[9]。

解读

在人们的社会生活中，人与人之间往往会产生一些相互不一致甚至相悖的行为，如果想依靠强力使人们的行为都符合一致模式，那势必会使人们相互埋怨，甚至怨恨。这些埋怨或怨恨虽然可以经过协调、妥协而得到缓解，诸如所谓“握手言和”“化干戈为玉帛”等等，但即使和解得再好，也总不如原来没有怨恨，正如一个伤口，愈合得再好，也总有疤痕在。所以最好是不产生误会、埋怨以及怨恨。

怨的产生往往是由于以各自的标准衡量他人的行为，“自贵而相贱”（《庄子·秋水》）。所以，要避免怨的产生，就需要求同存异。共同的意愿可以用“契”的方式予以认定，凡参与立契者都应自觉遵守协议。相异之处，则不可责求于人，即使执左契的一方是“圣人”，即所谓的理想的统治者，也不可以自己的私意苛责于人，不可以自己的意志定夺他人之过失。要做到这一点很不容易，尤其是有“权”者，往往会因为有“权”而迫使他人服从自己的意愿，只有有“德”之人才能“执左契，而不以责于人”。《论语·卫灵公》：“躬自厚，而薄责于人，则远怨矣。”“躬自厚”即自守契约，“薄责于人”即不责求他人，这样才能“远怨”。《老子》说：“有德司契，无德司彻。”司契注重以公意衡量人的行为，司彻则注重以己意定夺人之得失，司人之过。司人之过则易生怨。《后汉书·钟皓传》讲：“昔国武子好昭人过，以致怨本。”昭人之过是生怨之本。所以，要避免怨的产生，就要避免“司彻”。《庄子·天下》中说：“不谴是非，以与世俗处。”“不谴是非”不是说全无是非，而是说不以己意定夺是非，这样才能避免“自贵而相贱”的现象。

第七十三章中讲“天网恢恢，疏而不失”，自然之“网”是无所失漏的。所以，“契约”虽然由人而立，但是其体现的却是自然之道。自然之道没有偏爱，它普遍地存在于人们之中，所以在订立“契约”的过程中，也就不存在哪一方更重要或以哪一方为主的问题。“契约”的订立应该是平等的，虽然“圣人”执左契，但也是平等的一方。第四十九章中讲“圣人恒无心，以百姓之心为心”，“圣人之在天下也，翕翕焉为天下浑心”。“百姓之心”即体现了自然之道，圣人为天下浑心，只能是辅自然，而不能是人为设定自己的标准，不能以自己的意愿责求于人。所以说“圣人执左契，而不以责于人”。

第八十章

小邦寡民。[1]使十百人之器毋用。[2]使民重死而远徙。[3]有车舟，无所乘之；有甲兵，无所陈之。[4]使民复结绳而用之。[5]甘其食，美其服，乐其俗，安其居。[6]邻邦相望，鸡犬之声相闻，民至老死不相往来。

校释

[1]小、寡：在此都是动词。

[2]十百人之器：指十倍、百倍人工之器。此句帛书乙本作“使有十百人器而勿用”，世传本作“使有什伯之器而不用”。此据帛书甲本。

[3]重死：看重生命。远（yuàn）：离开、避免。徙：迁移、移居。隐指转变、改变。此句世传本作“使民重死而不远徙”。

[4]甲兵：武器。陈：陈列、使用。

[5]结绳：远古以结绳记事。这一句所隐含的意思是：虽有文字，无所用之。

[6]甘、美、乐、安：在此都用作动词。世传本“乐其俗”在“安其居”之后。

解读

这是《老子》中较著名的一章。在这一章中，《老子》建构了一个理想的生存之境，也体现出一种精神境界。

“小邦寡民”所强调的是营造一种适宜的生存之境。在这种生存之境中，人们顺天任势，自然无为，不谋于占有，不为于“益生”，无相互攀比之念，无彼此侵扰之行。知足知止，无须为人为的欲求而奔波，所以“有车舟，无所乘之”。没有因贪得而产生的角逐，没有为名利而发生的争夺，彼此相安无事，所以“有甲兵，无所陈之”。从表面上看，这种“小邦寡民”式的生存之境与原始社会有许多相似的地方，然而实质上却有着本质的区别。“使十百人之器毋用”说明在这样的社会中有（或能够有）“十百人之器”，只是因生存的切身状态无须“十百人之器”，所以虽有而毋用。“有车舟，无所乘之；有甲兵，无所陈之”，说明了这样的社会与其他社会的区别主要不在于是否有车舟甲兵，而在于是否有“用”。再看“使民复结绳而用之”一句，既是“复”，就说明不是没有文字可用以记事，而是由于生活的简化，无须以文字来记事。人的生存本来是简单的，只是由于企图求得“最大幸福”，所以不断地扩张欲望和需要，人为地添设出许多复杂的内容，也无谓地增添了许多焦虑和烦恼。所以《老子》主张要“损”，“损之又损”，以恢复人生存的本然真态和简单性。简单化的生存只是应和当下的境遇，无须数学化的复杂计算和概念化的烦琐推理，所以“复结绳而用之”。在这里的“复”犹如“复归于婴儿”“复归于朴”的“复”，其中包含着一种意境或境界。“知……守……”是《老子》思想的一个模式，体现在“小邦寡民”这一问题上，可以说是“知其文明，守其素朴”。所以，与其说《老子》的“小邦寡民”指的是一种社会状态，不如说它体现了一种人的精神境界。（参见冯友兰《中国哲学史新编》第2册第60页，张祥龙《海德格尔思想与中国天道》第300—305页）。

在第四十四章中《老子》曾提出名利与生命谁更重要的问题。对于这个问题，人们似乎都能容易地给出答案。但是，当真正涉及“我”与名利的关系时，却未必都能那么清醒，因此就会出现许多“以物易性”“以身为殉”的事来。所以在这一章中，《老子》又一次强调要“重死”。“重死”也就是重视生命，不仅重视生命之“形”，更要重视生命之“神”，即重视“我”。没有了“我”，生命便失去意义，也可以说就“死”了。所以《老子》又强调要“远徙”。“徙”有身之徙与心之徙。所谓心之徙就是把自己生活价值的尺度迁移到别人的价值坐标上，很多身之徙往往由心之徙所导致。所以“远徙”也就是要避免把“我”移居到他人和他物之中，要立足于自己的切身状态，“甘其食，美其服，乐其俗，安其居”。“甘其食，美其服，乐其俗，安其居”的要点在那个“其”字，也就是说要把甘、美、乐、安的尺度放在自己的坐标上。如果把自己甘、美、乐、安的尺度放在别人的坐标上，那就成了甘人食、美人服、乐人俗、安人居。《庄子·骈拇》说：“夫不自见而见彼，不自得而得彼者，是得人之得而不自得其得者也，适人之适而不自适其适者也。”得、适都是得宜的意思。得人之得、适人之适是以人家的光景过自家的日子，犹如以别人的尺码做自己的衣着，难得惬心。

如果人们自得其得、自适其适，那么就会虽然相望相闻，却

"至老死不相往来"。对于"不相往来"不能简单地理解为没有任何形式的交往，而是强调要保持各自的本真和独立。河上公题此章为"独立"，颇得《老子》"小邦寡民"之旨。

陶渊明《饮酒》言："结庐在人境，而无车马喧。问君何能尔？心远地自偏。采菊东篱下，悠然见南山。山气日夕佳，飞鸟相与还。此中有真意，欲辨已忘言。"《老子》"小邦寡民"的意境在陶渊明的诗中得到诗意的体现。陶渊明又写《桃花源诗并记》，更形象地表现了《老子》"小邦寡民"的意境。其文如下：

> 晋太元中，武陵人捕鱼为业。缘溪行，忘路之远近。忽逢桃花林，夹岸数百步，中无杂树，芳草鲜美，落英缤纷。渔人甚异之，复前行，欲穷其林。林尽水源，便得一山。山有小口，仿佛若有光。便舍船，从口入。初极狭，才通人。复行数十步，豁然开朗。土地平旷，屋舍俨然，有良田、美池、桑竹之属。阡陌交通，鸡犬相闻。其中往来种作，男女衣着，悉如外人。黄发垂髫，并怡然自乐。见渔人，乃大惊，问所从来。具答之。便要还家，设酒杀鸡作食。村中闻有此人，咸来问讯。自云先世避秦之乱，率妻子邑人来此绝境，不复出焉，遂与外人间隔。问今是何世，乃不知有汉，无论魏晋。此人一一为具言所闻，皆叹惋。余人各复延至其家，皆出酒食。停数日，辞去。此中人语云："不足为外人道也。"既出，得其船，便扶向路，处处志之。及郡下，诣太守，说如此。太守即遣人随其往，寻向所志，遂迷，不复得路。南阳刘子骥，高尚士也，闻之，欣然规往。未果，寻病终。后遂无问津者。

结合《老子》"小邦寡民"的思想，对《桃花源诗并记》中数语略做臆解：

一、"缘溪行，忘路之远近"。这句话可理解为只应和

（“缘”）当下之境遇，不执于记其得失。由于“忘”路之远近，才有“逢”桃花源。“忘”从“亡”从“心”，无心之意。《老子》说“上德无为而无以为”（第三十八章），“无心”也就是“无以为”。若“有以为”则不能入桃花源。后面讲到“寻向所志，遂迷，不复得路”。“志”就是“有以为”，所以“迷”。

二、“初极狭，才通人”。这是在说进入桃花源是个人的事，而不是众人的事。但是，桃花源里有男女老幼，也就是说人人都可以进入桃花源。

三、“其中往来种作，男女衣着，悉如外人”。这说明桃花源中人的生活，表面上与“外人”并无区别。《庄子》讲“独与天地精神往来，而不敖倪于万物”，禅宗讲“挑水劈柴，无非妙道”，其中都包含着“悉如外人”的意思。

四、“便要还家，设酒杀鸡作食。村中闻有此人，咸来问讯”。这是说桃花源中人并非不愿与人有任何形式的交往。“与外人间隔”是说他们自足于其生存之境，而不关注汉魏晋人怎样生活。

五、“不足为外人道也”。桃花源中人并不认为其生活方式就是普适的模式，但是他们“怡然自乐”于这样的生存方式，“甘其食，美其服，乐其俗，安其居”。

秦观《踏莎行·郴州旅舍》讲：“雾失楼台，月迷津渡，桃源望断无寻处。”以世俗的眼光难以“寻”得桃花源的意境，只有超然于世俗之外，才能“豁然开朗”——原来桃花源就在心中。这也就是陶渊明所说的“心远地自偏”。世内自有桃花源，何必世外。

需要说明的是，对“小邦寡民”和“桃花源”做如上臆解，并不否认从其他的角度出发所做的各种分析。根据现代解释学的观点，作品的内容在不同的读者视域中具有不同的含义，因此，对文本做出不同的理解和解释，也就是可以理解的了。

第八十一章

信言不美，[1]美言不信。知者不博，[2]博者不知。善者不多，多者不善。[3]

圣人无积。[4]既以为人己愈有，既以予人己愈多。[5]

故天之道，利而不害；人之道，[6]为而弗争。

校释

[1]信：确实。《鹖冠子·学问》："信者，无二响者也。""信言"指有确定所指或确定内容的话。美：完美、完善。《国语·楚语上》："夫美也者，上下、内外、大小、远迩皆无害焉，故曰美。""美言"指完美无缺之言。

[2]知：识别、区别。《吕氏春秋·有始》"以寒暑日月昼夜知之"，高诱注："知，犹别也。"博：广泛、普遍。

[3]善：喜好、喜爱，含有择取之意。以上数句世传本作"信言不美，美言不信。善者不辩，辩者不善。知者不博，博者不知"。"辩"通"遍"。

[4]无积：不积累。《庄子·天下》说“以有积为不足”。

[5]既：尽。为、予：皆指给予。高亨《老子正诂》：“‘既’字乃尽义。……‘既以为人己愈有，既以予人己愈多’，言尽以施人而己愈有，尽以予人而己愈多也。”予，世传本作“与”。

[6]此句世传本作“圣人之道”。

| 解读 |

第一章中说：“道可道也，非恒道也；名可名也，非恒名也。”这一章中讲“信言不美，美言不信。知者不博，博者不知。善者不多，多者不善”，这与第一章所言有相近的含义。“恒道”体现人与“四达之衢”的关系，是“博”；“可道”体现人与“一达之道”的关系，是“知”。“可道”非“恒道”，“恒道”不“可道”，所以说“知者不博，博者不知”。《庄子·齐物论》讲“大知闲闲，小知间间”，成玄英疏：“闲闲，宽裕也；间间，分别也。”《庄子》所言“大知”“小知”之别，也就是《老子》所说的“博”与“知”的区别。《庄子·秋水》讲：“以道观之，物无贵贱；以物观之，自贵而相贱。”“博”是“以道观之”，“知”是“以物观之”。“恒名”指全遍之“名”，“可名”指具体界说。“美言”与“恒名”相类，“信言”与“可名”相类。“恒名”“可名”从“名”的角度讲，“美言”“信言”从“言”的角度讲。“可名”非“恒名”，“恒名”不“可名”，所以说“信言不美，美言不信”。《齐物论》讲“大言炎炎，小言詹詹”，陆德明《经典释文》：炎炎，同是非也，美盛貌；詹詹，小辩之貌。同是非则无所区别，无所断定，小辩则有所区别，有所断定。《庄子》所说“大言”和“小言”之别，也就是《老子》所说的“美言”和“信言”的区别。一般地讲，科学之言为“信言”，诗之言为“美言”，故有“诗无达诂”之说。哲学之言也是“美言”，雅斯贝尔斯说：“在哲学中不存在众所公认的、确定的知识。任何由于具有令人信服的理由而被大家承认的见解实际上变成了科学，不再是哲学。”（见刘放桐等编：《现代西方哲学》修订本，人民出版社，1990年，第619页。）《庄子·天下》篇中说庄子喜欢“谬悠（虚远）之说”“荒唐（广大）之言”“无端崖（没有限制）之辞”。“谬悠之说”“荒唐之言”“无端崖之辞”都属于“美言”。正因为是“美言”，所以能“时恣纵而不傥，不以觭见之”。《天下》篇又讲“选则不遍”。“善”也就是“选”，所以说“善者不多，多者不善”。总起来讲，这几句话都表达了相同的意思，即体现了人之有限与“道”之无限的关系。可以说《老子》一书就是围绕偏与全、有限与无限这一矛盾展开的。第五章中讲“多闻数穷，不若守于中”，第二十二章中讲“少则得，多则惑”，在这一章又讲“知者不博，博者不知”，“善者不多，多者不善”，这是不矛盾的。因为人总是一“偏”，不可能是“博”“多”，“博”“多”必然会“数穷”，会“惑”。人所能做到的只是虽“偏”而不“执偏”，在“以道观之”的背景下“以物观之”，保持“道观”与“物观”的张力，自贵而不相贱。

圣人能正确对待有限与无限的矛盾。他不求通过积累和占有达到“无限”，而是徜徉于大“道”之中，在徜徉中展开其无“限”的特性，在徜徉中消解人与他物的对立和紧张，达到一种“浑然与物同体”（程颢语）、“视天下无一物非我”（张载语）的“玄同”境界。不占有才能“视天下无一物非我”，这不就是“既以为人己愈有，既以予人己愈多”吗？所以《老子》说“人之道”应该像“天之道”那样自然。自然之道是“利而不害”，人之道也应该

"为而弗争"。"为而弗争"也就是"知雄守雌""守母存子"。

这一章可以说是《老子》一书的总结。虽然《老子》原书的文字顺序并不是这样安排的，但是，至少世传本的整理者认识到了这一章的意义，所以把这一章排列在全书之末，这其中确有高明之处。

附录一

庄子·天下（节录）

老聃曰："知其雄，守其雌，为天下溪；知其白，守其辱，为天下谷。"人皆取先，己独取后。曰："受天下之垢。"人皆取实，己独取虚。"无藏也故有余。"岿然而有余。其行身也，徐而不费，无为也而笑巧。人皆求福，己独曲全。曰："苟免于咎。"以深为根，以约为纪。曰："坚则毁矣，锐则挫矣。"常宽容于物，不削于人。可谓至极。

史记·太史公自序（节录）

道家……与时迁移，应物变化，立俗施事，无所不宜，指约而易操，事少而功多。

道家无为，又曰无不为，其实易行，其辞难知。其术以虚无为本，以因循为用。无成势，无常形，故能究万物之情。不为物先，不为物后，故能为万物主。有法无法，因时为业；有度无度，因物与合。

崇有论（节录）

夫总混群本，宗极之道也；方以族异，庶类之品也；形象著分，有生之体也；化感错综，理迹之原也。夫品而为族，则所禀者偏；偏无自足，故凭乎外资。是以生而可寻，所谓理也；理之所体，所谓有也；有之所须，所谓资也；资有攸合，所谓宜也；择乎厥宜，所谓情也。

附录二

主要参考书目1

马王堆汉墓帛书整理小组整理：帛书《老子》甲本、乙本，《马王堆汉墓帛书》（一），文物出版社，1980年。简称帛书本。

荆门市博物馆编：竹简《老子》，《郭店楚墓竹简》，文物出版社，1998年。简称郭店竹简本。

北京大学出土研究所编：竹书《老子》，《北京大学藏西汉竹书（二）》，上海古籍出版社，2012年。简称西汉竹书本。

王弼、李约等：《四部要籍注疏丛刊·老子》，中华书局，1998年。

王卡点校：《老子道德经河上公章句》，中华书局，1993年。

楼宇烈：《王弼集校释》，中华书局，1980年。

王德有：《老子指归全译》，巴蜀书社，1992年。

（唐）张君相：《道德真经集解》，《宛委别藏》。

（唐）王　真：《道德经论兵要义述》，《宛委别藏》。

（唐）陆希声：《道德真经传》，《宛委别藏》。

（唐）杜光庭：《道德真经广圣义》，《正统道藏》。

（宋）苏　辙：《老子解》，《四库全书》。

（宋）章　安：《宋徽宗道德真经解义》，《宛委别藏》。

（宋）李　霖：《道德真经取善集》，《正统道藏》。

（宋）葛长庚：《道德宝章》，《四库全书》。

（金）赵秉文：《道德真经集解》，《丛书集成》。
（宋）吴 澄：《道德真经注》，《百子全书》。
（元）杜道坚：《道德玄经原旨》《玄经原旨发挥》，《正统道藏》。
（元）李道纯：《道德会元》，《正统道藏》。
（元）张嗣成：《道德真经章句训颂》，《正统道藏》。
（明）张 位：《道德经注解》，《道书全集》。
（明）王夫之：《老子衍》，中华书局，1962。
（清）成克巩：《御定道德经注》，《四库全书》。
（清）张尔岐：《老子说略》，《四库全书》。
（清）毕 沅：《老子道德经考异》，《丛书集成》。
（清）俞 樾：《诸子平议》，上海书店，1988年。
（清）陈澧宸：《老子发微》，《陈澧宸集》，中华书局，1995年。
高 亨：《老子正诂》，中国书店，1988年。
蒋锡昌：《老子校诂》，成都古籍书店，1988年。
张默生：《老子章句新释》，成都古籍书店，1988年。
许啸天：《老子》，成都古籍书店，1990年。
朱谦之：《老子校释》，中华书局，1984年。
于省吾：《双剑誃诸子新证》，中华书局，1962年。
车 载：《论老子》，上海人民出版社，1959年。
陈鼓应：《老子注译及评介》，中华书局，1984年。
徐梵澄：《老子臆解》，中华书局，1988年。
张舜徽：《周秦道论发微》，中华书局，1982年。
张松如：《老子说解》，齐鲁书社，1987年。
高 明：《帛书老子校注》，中华书局，1996年。
裘锡圭：《郭店〈老子〉简初探》，《道家文化研究》第17辑，三联书店，1999年。

魏启鹏：《楚简〈老子〉柬释》，《道家文化研究》第17辑。

赵建伟：《郭店竹简〈老子〉校释》，《道家文化研究》第17辑。

李　零：《郭店楚简校读记》，《道家文化研究》第17辑。

郭世铭：《老子究竟说什么》，华文出版社，1999年。

廖名春：《郭店楚简老子校释》，清华大学出版社，2003年。

雅斯贝尔斯：《老子》，《德国思想家论中国》，江苏人民出版社，1989年。

主要参考书目2

《十三经注疏》，中华书局，1980年。（清阮元校刻）

（清）陈奂：《诗毛氏传疏》，中国书店，1984年。

（清）马瑞辰：《毛诗传笺通释》，中华书局，1989年。

（清）王先谦：《诗三家义集疏》，中华书局，1987年。

高　亨：《周易大传今注》，齐鲁书社，1979年。

（清）王聘珍：《大戴礼记解诂》，中华书局，1983年。

程树德：《论语集释》，中华书局，1990年。

郝懿行：《尔雅义疏》，中国书店，1982年。

（清）阮元：《经籍籑诂》，中华书局，1982年。

（唐）陆德明：《经典释文》，中华书局，1983年。

（汉）扬雄：《方言》，《百子全书》，浙江人民出版社，1984年。

（清）段玉裁：《说文解字注》，上海古籍出版社，1988年。

（清）桂馥：《说文解字义证》，齐鲁书社，1987年。
（清）王念孙：《广雅疏证》，中华书局，1983年。

《战国策》，上海古籍出版社，1985年。
《国语》，上海古籍出版社，1988年。
《史记》，中华书局，1959年。
《汉书》，中华书局，1962年。
《后汉书》，中华书局，1965年。
《三国志》，中华书局，1959年。

《郭店楚墓竹简》，文物出版社，1998年。
《马王堆汉墓帛书》（一），文物出版社，1980年。
《二十二子》，上海古籍出版社，1986年。
《诸子集成》，中华书局，1954年。

（宋）朱熹：《四书章句集注》，中华书局，1983年。
张震泽：《孙膑兵法校理》，中华书局，1984年。
（汉）刘向：《新序》《说苑》，上海古籍出版社，1990年。
（汉）王充：《论衡》，上海人民出版社，1974年。
（西晋)裴頠：《崇有论》，《中国哲学史教学资料选辑》上册，中华书局，1981年。
余嘉锡：《世说新语笺疏》，中华书局，1983年。
《鹖冠子》，上海古籍出版社，1990年。
杨曾文编校：《神会和尚禅话录》，中华书局，1996年。
（五代）谭峭：《化书》，丁祯彦点校，中华书局，1996年。
《朱子语类》，中华书局，1986年。

（清）仇兆鳌集注：《悟真篇集注》，上海古籍出版社，1989年。

（宋）洪兴祖：《楚辞补注》，中华书局，1983年。

《文选》，中华书局，1977年。

王瑶编：《陶渊明集》，人民文学出版社，1956年。

《二程集》，中华书局，1981年。

《张载集》，中华书局，1978年。

《陆九渊集》，中华书局，1980年。

《王阳明全集》，上海古籍出版社，1992年。

熊十力：《十力语要》，中华书局，1996年。

冯友兰：《中国哲学史》，中华书局，1961年。

冯友兰：《中国哲学史新编》第二册，人民出版社，1984年。

任继愈主编：《中国哲学发展史·先秦》，人民出版社，1983年。

刘　翔：《中国传统价值观诠释学》，上海三联书店，1996年。

刘放桐等编著：《现代西方哲学》修订本，人民出版社，1990年。

张祥龙：《海德格尔思想与中国天道》，三联书店，1996年。

（说明：《主要参考书目1》是有关《老子》版本和注解的文献。《主要参考书目2》是其他的有关文献。）

后　记

我最初接触《老子》是在上个世纪70年代初。当时年龄尚小，却无学可上，只得去参加农业劳动。生活极其艰难，果腹已属不易，何容挑“肥”拣“瘦”，常以书佐餐。举凡各种印刷物皆可为佐餐之用。家父有几册上海中华书局版的《中华活叶文选》合订本，成为看家的珍品，每当别无他书可读而又“饥渴”难耐，便取出翻阅。久之，饭迹斑驳，面目全非。《文选》中有“老子三章”，读后虽只了解文字表面意思，但“其政闷闷”“民不畏死”“小国寡民”三章的内容却熟记于胸。上大学后，较系统地学习中国哲学史，对老子思想极感兴趣，仔细读过几种常见的《老子》注本和一些关于“老子”的文字，曾写过几篇有关“老子”的习作，皆因自己不满意而搁置一边。毕业后，虽然总顾念着“老子”，但受诸多因素影响，又总难以回到“老子”。90年代中，应约写几个道士的传记，因读《道藏》而再次激发读《老子》的热情，遂中止写作，转而求读各种版本的《老子》。一日，因思“恒”字之义而有豁然贯通之感，以为《老子》之旨在解决“全”“偏”关系，而老子思想的关键即在于把握“道”“德”之间。自认为这是解“老”之新境。《老子解读》就是在这样理解的基础上写作的。

《老子解读》初稿成于1998年底，一直没有机会出版。在后来的时间中，便是不断地修改。可以说修改的时间要远远超过初稿的写作时间。但一直到最后交付出版社，仍然觉得不尽如人意。可以自慰的是，书的出版绝非写作的终结，朱熹对《四书集注》的修改终其一生，我的学识和思想不及朱子之万一，但却有心效朱子之举，对《老子解读》修改不已。

《老子解读》的写作和出版都离不开朋友们的帮助。戴宁东兄经常和我交流心得，他的观点和思想在许多方面对我产生影响和启发，使我受益匪浅。戴兄还积极为本书的出版事宜奔走，他的无私帮助使我无比感动。阎晓宏兄给予我大力支持，没有晓宏兄的鼎力相助，本书的问世恐怕遥遥无期。学兄张祥龙先生，拨冗审阅书稿并赐序，使拙著生辉。还有许多朋友对本书的写作和出版给予关心和支持。对所有关心和支持我的朋友们表示诚挚的谢意。中华书局李岩先生、冯宝志先生、薛有红先生为本书的出版做了大量工作，在此一并致谢。还需要提到我的亲人，他们使我在冷板凳上感受到融融暖意。

兰喜并

2004年6月1日

补记：

在《老子解读》出版之后的这些年，虽说读书思考都大不如之前的那些年，但总觉得还是该有些长进的，可到后来发现自己对《老子》的见解居然没有大的变化，所以，一方面对自己今日无新见而不满，另一方面却也窃喜自己昨日有此陋见。

此次修订，校释部分，补充了一些内容，尤其是《北京大学藏西汉竹书·老子》的相关内容；解读部分，对字句做了一些修改。

感谢王鸿先生、阎卫斌先生，《老子解读》修订本的顺利出版得益于他们的热情帮助。

兰喜并

2019年5月1日